KB051479

거짓말
잔치

이 도서의 국립중앙도서관 출판사도서목록(CIP)은 서지정보유통지원시스템 홈페이지(http://seoji.nl.go.kr)와 국가자료공동목록시스템(http://www.nl.go.kr/kolisnet)에서 이용하실 수 있습니다.

거짓말 잔치

2015년 6월 10일 초판 1쇄 펴냄

© 안재성, 2015

기록 | 안재성
펴낸곳 | 도서출판 주목
펴낸이 | 김준연
편집 | 최유정
등록 | 2015년 5월 14일 (제 2015-000105호)
주소 | 경기도 고양시 일산서구 일중로 30 505동 404호 (일산동, 산들마을)
전화 | 02- 322-0268
팩스 | 02- 322-0271
전자우편 | rainwelcome@hanmail.net

ISBN 979-11-955451-0-0 03330

* 도서출판 주목은 도서출판 단비의 사회정치 브랜드입니다.
* 이 책의 내용 일부를 재사용하려면 저작권자와 도서출판 단비의 동의를 반드시 얻어야 합니다.
* 책값은 뒤표지에 있습니다.

거짓말 잔치

'강기훈 유서대필 조작사건'
전말기

기록 안재성

주목

기록자의 말 6

1. 그날 아침 11

2. 음모론 22

3. 유 서 39

4. 강기훈 55

5. 문서감정실 65

6. 김기설 77

7. 착 각 106

8. 수 첩 127

9. 명동성당 136

10. 특별조사실 148

11. 두 번째 착각 168

12. 판사들 189

13. 강신욱 226

14. 진실화해위원회 242

15. 재 심 271

16. 변호인들 287

17. 잔치, 끝나다 299

'거짓말 잔치' 출연진 프로필 306

먼저, 이 글은 경찰 조서, 재판 기록, 진실화해위원회 조서 등 온전히 공식적인 자료들에 기초해 작성되었음을 밝힌다. 지금부터 24년 전인 1991년 5월의 민주화 시위 과정에서 분신 사망한 김기설의 유서가 대필되었다는 검찰의 발표로 시작된 '강기훈 유서대필사건'을 기록하는 데 있어서 어떠한 추측이나 예단도 허락하지 않기 위함이었다. 따라서 작가적 상상력으로 재구성된 흥미진진함과 화려한 수사로 이뤄진 문학적 감동을 기대하는 독자에게는 그다지 친절한 책이 되지 못할 것이다.

공개된 자료에 근거해 집필됨에 따라, 사건의 이면에 숨겨진 진실을 드러내 보이는 데는 한계가 있으리라 생각된다. 무죄로 추정할 수 있는 수많은 근거들에도 불구하고, 최소 20명이 넘는 판검사들이 강기훈이라는 한 청년을 파렴치한 유서대필자로 만든 이면에는 분명 보이지 않는 권력의 손이 작용했으리라 심증이 가지만, 작가의 상상이 가미될 경우 명백한 진실조차 소설로 의심받을 수 있다고 보아 일체의 상상을 제거했기 때문이다.

최대한 엄정한 공정성을 위해, 이 사건으로 피해를 보게 된 강기훈과 주변인들이 겪었을 심정에 대해서도 거의 다루지 않았다. 중간중간 나오는 놀랐다거나 침통했다거나 하는 심리묘사조차도 진술서에 기록된 그대로 옮긴 데 불과하다. 피해자의 고통을 내세워 동정을 구하는 것이 오히려 진실을 찾기 위한 노력에 대한 신뢰감을 떨어뜨릴 수 있다고 보았기 때문이다.

보다 객관적으로 사실을 분석함으로써 희대의 진실공방을 남긴 유서대필사건의 진실을 일반 독자에게 보여주는 것이 이 책의 목적이다. 24년에 걸친 진실공방 과정에서 일어난 피해자들의 눈물과 분노, 국가권력의 추악한 음모와 폭력은 소설이나 영화, 연극 등 다른 형태로 독자들을 만나게 되기를 기대한다. 모든 등장인물을 실명 그대로 쓴 이 책은 그런 작업들에 모티브를 제공하는 냉정한 사실기록으로써 존재가치를 갖게 될 것이다.

본의 아니게 유서조차 남의 손을 빌려서 쓴 인물로 매도되었던 김기설을, 나는 살아생전에 만난 적이 없다. 그러나 그는 나를 알고 있었다. 죽기 전날 밤, 김기설은 유서를 쓴다며 필자의 장편소설 『사랑의 조건』을 들고 갔다는 증언이 있다. 실제로 문제의 유서 속에 이 소설의 몇 구절이 인용되었고, 재판에도 그 내용이 거론되었다.

　개인적으로 나는 함께 노동운동을 했던 절친한 두 친구를 분신으로 잃었다. 때문에 가장 적극적인 분신 반대자로 살아왔다. 운동권으로부터 어떠한 오해를 사더라도 나는 분신이나 투신을 격렬히 비판할 준비가 되어있었다. 나의 소설이 분신자의 유서에 인용되었다는 사실을 2014년이 되어서야 알았을 때, 한동안 정신을 차릴 수가 없었다. 그리고 이 벗어날 수 없는 업보를 덜어내는 길은 김기설과 강기훈 두 사람의 명예를 되찾아주는 일이라 생각하게 되었다.

　실은 나 자신도 이 사건의 진실에 대해 확신이 없었기에, 처음에는 집필을 망설이기도 했다. 심지어 사건 당시의 진보적인 언론의 기자나 운동권 일부조차도 강기훈이 진짜 유서를 대필한 것이 아닐까 하는 의혹을 가질 만큼, 검찰은 자신의 주장에 유리한 정황증거들을 선전하는 데 성공했고, 그것이 여전히 나를 포함한 많은 사람의 기억에 각인되어있었기 때문이다.

　몇 달에 걸쳐, A4 용지 1만 쪽에 이르는 방대한 분량의 공식기록을 비교, 분석하고 나서야 써도 되겠다는 자신을 가졌다. 강기훈을 유서대필범으로 만든 검찰 수사 기록과 재판 기록들이야말로 거꾸로 그의 무죄를 입증하는 결정적인 근거였기 때문이다. 이 책을 주로 사법부 기록을 중심으로 정리하게 된 연유도 그것이다.

2014년 2월 13일, 사건 23년 만에 열린 재심재판에서 서울고등법원 형사10부 이강원 재판장은 유서대필에 대해 강기훈의 무죄를 선고했다. 그리고 15개월 후인 2015년 5월 14일, 대법원은 검찰의 항고를 기각함으로서 최종적으로 정의의 손을 들어주었다.

이번 재심판결에서 얻은 것은 강기훈의 명예만이 아니다. 공업학교밖에 다니지 못했다고 해서 유서조차 자기 손으로 쓰지 못하는 인물로 조롱받았던 노동자 김기설의 명예를 회복하는 의미도 크다. 그의 따뜻한 인품과 헌신성이 이번 기회를 통해 널리 알려지기를 바라는 마음이다.

강기훈은 지금 간암에 걸려 남은 생의 시간이 얼마나 될지 알 수 없는 절망적 상태에 빠져있다. 이번 대법원의 판결로 명예는 회복되었으나 잔인한 군사독재가 끝내 김기설과 강기훈, 두 아름다운 청년의 청춘을 앗아간 것이다.

이 기록이 다시는 이 땅에 이런 억울한 일이 없도록 하는 데 일조하기를 바란다. 무려 24년간, 진실의 종을 울리기 위해 싸워온 수많은 민주인사들과 그들의 말에 귀를 기울여준 재심재판관 모두에게 경의를 표한다.

고 김기설의 명복과 강기훈의 쾌유를 빌며….

2015년 5월 안 재 성

1
그날 아침

그날 아침, 한 청년이 죽었다.

1991년 5월 8일, 새벽에 내린 비로 하늘도 공기도 맑은 봄날 아침이었다. 오전 8시에 출근한 서강대 부총장 승용차 운전기사 정삼정은 정문 경비들과 인사를 나누고 차를 꺼내기 위해 본관 지하차고로 향했다.

신촌교차로에서 남쪽으로 1킬로쯤 떨어진 마포구 신수동 언덕에 자리 잡은 서강대는 넓지 않은 터에 건물들이 빼곡한 작은 학교였다. 본관은 정문에서 2백 미터 가량 위편의 언덕에 지어진 4층 건물로, 앞에는 넓지 않은 운동장이 있고 양쪽으로 학생회관이며 단과대 건물들이 빼곡히 들어차 있다.

11

아직 학생들이 등교하지 않아 한가했다. 언덕길을 반쯤 올라가던 정삼정의 귀에 젊은 남자의 고함 소리가 들려온 것은 8시 5분경이었다.

"민자당을 해체하라!"

"노태우 정권 타도하자!"

하늘에서 나는 소리였다. 올려다보니 본관 4층 옥상 모서리에 한 자그마한 청년이 서있었다. 본관 옥상 중에서도 학생회관 쪽으로 한 층이 더 높아 옥탑이라 불리는 부분이었다. 2주일 전인 4월 26일 명지대생 강경대가 시위 도중 경찰의 몽둥이에 맞아 사망한 이래 전국의 대학가는 마지막 군사정권인 노태우 정권 반대 시위로 소요상태에 빠져있었다. 본관 바로 옆의 서강대 학생회관에도 총학생회 간부들이 매일 밤을 새우고 있었다. 시위 구경에 익숙해진 정삼정은 대수로이 여기지 않고 생각했다.

'웬 미친 녀석이 사람도 없는 시간에 저리 혼자 소리를 지르나?'

구호를 마친 청년은 난간 끝에서 잠깐 서성거리더니 손을 얼굴 앞으로 올렸다. 정삼정은 무심코, 담배를 피우려는가 보다 생각했다. 순간, 청년의 상체가 불길에 화르르 휩싸였다. 정삼정이 깜짝 놀라 멈칫하는데 불길은 이내 하체로 번졌다. 거의 동시에 청년은 지상을 향해 거꾸로 떨어졌다. 불덩어리가 본관과 학생회관 사이 시멘트 바닥에 떨어지며 소름 끼치는 퍽 소리를 냈다.

"안 돼! 안 돼!"

정삼정은 소리치며 달려 올라갔다. 학생회관 주변에서도 비명에 가까운 고함 소리들이 터져 나왔다.

"분신이다!"

학생회관에서 밤샘을 하던 학생들이 달려오고, 본관 지하차고에 있는 경비실에서도 경비원들이 뛰어나왔다. 조용했던 학교는 한순간에 시끄러워졌다.

학생 중에 제일 먼저 현장에 도착한 이는 서강대 이공대 학생회장 주철수였다. 전날 밤도 늦게까지 총학생회 운영위원회에 참석하느라 집에 가지 못하고 생물학과 학생회실 바닥에서 새우잠을 자고 일어난 참이었다. 어버이날이라 1층 총학생회 사무실에 내려가 아버지에게 문안 전화를 걸다가 분신이라는 외침에 놀라 달려나가보니 사람이 불에 타고 있었다.

"불을 꺼! 불 꺼!"

쓰러진 사람은 불길에 휩싸인 채 꼼짝도 하지 않았다. 주철수는 입고 있던 흰색 점퍼를 벗어 정신없이 불을 끄기 시작했다. 뒤따라 나온 경상대 학생회장 문성만도 옷을 벗어 화염을 때려 불길을 잡으려 애썼다.

"물! 물!"

차고에서 달려 나온 경비 하나가 물을 찾자 누군가 소리쳤다.

"물은 안 돼요! 소화기를 가져와요!"

정삼정은 차고로 뛰어갔으나 소화기는 비치되어있지 않았다. 그는 대신 투신자를 병원으로 데려가기 위해 부총장용 스텔라 승용차를 끌고 나왔다.

화염이 가시며 드러난 투신자는 불길에 오그라들어 160센치가 조금 넘는 작은 키에 마르고 왜소한 체격으로 보였다. 깊은 화상은 상체 전면과 얼굴에 집중되어있었다. 등과 엉덩이 부분은 덜 탔으나 코와 양쪽 귀에서는 피가 흘러나왔고 반쯤 감긴 눈은 이미 빛을 잃었다. 출혈은 머리가 시멘트 바닥에 부딪히며 생긴 것으로 보였다.

정삼정이 승용차를 들이대자 주철수가 잔디밭에 널려있던 반정부 구호가 적힌 현수막을 가져와 차 뒷좌석에 깔았다. 참혹하게 불 탄 몸에 차마 직접 손을 댈 수가 없었다. 경상대 학생회장 문성만이 급히 학생회관으로 뛰어가 얇은 이불을 가지고 나와 투신자를 둘러씌웠다. 여럿이 들어 뒷좌석에 눕혀 싣는데 불에 타 벗겨진 살에서 흘러나온 연붉은 핏물로 몸을 감싼 이불과 현수막은 물론 좌석까지 금방 적셔졌다.

조수석에 문성만을 태운 승용차는 비상등을 켜고 교문을 빠져나와 북쪽으로 2킬로 거리밖에 안 되는 연세대 세브란스병원을 향해 달렸다. 출근 시간의 신촌교차로는 심한 정체에 빠져있었다. 신호가 바뀌기를 기다릴 수 없던 정삼정은 비상등을 켜고 계속해서 경적을 울리며 중앙선을 넘어 비어있는 맞은편 차선을 질주했다. 놀란 차들이 비켜주어 교차로도 무사히 통과할 수 있었다.

승용차가 세브란스병원 응급실에 도착한 것은 8시 15분경, 추락이 있은 지 불과 10분 만이었다. 투신자는 그러나 이미 사망한 상태였다. 의사들은 환자의 눈에 플래시를 비춰보고 맥을 짚어 사망 진단을 내린 후 간단한 검안에 들어갔다. 사망자는 전신 80%의 3도 화상에 여러 군데 골절상을 입고 있었으며, 직접적인 사인은 머리의 내출혈로 추정되었다.

투신한 청년이 실려 가고 난 서강대 본관 옆 시멘트 도로에는 서너 군데 혈흔이 배인 위로 불에 타 벗겨진 피부 조각과 옷 조각들, 타다 남은 담뱃갑과 오천 원짜리 지폐 한 장, 오백 원짜리 동전 같은 유품들이 널려있었다. 이공대 학생회장 주철수는 주위 학생들에게 현장을 보존해달라 부탁해놓고 학생회 간부인 박석일과 함께 옥상으로 향했다.

청년이 투신한 옥탑 부분으로 가려면 일단 철제 유리문을 열고 옥상으로 나간 다음 임시로 갖다 놓은 공사용 알루미늄 사다리를 타고 올라가야 했다. 철제문은 경비원들이 매일 점검을 하여 잠가놓았지만 문고리가 낡아서 힘을 주어 밀면 쉽게 열 수 있었다. 학생회 간부들은 학교 전체를 내려다볼 수 있는 옥탑 옥상에 플래카드를 내려 걸기 위해 경비실의 허가를 받지 않고 수시로 올라가곤 해서 철제문에 익숙했다. 주철수와 박석일이 옥상으로 올라가는 동안 마주 내려오는 사람은 아무도 없었고 철제문은 흔들 필요도 없이 열려있었다.

15

아직 서늘한 아침이었다. 주철수는 불길을 잡느라 그을음이 묻은 흰색 잠바를 다시 걸쳐 입고 알루미늄 사다리를 밟아 옥탑 옥상에 올라갔다. 옥탑 옥상은 가로 세로 20미터 정도의 넓이로, 40센티미터 높이의 시멘트 턱으로 둘러싸여 있고 바닥에는 조약돌이 깔려있었다. 전날 내린 비로 드문드문 빗물이 고여있었으나 자갈밭이라 족적은 남아있지 않았다. 두 사람은 꼼꼼히 현장을 살펴보기 시작했다.

청년이 몸에 불을 붙인 학생회관 쪽 모서리 주변에는 청색 양복 윗도리 한 벌과 한 되들이 작은 플라스틱 신나통 2개, 신나통을 쌌던 5월 8일 자 한겨레신문 한 부가 놓여있었다. 신나통은 신문에 한 번 싼 뒤 다시 비닐봉지에 담겨있었는데 한 통은 분신에 사용한 듯 비어있었으나 다른 한 통은 비닐도 개봉되지 않은 상태였다. 모서리 난간에서 내려다보니 아래층 베란다 형태로 돌출된 부분에 투신자가 썼을 것으로 짐작되는 일회용 가스라이터가 떨어져있었다.

뒤따라 경비원들과 학생 여럿이 올라왔다. 증인 확보를 위해 기다리고 있던 주철수는 모두가 보는 앞에서 바닥에 놓인 청색 양복을 펼쳐보았다. '미조사'라는 양복점 상호 아래 김기설이라는 이름이 박음질되어 있었고 주머니에는 흰 종이 두 장이 접혀져 들어있었다. 힘차고 빠른 달필로 쓰인 두 장의 유서로 하나는 짧고 하나는 좀 더 길었다.

짧은 유서는 부모에게 남기는 글이었다.

"아버지, 어머니. 어버이날입니다. 오늘 이 행위를 일삼겠다는 생각을 하기에는 여러 가지 의미가 있으리라 생각합니다. 여지껏 한 번도 아버지 어머니에게 효도라는 것을 해오지 못했지요. 하지만 이제 기설이가 아버지 어머니의 아들이 아닌 조국의 아들이 됨을 선포하면서 마지막 효도를 하려 합니다. 모든 문제는 대책위 사무실에 위임하세요. 전민련 선택이 형, 서준식 인권위원장님께 위임하세요. 제 목숨보다 아끼고 사랑하는 선배님들입니다. ―기설."

조금 긴 유서는 31년째 군사독재 치하에 살고 있는 한국 사회를 향해 남기는 글이었다.

"단순하게 변혁운동의 도화선이 되고자 함이 아닙니다. 역사의 이정표가 되고자 함은 더욱이 아닙니다. 아름답고 맑은 현실과는 다르게 슬프게 아프게 살아가는 이 땅의 민중을 위해 무엇을 할까 하는 고민 속에 얻은 결론이겠지요. 노태우 정권은 퇴진해야 합니다. 민자당은 해체되어야 합니다. 우리에게 슬픔과 아픔만을 안겨주는 지금의 정권은 꼭 타도되어야 합니다. 더 이상 우리에게 죽음과 아픔을 안겨주지 말아야 합니다. 이제 우리들은 모두 하나가 되어 죄악스러운 행위만을 일삼아 온 노태우 정권을 향해 전면전을 선포하고 민중권력 쟁취를 위한 행진을 위해 모두가 하나 되어야 합니다. ―김기설."

주철수는 김기설이라는 이름은 처음 들어보았으나 부모에게 남기는 유서에 나온 '선택이 형'이라는 인물이 서강대 학생운동의 선배이자 전국적 민주화운동단체인 전민련에서 일하는 김선택임은 금방 알 수 있었다. 때문에 김기설도 서강대 학생이라 추측했다. 그는 박석일에게 김기설이 어느 과 학생인지 알아보라 하고는 유서를 원래 있던 양복 안주머니에 넣어두었다. 그리고 경비 두 명과 다른 학생에게 현장을 보존해달라고 부탁한 후 등교투쟁을 위해 옥상에서 내려왔다.

서강대 학생회 간부들은 강경대 치사사건 이후 아침마다 교문에 늘어서서 등교하는 학생들에게 노태우 정권에 항의하는 유인물을 나눠주고 시위를 선동하는 등교투쟁을 하고 있었다. 분신 현장과 유서를 본 직후여서 감정이 격해진 주철수는 이날 등교투쟁 내내 눈물을 쏟으며 정권타도를 울부짖었다. 나란히 선 다른 간부들도 목이 메어 제대로 구호를 외치지 못했고, 지나가던 여학생들도 서강대생이 분신했다는 외침에 걸음을 멈추고 눈물을 닦았다.

서강대 총학생회장인 표홍철이 학생회 간부들과 함께 옥상에 올라간 것은 주철수 일행이 내려와 등교투쟁을 준비하던 8시 반경이었다. 옥상에는 주철수의 부탁대로 경비 두 명과 학생 하나가 유류품을 지키고 있었다. 서강대 총장인 가톨릭 사제 박홍이 비서와 함께 올라온 것도 비슷한 시각이었다.

표홍철은 서강대 학생운동의 대표로서, 모든 것을 강경대 치사 사건 대책위원회에 맡기라는 유서 내용에 따라 김기설의 유류품을 수거해 총학생회실에 보관하도록 했다. 뒤따라 올라온 박홍 총장도 이에 응해 유서를 읽어보기만 한 후 표홍철에게 돌려주었다. 표홍 철은 유서만은 대량 복사를 위해 자신의 주머니에 따로 넣었다. 박 홍은 다른 사람들이 현장을 훼손하지 않도록 경비원을 세워두고 옥상 문을 잠그도록 조치했다.

모든 것은 빠르게 돌아갔다. 연세대 대책회의에 나와있다가 소식 을 들은 방송과 신문기자들이 서강대로 몰려와 긴급취재를 했다. 기자들이 대여섯 명씩 두세 차례 옥상에 올라가 취재하면서 김기 설의 분신은 한 시간도 안 된 아홉시 뉴스에 나가기 시작했다.

표홍철은 경찰이 현장검증을 도와달라고 하자 유류품들을 옥상 에 가지고 올라가 사진을 찍게 한 후 연세대 학생회관에 설치되어 있던 강경대 치사사건 대책회의에 넘겼다. 자신이 확보하고 있던 유 서는 여러 장을 복사해 돌리고 원본은 가지고 있었는데, 검사들이 찾아와 달라고 했으나 고인의 뜻대로 해야 한다며 복사본만을 주 고 원본은 자신이 보관했다. 검사들도 순순히 물러났다.

김기설의 시신이 안치된 연세대 세브란스병원 영안실에는 소식 을 들은 재야 인사들과 타 대학 학생들, 가족들이 속속 모여들었다.

아버지. 어머니 -
어버이날 입니다.
오늘 이날이름 인상깊었다는 생각을
하기에는 여러가지 의미가 있으리라
생각합니다. 여지껏 한번도 아버지, 어머니에게
효도라는 것을 해오지 못했지요.
하지만 이제 기설이가 아버지의 어느의 아들이
아닌 겨레의 아들이 될는 선포하면서
마지막 효도를 하려 합니다.
모든 문제는 대책위 사무실에 위임하세요.
정민교. 선해이랑 서총식인자위원장보고
위임하세요. 제몸은보다 아끼고 사랑하는
선배 님들 입니다.

- 기설 -

김기설이 부모에게 쓴 유서

단호하게 변혁운동의 도화선이 되자함이
아닙니다. 역사의 이정표가 되자 함은
더욱이 아닙니다. 아름답고 맑은 현실내는
다르게 슬프게 아프게 살아가는
이땅의 민중을 위해 무엇을 해야 할까 하는
그 민족의 얻은 결론이겠지요.

노태우 정권은 퇴진해야 합니다.
민자당은 해체 되어야 합니다.
우리에게 슬픔과 아픔만을 안겨주는
지하의 정권은 꼭 타도 되어야 합니다.
더이상 우리에게 죽음과 아픔을
안겨 주지 말아야 합니다.

이제 우리들은 모두 하나가 되어 짓밟으려는
생명만을 일삼아온 노태우 정권을 향해
전면전을 선포하고 민중권력 쟁취를 위한
행진을 위해 모두가 하나 되어야 합니다.
—— 김 기 설 ——

2
음모론

분신 현장을 확인하고 내려온 서강대 총장 박홍은 우선 죽은 인물의 신상을 파악하도록 했다. 그는 유서에 나온 '선택이 형'이 자신도 잘 알고 있는 서강대 운동권 김선택이라 짐작했다.

김선택은 1972년 학번으로 박정희 시절 반독재투쟁으로 제적되었다가 복학한, 서강대 학생운동의 대부라 불리던 인물이었다. 마흔 살이 다 되어가는 그는 복학은 했으나 거의 강의를 듣지 않은 채 전민련에서 정치국장, 사무처장 등으로 활동하면서 시험 때만 출석하고 있었다. 민주화운동으로 제적되었다가 복학 조치된 학생들에 대해서는 결석을 하더라도 시험만 치르면 졸업을 시켜버리는 것이 당시 대학가의 관례인 데다 민주화운동에 호의적이던 박홍은 김선택이 제적되어있는 동안 결혼을 해 생활이 어려운 것을 알고 학비 전액을 장학금으로 대체해준 인연도 있었다.

서강대에서 분신한 데다 유서에도 김선택에게 모든 것을 맡긴다고 되어있으니 죽은 청년이 서강대생이라 짐작한 박홍은 우선 학적부를 확인해 무슨 과 몇 학번인지 알아보도록 했다. 그러나 학적부에 김기설이라는 이름은 없었다. 그는 교무과 직원에게 김선택의 집으로 전화해 분신한 김기설의 학과와 학번을 물어보도록 지시했다.

사건 당시 김선택은 전민련 사무처장으로서 약칭 대책회의라 불리던, '고 강경대 열사 폭력살인 규탄과 공안통치 종식을 위한 범국민 대책위원회'에 파견되어있었다. 상황실장을 맡은 그는 매일이다시피 계속되고 있던 전국의 시위상황을 점검하고 회의를 주재하느라 십여 일간 집에 못 들어간 채 연세대 학생회관 시멘트 바닥이나 의자 위에서 잠을 잤기 때문에 옷도 몸도 엉망이었다. 그런데 마침 김기설의 분신이 일어난 5월 8일 저녁이 할머니 제사여서 전날 밤 오랜만에 자기 아파트에 들어가서 자고 아침에 일어나 부모님 댁에 가려고 하던 중이었다. 아이가 없이 아내와 단둘이 살고 있던 그의 집에는 텔레비전을 놓지 않아 뉴스를 보지 못하고 있었다.

"김선택 씨! 오늘 아침에 김기설이란 사람이 우리 학교에서 분신 자살했는데 누군지 압니까?"

교직원의 전화를 받은 김선택은 깜짝 놀랐다. 김기설은 자신이 사무처장을 맡고 있는 전민련의 사회부장이었다. 충격으로 말을 못하고 있는데 교직원은 재차 물었다.

"분신한 김기설 씨가 유서에 자신의 장례에 관한 모든 것을 김선택 씨에게 맡긴다고 썼어요. 그걸 보니 서강대 학생인 듯한데 무슨 과, 몇 학번입니까? 학적부를 뒤져봤는데 그런 학생은 없답니다."

"서강대는 아니고, 한양대 출신으로 알고 있습니다."

경찰과 안기부의 도청이 일상적이던 시절이라 운동권은 공개단체든 비공개 지하조직이든 대다수가 가명으로 활동하고 있었다. 김선택처럼 이미 이름과 얼굴이 널리 알려진 인물을 빼고는 두세 개의 가명을 갖고 활동하는 게 보통이었고, 자연히 서로 출신 학교에 대한 질문을 하지 않는 게 관례였다.

전국적 연합 단체인 전민련에는 여러 소속 단체에서 추천되어 올라온 실무자 열 명 가량이 상근하고 있었다. 김기설은 6개월 전 성남시 민청련에서 추천을 받아 전민련에 들어온 경우로, 내부적으로는 본명을 알고 있었으나 전화를 받거나 대외활동을 할 때는 한정덕이라는 가명을 쓰기로 했다. 한정덕이라는 이름은 그가 성남민청련에서부터 쓰던 가명으로, 개인적으로 친하지 않은 이들은 김기설이 가명이고 한정덕이 본명이라고 잘못 알기도 했다. 학력에 대해서는 본인 입으로 한양대 철학과 3학년을 중퇴했다고 말했기 때문에 다들 그런 줄로 알았다. 신원조회를 할 수 있는 기관도 아니거니와, 어렵게 모금한 돈으로 어쩌다가 몇 만 원씩 활동비나 줄까, 정식으로 월급을 주지도 못하면서 연행과 구속이 일상사니 와서 일해주는 것만도 고마운 실정이었다.

통화를 마친 김선택은 연세대 대책회의로의 출근을 서둘렀다. 그런데 집을 나서자마자 골목에 형사들이 대기 중이었다. 대책회의의 실무를 총괄하고 있던 그에게는 미행과 도청이 일상적이어서 알아도 무시해왔는데 이날은 형사들이 먼저 말을 걸어왔다.

"김선택 씨, 김기설이란 사람 사망 소식 들었지요? 그 얘기 좀 하게 잠깐 좀 가시지요?"

사전구속영장이 떨어진 것은 아니었다. 체격이 좋은 데다 굵고 힘찬 음성에 말투도 시원시원한 김선택은 버럭 목청을 높였다.

"가긴 어딜 간단 말이오? 내가 대책회의에 출근하지 않으면 비상이 걸려 사태가 더 악화될 텐데 당신들이 책임질 거요?"

"분신한 김기설 씨에 대해서만 조사를 하려는 거니 협조해주시지요. 유서에 김선택 씨와 서준식 씨 이름이 올라갔으니 수사가 불가피합니다."

"유서에 그리되어 있습니까? 나는 모르는 일인데? 아마 서준식 씨와 내가 전민련 실무자 중에 제일 선배니까 이름을 올린 것 아니겠습니까? 나도 대책회의에 가서 상황을 파악해 봐야겠습니다. 그러니 막지 마시오."

일단 형사들을 밀치고 연세대 대책회의에 출근한 그는 경찰과 검찰의 거듭되는 면담 요구를 일체 거부한 채 사건의 정황을 파악하느라 분주히 움직이기 시작했다.

같은 시각, 서강대 총장실에서는 학교 차원의 긴급 대책회의가 소집되어있었다. 김기설이 서강대생이 아니라는 것은 밝혀졌으나 일단 서강대에서 사건이 터졌으므로 분신의 경위를 파악하고 향후 대책을 논의하는 자리였다.

총장 박홍과 사회학과 교수이자 총무처장인 윤여덕 등 학교의 운영 책임자들은 우선 김기설의 확실한 신분을 확인해보기로 했다. 총무처장 윤여덕은 개인적인 친분이 있는 한양대 학생처장에게 그 자리에서 전화를 걸어 사정을 말하고 학적부 확인을 부탁했다. 답변은 금방 왔다.

"샅샅이 찾아봤는데 우리 학교 철학과에 그런 이름의 학생은 입학한 적이 없습니다. 다른 학과에도 없고요. 잘못 아신 것 아닙니까?"

보고를 받은 박홍은 김선택이 자신에게 거짓말을 했다고 생각했다. 학비 전액면제까지 주선해준 김선택이 자기를 속인다는 의심이 그를 사로잡았다. 그는 1971년 노동자 전태일의 분신 때 장례미사를 맡은 적도 있고 천주교정의구현사제단 소속으로 활동해 운동권 신부라 불리기도 했던, 다혈질적인 인물이었다.

"같은 전민련 사무실에서 일하는 부하직원의 학력도 모른다니 말이나 되나? 김선택이가 거짓말을 하고 있어!"

같은 시각, 전민련 실무자들도 한양대 총학생회에 김기설의 신분을 확인했으나 역시 그런 학생은 없다는 답변을 받고 당황해하고 있다는 사실을 그는 알지 못했다. 총무처장 윤여덕이 의구심을 부추겼다.

"총장님, 아무래도 운동권에서 뭔가를 숨기고 있는 것 같습니다. 김선택이가 변사자에 대해 다 알고 있으면서도 우리에게 뭔가 숨기려고 거짓말하는 게 분명합니다."

이 시각에 교문 앞에서 등교투쟁을 하고 있던 서강대 학생회 간부들은 김기설이 자기 학교 학생이라고 말하고 있었고, 같은 내용의 대자보를 써 붙이는 중이었다.

"제가 방금 대자보를 붙이는 학생들에게 교무과 직원을 보내서 김기설은 서강대생이 아니니 대자보를 다시 쓰라고 알렸습니다. 그런데 학생들은 분신한 김기설이 어느 대학 출신인가는 중요치 않다며 도리어 핀잔을 주더랍니다."

의혹이 부풀어 오르던 9시 20분경, 서강대 총학생회장 표홍철이 서너 명의 젊은이들을 데리고 총장실로 찾아왔다. 세 명은 이십대 초반의 남녀이고 한 명은 삼십대 후반이었는데 모두 참담한 표정이었다. 비서의 안내로 들어온 표홍철은 박홍에게 말했다.

"분신한 김기설 씨의 친구들입니다. 투신 현장을 확인하러 왔기에 총장님께 인사시키려고 데려왔습니다."

총장실로 들어온 젊은이들은 자신의 신분을 밝히지는 않았다. 애초에 학교 관계자들을 보러 온 게 아니라 분신 현장을 확인하러 왔다가 표홍철의 부탁으로 어쩔 수 없이 박홍을 만나게 된 것뿐이었다. 죽은 김기설과 자취를 함께 했던 임근재가 그들을 대표해서 간단히 상황을 설명했다.

"죽은 이는 김기설이 맞습니다. 저하고 자취를 하고 있는데 며칠 전부터 노태우 정권에 항거해 분신하겠다고 해서 다들 말리고 있었습니다. 어젯밤에도 그래서 저하고 친구들이 김기설을 붙잡고 새벽 다섯 시까지 동숭동 대학로에서 술을 마시며 설득을 하고 있는데 비가 오는 틈을 타서 우리를 따돌리고 어디론지 가버렸습니다. 김기설이의 말로 보아 연세대와 서강대가 있는 신촌 쪽으로 갔으리라 짐작하고 찾아다니던 중 뉴스를 듣고 서강대에 오게 된 겁니다."

윤여덕이 갸우뚱거렸다.

"그거 참 이상하네? 아직 기자들이 오지도 않았는데 어떻게 방송을 듣고 여기까지 왔다는 거요?"

표홍철이 반문했다.

"아까 뉴스에 나왔는데 못 들으셨습니까? 기자들이 십여 명이나 찾아와서 옥상을 취재해 갔는데요?"

박홍과 윤여덕은 그러나 믿으려 들지 않았다.

"우리는 그런 보고 못 받았는데? 여러분은 어디서 나왔습니까? 변사자의 친구라면 이름과 소속을 말해봐요."

윤여덕은 젊은이들에게 한 명씩 이름과 소속 단체, 직급을 묻기 시작했다. 젊은이들은 불쾌해하면서도 순순히 대답해주었다. 윤여

28

덕은 그중에서 삼십대 후반으로 보이는 남자에 주목했다. 윤여덕은 그가 '국민연합대책본부 상황실장'이라고 신분을 밝히자 재차 추궁했다.

"그러면 유서에 나오는 김선택과 서준식이란 사람을 알겠네요? 그 사람들은 죽은 김기설 씨와 무슨 관계입니까? 도대체 무슨 관계이기에 모든 사후처리를 맡긴다고 했나요? 두 사람이 이번 분신에 어떤 관련이 있는 겁니까?"

"무슨 말씀을 그렇게 하십니까? 그 두 분은 김기설이 분신하려 한다는 이야기조차 듣지 못했을 겁니다. 가까운 친구들만 김기설의 결심을 알게 되어 말리려고 애쓴 겁니다."

"거참 이상하네. 내가 분신 직후 학교에 출근하는데 옥상에서 흰 점퍼를 입은 청년이 서성거리는 걸 봤어요. 분명히 혼자 분신한 게 아니에요. 누가 같이 있었던 게 틀림없어요."

분신 직후 맨 처음 옥상에 올라간 것은 이공대 학생회장 주철수였다. 주철수가 올라가는 동안 아무도 내려오는 사람이 없었다. 윤여덕은 주철수가 흰 점퍼를 입고 증거물을 확보하러 돌아다니는 모습을 본 것뿐이었다. 하지만 나중에 올라간 표홍철이나 뒤늦게 온 김기설의 친구들은 흰 옷을 본적이 없으니 즉답을 할 수가 없었다. 이들의 무응답은 더욱 윤여덕의 의심을 샀다.

학교 관리자들은 어떻게 외부인이 옥상에 올라갔는가에 대해서도 의문을 품고 있었다. 경비원들은 옥상으로 들어가는 철제 유리문은 매일 잠가놓고 열쇠를 경비실에 걸어놓았다. 윤여덕은 이 부분도 추궁했다.

"분명히 잠가놓은 옥상 문이 열려있는 것도 이상합니다. 김기설이란 사람이 어떻게 이른 아침에 남의 학교 문을 열겠습니까? 누군가 우리 학교 안에 분신에 협조한 사람이 있어서 열쇠로 열어준 것 아닐까요?"

학생회장 표홍철이 즉각 반박했다.

"옥상문은 낡고 헐거워서 그냥 밀면 안 열리지만 발로 차거나 세게 흔들어 몇 차례 밀다 보면 활짝 열려버립니다. 그래서 학생들은 경비실의 허가를 받지 않고도 자유로이 옥상에 올라가 현수막을 내걸어 왔습니다. 확인해보십시오."

실제로 이날 아침 경비원 이창옥 등이 올라가 실험을 했는데 아무리 밀어도 열리지 않던 문이 빗장걸이를 약간 헐겁게 슬쩍 닫고 힘차게 반동을 주며 밀어대니 가볍게 열려버렸다. 하지만 이 보고도 학교 관리자들의 의문을 가시게 하지는 않았다.

김기설의 학력에 대해서도 언쟁이 일어났다. 박홍과 윤여덕은 김기설이 어느 학교 출신인가 거듭 추궁했다. 그러나 친구들도 정확한 대답을 해줄 수가 없었다. 한양대생으로 알고 있었으나 이 역시 아니라는 말이 나왔기 때문이었다. 왜 학력을 숨기느냐는 의심에 나중에는 짜증스럽게 응대할 수밖에 없었다.

한 시간이나 계속된 신경전 끝에 김기설의 친구들과 학생회 간부들이 화를 내며 돌아간 후, 박홍을 중심으로 한 서강대 관리자들은 이번 분신이 자신들과 어떤 관련도 없으며, 누군가 어두운 세력에 의해 계획적으로 벌어진 사건이라는 전제 하에 여러 정황들을 맞춰보기 시작했다.

"아니, 우리 학교에 다니지도 않은 사람이 흔들어대면 문이 열린다는 걸 어떻게 알고 하필이면 본관 옥상에 올라갔단 말입니까?"

보다 구체적인 의심도 나왔다.

"요즘 치안당국이 잇단 분신에 모종의 배후가 있다고 발표하고 있는데, 전혀 근거 없는 이야기는 아닐 거란 말이지."

김기설의 분신 이전에도 죽음이 잇따르고 있었다. 강경대 치사 사건 사흘 후인 4월 29일 전남대 여학생 박승희가 분신한 것을 시작으로 5월 1일에는 안동대 김영균, 이틀 후인 5월 3일에는 경원대 천세용이 분신했다. 5월 6일에는 한진중공업 노조위원장 박창수가 서울구치소에 수감 중 부상을 입고 안양 병원에 후송되었다가 옥상에서 추락한 시신으로 발견되면서 시위는 폭발적으로 확대되고 있었다.

불과 열흘 사이에 다섯 명이 죽자, 치안기관들은 누군가 배후세력이 이들의 죽음을 사주하고 있다는 정보를 언론에 흘리고 있었다. 이 정보는 언론을 도는 사이 운동권에 죽기를 각오한 분신조가 있다거나 분신할 사람들끼리 제비뽑기를 한다는 소문으로 확대되어 다시 치안기관의 정보망으로 흘러 들어왔다. 스스로 퍼뜨린 유언비어가 언론을 거쳐 정식 정보로 보고된 것이었다. 치안기관은 자가 생산된 정보를 바탕으로 배후세력을 찾으라는 명령을 하달했고, 경찰은 이에 따라 안동대 김영균의 분신에 배후세력을 찾는 수사까지 벌였으나 근거를 찾지 못하던 중이었다.

서강대 대책회의가 열리고 있던 오전 10시경, 청와대에서는 대통령 비서실장 주재로 검찰총장 정구영, 법무부장관 김기춘 등이 참석한 치안관계 회의가 열리고 있었다. 이 회의의 회의록은 공개되지 않았으나 배후세력을 찾으라는 결론은 확실했다. 회의가 끝난 직후, 검찰총장 정구영은 산하 검찰에 긴급명령을 하달했다.

'최근의 분신자살사건에 조직적인 배후세력이 개입하고 있는지의 여부를 철저히 조사할 것. 분신의 경위에 의혹이 있을 뿐 아니라 타살 가능성마저 있음.'

서울지검장 전재기는 즉시 명령을 받아들여 점심시간이 되기도 전에 사건을 강력부에 배치, 부장검사 강신욱 아래 다섯 명의 검사로 전담 조사반을 편성했다. 보통 공안부에 맡기는 정치적 사건을 마약사범과 조직폭력배를 다루는 강력부에 넘긴 것은 이례적이라는 기자들의 질문에 검찰은 이 사건이 정치사건이 아닌 살인사건이기 때문이라고 밝혔다. 검찰 내부에서는 노태우 정권이 출범하면서 시작된 '범죄와의 전쟁'에서 강력부가 수훈을 세워 국민적 지지가 높기 때문에 배당되었다는 말이 돌았다.

청와대 회의와 서강대 회의가 어떻게 연관이 되었는가는 확인되지 않았으나 두 회의의 결론은 같았다. 김기설의 친구들이 돌아가고 한 시간여 동안 회의를 마치고 난 총장 박홍은 학교에 와있는 기자들 앞에 나섰다. 사건이 일어난 지 4시간이 조금 더 지난 12시 반경이었다.

박홍은 먼저 실내에 가득한 방송과 신문기자들 앞에서 무거운 표정으로 김기설의 유서를 읽은 뒤 성경에 손을 얹고 기도했다.

"진리와 정의에 목말라 하며 죽음 앞에 방황하는 젊은이들을 죽음에 이르게 하는 모든 세력들의 정체를 깨닫도록 식별의 지혜를 베푸소서."

그리고 3분 동안 고개를 숙이고 눈을 감은 채 침묵의 기도를 올렸다. 그가 눈을 뜨고 입을 열었을 때, 참석한 기자들은 운동권 신부다운 발언이 나오리라 예상하고 있었다. 그런데 박홍은 뜻밖의 이야기를 시작했다.

"우리 사회에는 죽음을 선동 이용하는 반생명적 세력이 분명히 있습니다. 이 세력의 정체를 우리 모두가 알고 폭로해야 합니다. 우리 모두는 젊은이들의 죽음 앞에 슬퍼하면서도 이 죽음을 선동하는 세력을 반드시 폭로해야 합니다. 젊은이들의 죽음을 선동하고 이용하며 또 직접 실천하는 반생명적인 사람들의 정체를 알고 그들 세력의 유혹을 단호하게 끊어버리는 결단을 해야 합니다. 민주화와 인간화를 내세우면서도 죽음을 선동하는 사람이 있다면 마땅히 부끄러워해야 합니다. 개인적으로, 저는 이 죽음의 세력을 폭로하는 단호한 결단을 선포합니다. 죽음의 세력을 식별할 지혜를 간구하는 기도를 합시다. 인간의 생명은 지구보다 존귀하며 인간은 지배 착취가 아닌 사랑과 존중의 대상이듯 시신도 존중되어야 합니다. 진리와 정의에 목말라 하는 젊은이들이 죽음의 세력 때문에 방황하고 있습니다."

김기설의 분신 사흘 전인 5월 5일, 박정희 정권 치하에서 민주화운동으로 오랜 감옥살이를 했던 시인 김지하가 조선일보에 '죽음의 굿판을 걷어치우라.'는 소제목으로 운동권 전체를 비난하는 글을 실어 운동권으로부터 격렬한 반발을 사고 있었다. 김지하는 세 번째 군사체제인 노태우 정권의 잘못에 대해서는 일체의 비판도 하지 않은 채 운동권이 마르크스주의와 김일성 주체사상조차도 이탈한 생명경시의 철부지들이라고 폭언을 퍼부었다.

"지금 당신들 주변에는 검은 유령이 배회하고 있다. 그 유령의 이름을 분명히 말한다. 네크로필리아 시체 선호증이다. 싹쓸이 충동, 자살 특공대, 테러리즘과 파시즘의 시작이다. 이미 당신들의 화염병은 방어용 몰로토프 칵테일 수준을 넘어서고 있었다. 파괴력에서가 아니라 상황과의 관계상실과 거기에 실린 당신들의 거의 장난기에 가까운 생명 말살 충동에서다.(…) 당신들은 지금 전염을 부채질하고 있다. 열사 호칭과 대규모 장례식으로 연약한 영혼에 대해 끊임없이 죽음을 유혹하는 암시를 보내고 있다. 생명 말살에 환각적 명성을 들씌워주고 있다. 컴컴하고 기괴한 심리적 원형이 난무한다.(…) 당신들의 귀신숭배는 더욱이 급진적 폭력을 동반함으로써 바로 네차예프사건과 인민사원의 집단학살, 그리고 연합적군 모리그룹의 산장에서의 피의 인민재판을 예고하고 있다."

민주화투쟁을 죽음숭배, 귀신숭배로 매도하고 '운동은 이제 참혹한 종말을 맞이할 것'이라는 독설에 대해 김지하 자신은 생명을 중시하려는 의도였다고 강변했으나 '좌경화된 운동권 지도부가 분신 같은 극한 투쟁을 부추기고 있다.'는 내용으로 알아듣기에 충분했다. 학생들과 재야는 너무 일찍 유명해져 관심병 환자가 된 시인의 경솔하고 잔인한 폭언이라고 맹비난했으나 일반 대중들은 운동권을 잘 아는 김지하가 뭔가를 알기에 저런 말을 한다는 인상을 받을 만했다.
여기에 박홍이 "운동권이 조직적으로 분신을 사주하고 있다."고 직설함으로서 여론의 관심은 또 다시 분신의 배후가 누구인가로 쏠리게 되었다. 박홍 역시 "구체적인 증거는 없지만"이라는 단서를 붙여 변명의 여지를 남겼으나 방송과 신문은 김지하와 박홍의 발언을 묶어 대대적으로 보도하고 의혹을 확장시키는 논평들을 쏟아내기 시작했다.

담당 검사들이 사건 현장인 서강대에 찾아간 것은 박홍이 기자회견을 하던 것과 비슷한 점심 무렵이었다. 검찰은 나중에 박홍의 기자회견을 보고 수사에 착수했다고 말하기도 했으나 실제로는 거의 동시에 이뤄진 것이었다. 동행한 세 명의 검사 박경순, 윤석만, 곽상도에게 내려진 지시는 명확했다. 김기설의 타살 가능성 및 불순세력과의 연계에 의한 계획적 타살 여부를 수사하라는, 곧 김기설의 살인자를 찾으라는 것이었다.

검사들은 서강대 학생처장 전준수와 총학생회장 표홍철 등의 안내로 현장을 검증하고 총무처장 윤여덕과 경비원들로부터 분신 직후 흰 점퍼가 옥상에 어슬렁거렸다거나 옥상문을 누군가 열어주었으리라는 등의 의심스런 정황들을 채증했다.

유서는 사망자가 자의에 의해 자살한 것인지, 타의에 의해 죽은 것인지를 밝히는 중요한 단서가 될 수 있는 물증으로, 필적 검사는 일반적인 자살사건에서도 필수적인 절차였다. 검사들은 총학생회장 표홍철이 유서 원본의 제출을 거부하자 일단 복사본을 받아 필적 확인에 들어갔다. 이를 위해 검사 남기춘과 검찰주사보로 이뤄진 다른 조는 오후에 김기설의 주민등록 주소지인 안양시 호계2동 동사무소에 찾아가 김기설의 친필 글씨가 있는 주민등록증 재발급 신청서를 확보했다.

총무처장 윤여덕은 검사들에게 강력히 분신 배후설을 제기했다. 그는 최초의 검찰 조서에서 말했다.

"이번 변사사건은 우연한 자살행위가 아니라 사전에 일사불란한 계획을 수립하여 여러 사람이 합동하여 저지른 엄청난 것으로 판단됩니다. 김선택과 국민연합대책본부 상황실장이란 자가 위 변사사건의 모든 전모를 알고 있을 것으로 짐작되며, 다시는 이런 엄청난 행위가 없었으면 합니다."

이 주장은 수사 착수의 유력한 근거가 되어주었다. 분신 직후 총장실을 방문했던 중 한 사람이 말했다는 국민연합대책본부라는 단체는 존재하지 않았다. 대책회의가 있다면 연세대에 있던 범국민대책회의뿐이었고 상황실장은 다름 아닌 김선택이었는데 그는 이날 아침 총장실에 간 적이 없었다. 윤여덕도 김선택을 알기 때문에 그가 총장실에 왔었다면 이런 식으로 진술하지는 않았을 것이었다. 그럼에도 대책회의 상황실장이 왔었다는 그의 진술은 확대재생산되어 김선택이 총장실을 방문해 박홍과 언쟁을 했다는 간접증언으로 남기도 했다.

보통의 음모론이 권력에서 소외된 약자들의 상상력에 의해 만들어져 호기심이나 조롱의 대상을 벗어나지 못한다면, 정부기관에 의해 창작된 음모론은 막강한 조직력을 통해 사실로 둔갑할 여지가 컸다. 본인들의 본래 의도가 어떻든 박홍과 김지하의 발언, 그리고 윤여덕의 진술을 통해 분신 음모론의 기초를 확보한 검찰은 또 다른 결정적인 단초를 찾아냈다. 유서의 필체가 그것이었다.

3
유서

　세 명의 검사가 서강대에서 수사를 벌이고 있는 시각, 김기설의 시신이 안치된 신촌의 연세대 세브란스병원 영안실에는 검사 신상규와 송명석이 배치되어있었다. 두 검사는 사체 검안과 부검을 감독하는 한편, 김기설의 아버지 김정열과 자취방 친구 임근재 등에 대한 진술조서를 받아나갔다.

　김기설의 아버지 김정열은 경기도 파주에서 농사를 짓다가 서울로 이주해 성수동의 작은 공장에서 노동자로 일하고 있었다. 아침에 전화를 받고 아내와 함께 세브란스 영안실에 달려가 아들의 시신을 확인한 그는 공황상태에 빠져있었다.

　김정열에게는 네 자녀가 있었는데, 위로 셋은 딸이고 김기설은 외아들이자 막내였다. 1965년 출생인 김기설은 6살이 되기 전에 생모가 사망해 주로 누나들에 의지해 자랐다. 체격이 왜소하고 성격도 온순한 데다 성적은 중간 수준이었으나 축구, 탁구 같은 구기운동을 잘해서 친구도 많고 학교생활도 좋아해 광탄중학교를 3년 개근으로 졸업했다. 그런데 고등학교 들어가면서 방황이 시작되었다.

김기설은 인문계 고등학교를 나와 대학에 가고 싶어 했으나 김정열은 아들을 대학에 보낼 형편이 못 되었다. 어쩔 수 없이 공업계로 진학한 김기설은 학교에 적응하지 못해 성적이 형편없이 떨어졌다. 자퇴를 하고 다른 공고로 옮겼으나 그곳에서도 다시 자퇴하고는 1982년 독학으로 고등학교 검정고시에 합격했다. 그리고 군대에 다녀온 1988년부터는 민주화운동을 하더니 3년 만에 분신자살한 것이다.

가족들이 보기에 김기설은 식구들 말은 따르지 않고 남의 말에만 귀를 기울이는 철부지 막내였다. 가난한 환경 속에 버스 안내양까지 하며 꿋꿋이 성장해 결혼한 세 누나들은 하나뿐인 남동생이 너무 어려서 어머니를 잃고 계모 밑에서 방황하는 것을 안타까워해 남달리 애정을 쏟아부었다. 누나들은 셋째 매형이 하는 공장에 취직시켜보기도 하고 만날 때마다 충고를 하며 어서 결혼해 행복하게 살기를 바랐다. 그러나 김기설은 자꾸 밖으로만 돌았다. 운동권에 가담했기 때문임을 알게 된 가족들의 걱정은 컸다. 한 번은 화가 난 큰누나가 야단을 친 적도 있었다.

"왜 자꾸 아버지 속 썩이고 데모만 하고 다니니?"

김기설의 대답은 진지했다.

"누나처럼 없이 사는 사람들을 위해서 하는 거야."

언젠가는 집안일에 소홀하다고 다소 심하게 야단을 치자 대답했다.

"나는 죽더라도 나라를 위해서 죽지 다른 일로 죽지는 않아!"

특히 오퍼상과 공장 등을 하며 처갓집에 적지 않은 경제적인 도움을 주고 있어 발언권이 셌던 셋째 매형은 김기설을 바로잡는다며 자주 야단을 치고 때로는 손찌검까지 했으나 그럴수록 멀어지기만 했다. 김기설이 아버지와 누나를 보러 오는 일은 갈수록 뜸해졌다.

가족들이 결정적으로 운동권을 미워하게 된 것은 사건 1년 전인 1990년 5월의 머리 부상 때문이었다. 어느 날 김기설로부터 머리를 다쳐 성남에서 응급처치를 받고 안양중앙병원에서 뇌수술을 받게 되었다는 연락이 왔다. 가족들이 몰려가 걱정하자 김기설은 태평하게 말했다.

"서울대 출신 운동권들과 술을 마시다가 취해 넘어졌을 뿐이에요. 걱정하지 마세요."

그런데 옆 침상의 환자 보호자가 아버지 김정열에게 "당신 아들의 친구 셋이 찾아와서 맞았다는 말을 누구에게도 하지 말라고 했다."고 일렀다. 이 말은 한 다리를 건너면서 "누구에게도 말하면 죽인다고 협박을 하고 갔다."는 말로 과장되어 가족들에게 전달되었다.

가뜩이나 운동권에 대한 불신이 깊었던 가족들이 어떻게 된 거냐고 다그치자 김기설은 술에 취해서 베란다를 타고 사무실에 들어가려다가 떨어진 것뿐이라고, 누구도 자기를 협박한 사람은 없다며 옆 사람이 잘못 들은 거라고 호소했다. 하지만 그의 말을 믿지 않은 셋째 매형은 사실대로 말하지 않으면 치료비를 내주지 않겠다고 했다. 김기설은 사실대로 말하라는 가족들의 압박을 견디지 못하고 치료도 받지 않은 채 몰래 병실을 빠져나가 한동안 연락을 끊고 살았다.

김기설은 금전 문제로도 가족들을 실망시켰다. 차비밖에 안 되는 활동비조차 제대로 받지 못하는 운동권 단체 실무자들은 늘 궁핍했다. 김기설은 전민련에 들어가기 직전인 1990년 10월, 큰누나 집에서 큰 매형 소유인 약속어음 230만 원짜리 한 장과 현금 20여만 원을 몰래 가지고 달아난 적이 있었다. 곧바로 어음 분실 신고를 하여 피해는 없었으나 운동권에 빠진 막내가 누군가에게 맞아 머리를 다치고 돈까지 훔쳐갔다는 생각은 가족들로 하여금 운동권 전체, 특히 전민련에 대해 극도의 반감을 품게 했다.

어음 사건은 김기설이 분신을 결심하는 데 심리적 영향을 미쳤을 정황도 컸다. 김기설은 훔친 매형의 어음을 성남민청련에서 활동하며 알게 된 대학생 풍물패 회원 한원석에게 환금할 곳을 알아달라고 부탁했다. 학생이던 한원석은 가진 돈이 없어 이를 환경운동을 하고 있던 박영춘의 아버지에게 부탁해 230만 원을 받아서 김기설에게 전달했다. 아들 친구의 어음이라고 하니까 할인도 않고 액면 그대로 전액 현금으로 바꿔준 것이었다. 그런데 어음이 도난 신고 되어버리자 박영춘과 한원석은 입장이 곤란해지고 말았다. 결국 한원석은 자신의 신용카드로 물건을 사서 수십만 원을 손해보고 되파는 형식으로 돈을 마련해 박영춘의 아버지에게 230만 원을 돌려줄 수밖에 없었다. 카드 할부 대금을 낼 능력이 없는 한원석은 거듭 돈을 갚으라고 재촉했고, 김기설은 두 차례 차용증과 각서를 써주며 지급을 미루던 중 분신한 것이었다.

김기설에 대한 가족들의 몰이해와 운동권에 대한 불신은 사건 당일의 영안실에서 그대로 표출되었다. 절망에 빠진 아버지 김정열은 영안실에 도착했을 때 누군가 유서를 내밀며 아들이 쓴 게 맞냐고 물었을 때 들여다보지도 않고 집어 던지며 소리쳤다.

"이건 내 아들이 쓴 게 아니야! 내 아들이 왜 자살을 해? 아니야! 절대 아니야!"

글씨가 다르다는 뜻이 아니라 아들의 죽음 자체를 거부하는 절규였다. 누나들 역시 영안실에 복사되어 붙어있는 동생의 유서를 제대로 읽어볼 정신이 아니었다. 김기설은 죽기 한 달 전에 누나들에게 찾아와 여자 친구가 생겨 곧 결혼하게 될 것 같다고 말한 적이 있었다. 누나들은 희망에 차있던 그날의 동생만을 기억하고 있었

다. 두 누나는 결혼을 앞둔 동생이 자살할 리가 없으며, 동생이 유
서를 쓸 리가 없다고 울부짖었다.

사실 가족들은 김기설의 글씨체를 제대로 알고 있지 못했다. 주
소지는 안양 큰누나 집으로 되어있었으나 몇 달에 한 번쯤 오는 정
도여서 가족들 앞에서 글씨를 써 보일 일이 없었다. 10년 전인 1981
년 조카를 낳은 누나에게 선물로 준 육아서적 앞에 정자체로 이름
을 써준 게 전부나 마찬가지였다. 친척 경조사 부조금 문제로 아버
지 김정열의 수첩에 메모를 해준 적이 있으나 이마저 분실해 없었
다. 아버지 김정열이 그랬던 것처럼, 누나들은 김기설이 죽었다는
사실 자체를 믿을 수 없었고, 이를 유서가 동생 것이 아니라는 말
로 표현했을 뿐이었다.

아버지와 누나들의 '판단'과는 달리 영안실에 달려온 매형들과
고모 등 친척들의 의심은 좀 더 구체적이었다. 박홍과 검찰의 배후
세력 주장을 들은 그들은 아버지와 누나들까지 김기설이 자살할
리가 없다고 부르짖자 부쩍 의심을 품었다. 복사해 나눠주고 있던
유서를 놓고 의심스런 정황들을 캐내기 시작했다.

매형과 친척들은 먼저 유서에 쓴 '어머니'라는 말에 주목했다. 김
기설의 생모는 그가 6살 때 사망했고 이후 들어온 계모와는 사이
가 좋지 않았는데 어머니라고 부를 리가 없다고 생각했다. 또한 김
기설을 친어머니처럼 돌봐준 것은 큰누나인데 고맙다거나 미안하
다는 말이 없는 것도 이상하다고 의심했다. 누나 이야기는 쏙 뺀 채

44

김선택, 서준식 같은 타인을 생명처럼 아끼는 사람들이라고 표현하고 그들에게 사후 처리를 맡기라 한 것을 납득할 수 없었다.

유서의 글씨가 '날아갈 듯한 달필'이라는 점까지 의심받았다. 죽을 사람이라면 마지막 남기는 글을 이렇게 빨리 쓸 수 없다는 것이었다. 일단 의심과 편견의 대상이 되면 어떤 것도 피해갈 수 없었다. 만일 김기설이 정자체로 차분히 유서를 썼다면 곧 죽을 사람이 어떻게 이리 침착한 글씨를 썼겠느냐고 의심했을 것이었다.

친지들은 가족이 가지고 있는 김기설의 글씨체를 찾기 시작했다. 맨 처음 발견된 것은 육아서적의 서명이었다. 김기설은 획의 시작 부분마다 앞으로 꺾는 정자체를 즐겨 썼다. 이는 검찰이 안양시 호계2동 동사무소에서 찾아낸 주민등록증 분실신고서에 쓰인 것과도 같은 글씨체였다. 유서의 빠르게 쓴 필기체와는 확연히 달라 보였다.

김기설 본인이 쓴 것이 확실한 두 가지 글씨체와 유서를 비교해 본 친지들은 유서를 다른 사람이 썼다는 확신을 갖게 되었다. 친지들의 이야기를 들은 아버지와 누나들도 같은 생각을 하게 되었다. 의구심은 전민련 사람들이 김기설의 죽음을 미리 알고 있었으며 나아가 분신을 강요하며 유서를 대필해 주었으리라는 추측으로 이어졌다.

가장 흥분한 이는 셋째 매형이었다. 김기설이 운동권에게 머리를 맞아 죽을 뻔했다고 믿어온 그는 또 다시 그들의 꼬임에 넘어가 분신했으리라 확신했다. 분을 참지 못한 그는 영안실을 지키는 전민련 인사들에게 욕을 퍼붓고 발로 걷어차는 등 폭력까지 행사하며 고함쳐댔다.

"너희들이 기설이를 죽였어! 여기가 어디라고 너희들이 상주 행세를 하는 거야, 이 나쁜 놈들아!"

영안실에는 김기설의 중학교 동창인 한송흠이 와있었다. 김기설의 가장 오래되고 절친한 벗인 그는 유서를 보자마자 김기설의 글씨가 맞다는 것을 알았다. 김기설이 정자체와 필기체의 두 가지 글씨체를 가진 것을 잘 알고 있던 그는 큰누나가 유서 사본을 보여주며 기설이 글씨가 맞냐고 묻자 단호히 말했다.

"누나, 이 유서 기설이 글씨가 맞아요. 기설이 글씨는 제가 잘 알아요."

"그러니? 송흠이가 맞다면 맞는 거야. 기설이 글씨가 맞아."

큰누나는 이 사실을 동생들에게도 말해주었다. 그러나 이 대화는 집안 친척들의 흥분 속에 파묻혀 버렸다. 글씨 문제가 심각해지리라 생각 못했던 한송흠도 다들 자살을 인정하고 싶지 않은 안타까워하는 마음으로 하는 소리리라 생각하며 넘어가고 말았다.

한송흠에게 김기설은 책 읽기를 좋아하고 글쓰기를 즐기던 친구였다. 한송흠 외에도 홍순재, 안혜정 등 오래된 친구들 사이에 그는 천성이 여리고 마음이 착한 데다 의리가 있었던 친구로 기억되었다. 술을 너무 좋아하는 게 흠이었지만 여러 친구들이 술을 마셔도 끝까지 자리에 남아 몸을 못 가누는 친구들을 챙기고 주변 정리를 도맡았다. 무슨 말을 해도 악의가 없이 상대방을 이해하고 위해주는 성격이라 다들 좋아했다. 책읽기를 무척 좋아해서 혼자 독서하며 종이에 메모를 잘하고 평상시에도 낙서벽이 있을 정도로 습관적으로 메모를 잘했다.

한송흠이 알기로 김기설에게 변화가 온 것은 군대 가기 전, 충정로에 있는 한 교회에 다닐 때였다. 독서광이던 김기설은 교회에서 만난 대학생들로부터 새로운 책들을 소개받으면서 정치문제에 대한 관심을 갖게 되었고 한송흠 앞에서도 자주 사회에 대한 비판을 했다. 이때부터는 주로 사회과학 계통의 서적들을 들고 다녔는데 『러시아 혁명사』, 님 웨일즈의 『아리랑』, 『노신 평전』 같은 책들을 읽을 때마다 한송흠에게 그 감동을 털어놓았다.

1987년 유월항쟁으로 대통령 직선제를 확보했으나 전두환 군사정권의 2인자이던 노태우가 선거를 통해 당선되었을 때였다. 한국사회의 비민주성과 빈부격차에 비판적이 된 김기설은 만기 제대하고 나온 후 한송흠 집에서 세 달 정도 살면서 자신의 장래를 결정했다.

어느 휴일 날, 김기설은 한송흠을 데리고 가까운 곳에 있는 민주화운동가 장준하의 묘지에 찾아갔다. 대학에 다니던 한송흠도 기본적인 정치의식은 갖고 그런 책들을 꽤 읽는 편이어서 장준하를

존경했다. 두 사람은 묘지에 참배한 다음 벌초까지 해주고 돌아왔다. 그리고 얼마 후, 김기설은 성남시에 있던 성남민청련이라는 단체에 찾아가 회원으로 가입하면서 본격적으로 민주화운동을 시작했다. 자신을 한양대 철학과 3학년 중퇴자라 소개한 것은 한송흠이 한양대 도시공학과에 다니고 있어 일주일에 한두 번은 한양대에 놀러 왔기 때문으로 짐작되었다. 한정덕이라는 가명까지도 한송흠의 성씨를 따서 지었으리라 생각되었다.

한송흠은 김기설이 학력을 속였다는 사실을 몰랐다. 김기설이 죽고 나서야 알게 된 한송흠은 그러나 김기설을 이해했다. 학력에 대한 열등감도 있었겠지만 함께 일하는 사람들이 자신을 무시하지 않아야 일하기가 좋으리라는 단순한 생각으로 거짓말을 했으리라 생각했다. 어떤 이득을 얻기 위해 학력을 속인 것도 아니고, 운동권 대부분이 자신의 학력이나 나이, 실명을 비밀로 하던 시절이라 큰 문제라고 할 것도 없다고 보았다.

김기설에 대한 한송흠의 평가는 다른 사람들의 기억과 다르지 않았다. 성남민청련에서 만난 사람들도 김기설을 좋아했다. 김기설은 회원 중 막내에 속했는데 이효경, 주연희 등 선배들에게 예절 바르고 성실하게 일하면서도 매사에 자기 입장이 뚜렷한 후배로 칭찬받았다. 성남민청련보다 나이가 어린 청년들의 모임인 성남터사랑청년회라는 단체와 같은 사무실을 사용했는데, 나이가 비슷한 김시중 등과도 친해졌다. 후배들은 솔직하고도 순수한 데다 다정다

감하여 사소한 부분까지 잘 챙겨주는, 책을 많이 읽어 다양한 지식을 동원해 재미있게 이야기하는 그를 잘 따랐다.

김기설은 1989년에는 '성남노동자의 집'에 잠시 상담 간사로 일하기도 하고 1990년에는 노동운동을 위해 여러 학생 출신들과 함께 성남 제2공단에 있던 조광피혁에 입사했다가 해고되기도 했다. 이때 취업을 하려니 김기설이란 본명을 사용할 수밖에 없었다. 많은 대학생들이 가명으로 공장에 들어가 노동운동을 하던 시절이라 어떤 이들은 그의 본명이 한정덕이고 가명이 김기설인 줄로 알기도 했다.

머리 부상 사건에 대해서도 성남 쪽 친구들은 다 알고 있었다. 1990년 5월, 여럿이 술을 마셨는데 술에 만취한 김기설이 사람들의 만류를 뿌리치고 잠긴 사무실에 들어가겠다고 베란다에 올라갔다가 떨어진 것이었다. 머리를 다쳐 입원한 그가 가족들에게 야단을 맞으니까 치료도 제대로 못하고 병원에서 몰래 나와버렸다는 것도 알 사람은 알고 있었다.

김기설이 성남민청련에서 추천하는 형식으로 전민련으로 자리를 옮긴 것은 분신하기 6개월 전인 1990년 11월이었다. 계속되는 간부들의 수배와 구속으로 늘 일손이 부족한 전민련은 성남민청련의 추천으로 온 그를 아무런 신원 확인 절차 없이 받아들였다.

전민련에서 김기설에게 처음 맡겨진 직책은 총무국 간사였다. 문건 복사, 청소 등 허드렛일을 하는 말단 실무자였는데 성남에서와 마찬가지로 가장 어린 나이에 열성적으로 일해 금방 인정을 받았다. 4개월 정도 지난 1991년 3월에는 투쟁 현장에서 일하고 싶다는 본인의 요청에 따라 사회국으로 배치될 수 있었다. 내부에서 사무를 보는 총무국과 달리 사회국은 시위나 농성 현장에 찾아다니며 지원하는 부서였다.

이때 얻은 직급은 부장이었다. 부장이라고 해서 하부에 과장이나 부원이 있는 것은 아니었다. 간사란 용어가 일본어인 데다, 전민련이 전국적인 단체인 만큼 소속 단체들을 상대할 때 어느 정도 권위가 필요하다는 의견에 따라 모든 간사들의 직책 명을 부장으로 바꾸게 된 것일 뿐, 실제로는 여전히 말단 실무자였다.

한때 김기설이 근무했던 총무국에는 단국대 공대 출신인 강기훈이 부장을 맡았다. 단국대 화학과를 나온 그는 이공계 출신이라 기계를 잘 만진다는 이유로 이 무렵 보편화되고 있던 컴퓨터를 도입해 지방 조직들과의 통신과 시위상황 통계를 맡고 있었다. 강기훈역시 부장이란 직함뿐, 부서원 하나 없는 실무자였다.

사회부장으로서 김기설은 인권위원장 서준식과 함께 3월에 일어난 속초 동우전문대 정원석 분신사건, 원진레이온 직업병사건 등의 현장에 매일처럼 뛰어다녔다. 거의 사무실에 붙어있는 시간이 없이 밖으로 돌아다녔기 때문에 투쟁 현장 사람들과 금방 친해졌다. 상대방에게 부담감을 주지 않는 작은 키에 호리호리한 체격, 턱이 긴

마른 얼굴에 검은 뿔테 안경을 낀 그는 술을 무척 좋아해 누구하고 나 잘 어울렸다. 담배는 하루에 두 갑이나 피웠다.

가까운 운동권 사람들에게 김기설은 다분히 감상적이어서 감정의 과잉을 겪기도 하지만 그만큼 순수해 선후배들로부터 사랑을 받던, 이론가나 선동가로서 뛰어난 기질을 가졌다고 할 수는 없지만 순수한 열정으로 성실하게 일하던 열정적인 청년이었다.

가족들은 그러나 김기설이 사회에서 어떤 일을 하고 어떻게 대접받는가를 알지 못했다. 분신 이후에야 그가 살아생전 어떤 일을 했는가 알게 되었으나 어느 하나도 좋게 보지 않았다. 일류대를 나온 사람들로 이뤄진 전민련이 공고를 중퇴한 김기설을 사회부장으로 앉힌 거야 말로 헛된 공명심을 불어넣어 죽음으로 이용하려고 한 게 아닌가 의심했다. 자살한 김기설을 열사로 모시는 것도 못마땅했고 평범한 3일장이 아닌 7일장으로 하여 강경대와 함께 장례를 치르자는 것도 받아들이기 어려웠다. 아버지 김정열은 대책위 사람들이 자기에게 검은 양복을 사 입히자 자기의 옷차림을 초라하게 보는 거냐고 자존심이 상해 싸우기까지 했다. 대책회의 실무자들이 가족마다 한두 명씩 붙어서 식사를 하러 갈 때나 화장실에 갈 때도 따라다니는 데 대해서도 감시하는 거냐며 반발했다. 조의금도 자기들 맘대로 처리하고 나중에 비석에 유서의 글귀를 새기고 열사라 호칭하는 것에도 분노해 매형들이 비석을 뽑아버리겠다고 흥분하기도 했다.

김정열이 유서의 글씨가 아들의 글씨체가 아니라고 한 말에는 이런 여러 가지 심정이 복합되어있었다. 글씨체 같은 것은 자세히 보지도 않았고 관심도 없었다. 약간 의심스러웠던 것은 계모를 어머니라 불렀다거나 누나의 이름을 안 썼다는 등 유서의 내용이었지 글씨가 아니었다. 하지만 김기설은 평소에도 계모에게 어머니라고 부르고 있었고, 죽는 마당에 누나의 이름을 빼놓은 게 그리 큰 문제일 수는 없었다. 가장 사랑할 수밖에 없던 막내이자 외아들이 하루아침에 죽었다는 게 믿기지가 않은 만큼 유서도 믿기지 않았을 뿐이었다. 아무 소리도 들리지 않고 아무것도 보이지 않았다. 자포자기한 심정으로 유서가 아들 것이 아니라고 했다. 자식과 함께 하던 운동권이 미워서 그랬다. 운동권에 대한 미움이 커서, 못난 자식이 그들에게서 빠져나오지 못하고 남의 일만 하다가 죽고 말았다는 생각에 그렇게 말한 것이었다.

하지만 장인까지 처남 글씨가 아니라고 주장한다고 확신한 셋째 매형은 진실을 밝혀야겠다고 결심하고 사망 이틀 후인 5월 10일, 가족 대표로 검찰청을 방문해 공식적인 수사를 요청했다. 누가 김기설의 분신을 사주했으며 유서는 누가 대필했는가를 조사해달라는 요구였다. 이로써 사건은 정권에 의한 운동권 탄압이 아닌, 가족의 진정에 의한 살인범 수사라는 형식을 갖추게 되었다.

검찰의 심증을 굳히게 할 만한 정자체 글씨들은 다른 곳에서도 발견되고 있었다.

김기설의 중학교 여자 동창인 안혜정은 그가 군대에 있는 동안 자기에게 보내온 편지들을 모아두고 있었다. 경찰관으로 일하고 있어 유서대필 의혹에 특별히 관심이 간 그녀는 유서의 글씨체와 김기설의 편지 글씨가 확연히 다르다는 것을 발견했다. 연애하는 사이는 아니었으나 어려서부터 친했던 두 사람은 많은 편지를 주고받았는데 김기설이 보내온 긴 편지들의 글씨체는 한 장도 빠짐없이 멋을 잔뜩 부린 정자체였다. 안혜정은 김기설의 글씨체를 모은다는 보도를 보고 상부에 이 사실을 보고한 후 자신이 보유하고 있던 편지들을 검찰에 제출했다.

안혜정에게 보낸 군대 편지를 검찰에 제공한 날짜는 사건 며칠 뒤였지만 가족과 마찬가지로 검찰이 찾아내기 전에 본인들이 자진해서 진상을 규명해달라고 요청한 점은 똑같았다. 동사무소, 가족, 여자 친구가 제출한 자료들은 거짓으로 조작되었다고 의심할 수 없는 김기설의 글씨가 확실했다.

검찰은 일차로 확보한 자료들의 필적검사를 의뢰하는 한편, 그렇다면 유서의 필적은 누구의 것인가로 수사를 집중했다. 유서대필자를 찾으면 그 배후도 밝혀낼 수 있으리라는 계산이었다.

친구 안혜정에게 보낸 김기설의 정자체

4
강기훈

어버이날은 휴일이 아니었다. 권태평은 다른 날과 마찬가지로 아침 일찍 일어나 남편의 출근과 딸의 등교를 챙겨주느라 9시 반이 넘어서야 텔레비전을 켰다. 뉴스 시간이었다. 아나운서가 서강대의 분신사건을 보도하는 중이었다. 권태평은 놀라 일어나 아들의 방문을 두드렸다.

"기훈아! 일어나 봐! 누가 또 분신을 했단다. 이번엔 한양대생이래!"

전민련 총무부장으로 일하고 있던 아들 강기훈은 활동비를 벌기 위해 휴일이나 밤에는 번역 일을 했다. 전날 밤도 늦게까지 번역 일을 하느라 늦잠을 자던 아들은 놀라서 물었다.

"예? 누가 분신했어요?"

아들 강기훈은 대학에서 시위를 주동해 1년 6개월간 감옥살이를 한 적이 있었다. 석방되고도 운동을 포기하지 않고 전민련에서 일하고 있는 게 늘 마음에 걸렸다. 하지만 아들의 신념을 꺾지는 못하고 속으로만 걱정하고 있던 권태평은 열흘 넘게 이어지는 젊은이들의 분신에 기성세대로서, 어머니의 마음으로 걱정하고 있었다. 피로가 덜 풀린 채 나오는 아들에게 말했다.

"분신한 사람이 누군지는 몰라도, 하필 어버이날을 택한 거니? 불의와 싸우는 건 좋지만 살아서 싸워야지, 키워준 부모를 생각하지 않고 죽음을 택하는 젊은이들을 이해해줄 수가 없구나. 하필이면 어버이날에 이런 일을 당한 저 학생의 부모는 얼마나 가슴이 찢어지겠니?"

강기훈은 잠에서 덜 깬 눈을 비비면서도 곧장 텔레비전 앞에 가 앉았다. 아직 김기설이 한양대생으로 알려져있을 때였다. 채널을 돌려봐도 방송마다 죽은 이의 이름 대신 한양대생이 분신했다고만 반복하고 있었다. 그게 같은 사무실에서 일하는 김기설이라고는 상상도 하지 않았다. 그때 전화벨이 울렸다.

"기훈아, 후배 이영미라는구나."

권태평이 수화기를 건네주며 말했다. 강기훈과 이영미는 결혼을 약속한 사이였으나 아직 어른들에게 알리지 않았기 때문에 권태평은 가끔 아들을 찾는 친한 여자 후배로만 알고 있었다. 전날 밤 아들이 어버이날 선물로 가지고 온 카네이션과 초콜릿도 이영미와 함께 샀다는 것도 몰랐다.

"형! 들었어요? 기설 씨가 분신했대요."

이영미의 음성은 울음으로 떨리고 있었다. 강기훈은 놀라 숨을 들이쉬었다.

"뭐? 기설이가? 지금 티브이에 나오는 게 기설이란 말야?"

"네! 서강대에서 분신했대요. 이를 어쩌면 좋아요?"

강기훈은 어떻게 말해야 할지를 몰랐다.

"알았어. 바로 나가볼게."

짧게 답하고는 전화기를 내려놓았다. 아들이 대충 세수만 하고 밥도 안 먹고 나가려 하자 권태평이 붙잡았다. 그녀는 아들이 그렇게까지 서두르는 이유를 알지 못했다.

"기훈아! 밥이나 먹고 나가야지?"

"분신한 사람은 우리 사무실에서 같이 일하던 친구예요. 지금 어떻게 밥을 먹을 수가 있겠어요?"

강기훈은 눈물이 나오는 것을 감추기 위해 고개를 돌리며 뛰쳐나갔다. 자신의 감정이나 생각을 직설적으로 표현하지 않는, 침착하고 과묵한 평소 아들의 모습이 아니었다. 권태평은 걱정이 되어 한 번도 만나본 일 없는 이영미의 전화번호를 찾아내 전화를 걸었다.

"나 강기훈이 엄마예요. 기훈이가 밥도 먹지 않고 울먹거리며 나갔는데; 왜 그러는지 알면 좀 가르쳐주었으면 하는데…."

"어머니, 너무 걱정하지 마세요. 같은 사무실에서 일하던 사람이 갑자기 죽었기 때문에 충격을 받아서 그러는 거예요."

"죽은 사람은 영미 씨도 아는 사람이에요?"

"네. 다들 아는 사람이에요."

권태평은 전화를 끊고도 텔레비전에서 눈을 뗄 수가 없었다. 몇 시간 후 서강대 총장 박홍이 성경에 손을 얹은 채 운동권이 사람을 죽이고 있다는 식으로 말하는 뉴스를 보면서 자기 아들처럼 선량한 사람들이 하는 게 민주화운동인데 왜 저런 소리를 하는가 싶었다. 오죽 정치를 잘못하면 이렇게 많은 청년학생들이 분신으로 항거할까 생각했다. 그래도 하필이면 어버이날에 분신한 청년에 대해 칭찬해주고 싶지는 않았다. 낳아주고 키워준 부모에게 평생 씻지 못할 상처를 준 나쁜 불효자라고 생각했다.

권태평에게 외아들 강기훈은 한없이 순하고 여린 마음을 가진 착한 아이였다. 부모에게 한 번도 반항하거나 불손하게 군 적이 없는 아들이었다. 대학에 들어가더니 갑자기 운동권이 되어 간부까지 맡고 감옥에도 다녀왔지만 부모가 보수적이라 해서 언쟁을 벌인 적도 없었다. 저녁에 들어오면 반드시 깊숙이 머리 숙여 인사를 하고 몇 마디라도 대화를 나누고서야 자기 방에 들어갔다. 부모가 일찍 안방에 들어와 있을 때도 방에 들어와 인사와 대화를 나눴다. 술을 잘 못 마셨지만 가끔 많이 마시고 온 날은 술 냄새를 풍길까 봐 방문을 조금만 열고 문밖에서 인사를 하고 가는 섬세한 성격이었다.

권태평은 초저녁잠이 많은 편이었다. 전날 밤에도 일찍 잠자리에 들어 선잠이 들어있었다. 밤 10시가 넘어 들어온 강기훈은 어머니를 깨우지 않으려고 조용히 안방에 들어와 머리맡에 카네이션과 선물들을 놔두고 나갔다. 인기척에 잠깐 잠이 깬 권태평은 마루에서 들리는 오누이의 다정한 대화 소리에 다시 흐뭇한 잠에 빠져들었다. 그리고 아침에 사건이 터진 것이었다. 아들의 사무실에서 함께 일하던 청년이라는 게 마음에 걸리기는 했지만, 그로 인해 자기 아들에게까지 화가 미치리라고는 상상도 하지 않았다.

집을 나선 강기훈은 곧바로 종로5가에 있는 전민련 사무실에 출근해 예정되어있던 집회들을 점검하고 김기설의 분신에 관한 성명서를 전국의 소속단체에 팩시밀리로 송고하느라 12시 무렵에야 세브란스병원 영안실에 갈 수 있었다. 김기설의 분향소는 설치되었는데 아직 사람이 많이 오지 않아 다소 썰렁했다. 가족들도 다 오지 않은 상태였다. 그는 향불을 올리고 절을 한 뒤 한동안 상주처럼 앉아서 영정을 지켰다.

강기훈이 처음 김기설과 이야기를 나눈 것은 1990년 12월 말경, 전민련 송년회에서였다. 새로 들어온 김기설이 총무국에서 함께 근무하게 되었다며 인사를 해왔다. 강기훈보다 한 살 적지만 친구처럼 지내기로 했다. 김기설은 붙임성이 좋았다. 함께 일한 지 며칠 안 되고부터 몇 번이나 여자 친구를 소개해달라고 졸랐다. 강기훈은 애인인 이영미의 친구이자 자신에게는 후배이기도 한 홍성은을 소개해주었다. 김기설을 알게 된 지 한 달밖에 안 되었을 때였다.

한 사무실에서 일하고 여자 친구를 소개해주기까지 했으나 김기설이 사회부로 간 후에는 서로 얼굴 보기도 어려웠다. 내근자인 강기훈은 출퇴근 시간이 규칙적인 편이었으나 김기설은 멀리 속초와 원주, 성남 등지로 돌아다니느라 자취방에도 못 가는 날이 많았고 자연히 출근 시간도 일정치 않았다. 김기설은 술을 좋아했으나 강기훈은 잘 마시지 않기 때문에 술자리에서 만날 일도 없었다. 강경대 치사사건으로 김기설이 연세대 대책회의로 파견되어 나간 후 분신하기까지 12일간은 서로 얼굴조차 볼 기회가 없었다.

마지막으로 김기설을 본 것은 사건 4일 전인 5월 4일 밤이었다. 비상시국이라 강기훈도 매일 늦게까지 전민련 사무실에 남아있을 때였다.

이날은 전국 20여 개 도시에서 반정부 집회가 있었다. 강기훈은 전국상황을 집계하고 지방의 단체들과 연락을 주고받느라 온종일 사무실을 지켰는데 서울의 시위는 이날 저녁에 최고 정점을 이뤄 서울역에서부터 남대문, 명동, 시청 앞, 종로까지 시내 일원이 마비 상태가 되었다.

밤 9시 반경, 연세대 대책회의에 파견 나가있던 전민련 실무자 몇이 사무실에 왔다. 종로통을 점거한 시위에 참석했다가 다 함께 잠깐 들린 것이었다. 그 가운데 김기설도 끼어있었다. 하지만 오랜만이라며 인사를 나눴을 뿐, 개인적인 대화는 없었다.

전민련 사무실에는 텔레비전이 있어 다들 9시 뉴스를 통해 전국의 상황을 보고 있었는데 뉴스가 끝나고 10시경, 서울역 시위현장에서 전민련 깃발이 없으니 가져와 달라는 전화 연락이 왔다. 이때쯤 사무실에는 댓 명밖에 없었는데 김기설이 자기가 가겠다고 나섰다. 사회부장으로 당연히 해야 할 일이기도 했다. 김기설이 전민련 깃발을 들고 나가는 모습을 본 게 강기훈의 마지막 기억이었다. 강기훈은 자정까지 사무실을 지키다가 전철을 타고 귀가했다.

다음 날인 5월 5일은 어린이날이었다. 강기훈은 전날 늦게까지 일해 피곤한 데다 집회나 시위가 없는 날이라 집에서 쉬기로 했다. 마침 오후 1시 40분경, 이영미로부터 강기훈과도 친구인 김진수의 생일 축하 모임을 자기 집에서 갖기로 했다는 연락이 왔다. 김기설에게 여자 친구로 소개시켜준 후배 홍성은도 온다고 해서 넷이 모이게 되었다.

오후 늦게 이영미 집에서 밥을 해 먹은 네 사람은 저녁이 되어 건국대 앞에 고등어구이를 잘하는 고갈비집으로 나갔다. 막걸리를 마시다 보니 다들 취해버렸다. 이영미는 몸이 좋지 않아 먼저 들어가고, 남은 세 사람은 새벽 1시까지 생맥주집과 포장마차를 전전하며 만취했다. 술에 약한 강기훈은 걸음도 못 걸을 정도로 취해 길바닥에 주저앉기까지 했다.

본래 술을 좋아하지 않던 데다 몸이 약했던 강기훈은 이날의 과음으로 다음 날인 5월 6일에도 출근을 못하고 온종일 집에 누워있었다. 연이틀 사무실에 나가지 않은 것이다. 다음 날인 5월 7일 오전 10시가 넘어서야 전민련 사무실에 출근한 강기훈은 조직국 선배인 김형민으로부터 불성실한 근무 태도에 대해 호되게 야단을 맞았다.

강기훈은 온종일 컴퓨터를 두드리다가 저녁 6시 40분경에 퇴근해 건대입구에서 이영미와 만나 밥과 차를 마신 후 화양리 쪽에서 어버이날 선물로 카네이션, 초콜릿, 카세트테이프 같은 선물을 사러 다니다가 10시가 넘어 귀가했다.

부모님 방에 조용히 들어가 머리맡에 카네이션과 선물들을 놔두고 나와 여동생과 잠시 이야기를 나누고 난 밤 11시 30분경이었다. 조용한 집 안에 갑자기 전화벨이 울렸다. 받아보니 홍성은이었다. 학교 선후배 사이기는 해도 이영미의 친구이지 자신과는 근래에 알게 된 사이인 홍성은이 자정이 가까운 시간에 집으로 전화를 해오니 조금 어색했다.

"형, 어제 왜 사무실에 출근 안 했어요? 전화해보니 결근했다던데요?"

강기훈은 이틀 전 술에 만취해 후배인 그녀 앞에서 길바닥에 쓰러진 일이 생각났다. 조용한 밤중에 통화하는 게 식구들에게 미안해 작게 말했다.

"성은아, 미안하다."

홍성은이 이어서 뭐라고 말을 했지만 목소리가 작아 잘 알아들을 수가 없었다. 홍성은 역시 늦은 시간에 집에서 전화를 하니 크게 말하지 못하고 있는 듯했다. 그녀가 무슨 말끝에 김기설의 부모 전화번호를 불러주었다. 김기설이 분신할지 모른다는 식의 이야기는 없었다. 강기훈은 뜬금없이 불러주는 김기설 부모의 전화번호를 따로 기록해두지도 않은 채 무심히 전화를 끊었다. 그리고 새벽 2시까지 번역 일을 하다가 잠이 들었다.

아침에 어머니가 한양대생이 분신했다며 깨웠을 때 그가 김기설이라고 상상할 어떤 이유도 없었다. 애인 이영미로부터 전화를 받고서야 김기설이 죽었다는 것을 알게 되었고, 서둘러 출근해서야 김기설이 한양대생이 아니라는 사실도 알게 되었다.

분신과 투신이 잇따르던 이 무렵, 전민련은 집회 때마다 "죽지 말고 살아서 싸우자."며 설득하고 있었다. 문익환, 백기완, 이수호 등 전민련 공동대표들은 눈물을 흘리며 절대 자살하지 말고 살아서 투쟁해야 한다고 호소했다. 그런데 자신과 함께 일하던 전민련 실무자가 분신자살을 하다니, 이를 어떻게 이해하고 어떻게 수습해야 할지 심정이 복잡했다.

김기설의 분향소에는 홍성은과 이영미도 와있었다. 그는 홍성은이 기자들 앞에서 김기설이 죽음에 이르기까지의 과정을 이야기하는 것

63

을 듣고서야 지난 이틀간 무슨 일이 있었는가를 알게 되었다. 강기훈은 허탈한 심정으로 전민련 사무실로 돌아가 업무를 계속했다.

5

문서감정실

국립과학수사연구소 문서감정실은 바쁜 부서였다. 도장, 필적, 위조지폐 등을 감정하는 이곳에는 실장을 포함해 다섯 명이 일하고 있었는데 전해인 1990년 한 해에만도 3,600건의 감정이 의뢰되었다. 휴일을 제외하면 하루에 10여 건을 감정해야 한다는 뜻이었다. 게다가 규정상 문서감정은 다섯 명 전원의 검토와 동의를 필요로 했다. 어느 한 명의 판단만으로 생길 수 있는 오류를 막기 위함이었다. 이는 현실적으로 불가능한 규정이었다.

어떤 두 글씨가 동일인의 것인가, 아닌가를 판별하기 위해서는 글씨체를 비교하고 필압을 분석하기 위한 현미경, 입체현미경, 비교확대기, 고정밀 비교확대투영기 같은 정밀기기들이 필요했다. 이 기기들을 사용해 필적감정을 하려면 짧아야 이삼일, 제대로 하려면 일주일이 걸려야 한다는 게 상식이었다. 한 가지 감정에 이렇게 오랜 시간이 걸리는데 다섯 명이 모든 의뢰물마다 함께 매달려 하루에 십여 건을 분석해낸다는 것은 있을 수 없는 일이었다.

따라서 국과수 문서감정실은 들어온 의뢰를 다섯 명에게 무작위로 배분해 각자 자기가 담당한 건을 감정하게 한 후 공동심의란에 나머지 네 명이 도장을 찍어 담당자 명의로 회신하는, 일종의 합의된 편법을 썼다. 각자가 맡은 두세 건의 감정에만도 하루가 부족했기 때문에 특별한 경우가 아니면 담당자가 감정을 끝낸 사안을 다른 사람이 재감정하는 일은 없었다.

이런 사정으로, 국과수의 문서감정에 대한 시비는 끊이지 않고 있었다. 뇌물을 받고 유리하게 감정해준 사례가 적발되는 경우도 있고 고의성은 없으나 잘못된 감정으로 고소고발 당하는 일도 잦았다.

감정 오류에 대한 시비에는 감정원들의 자질 문제도 깔려있었다. 한국의 대학에는 필적감정을 위한 별도의 학과가 없었다. 감정원들은 주로 도장포나 열쇠점, 체육사를 하면서 인장을 파고 상패를 새기는 일을 하다가 공채로 입사한 사람들이었다. 일단 입사를 하면 문서의 경우는 4, 5년, 위조지폐 감별은 2년 정도를 배우면 숙련된 독자적인 감정사로 인정받았다. 한국에는 국과수 외에도 여러 개의 사설 문서감정소가 있었는데 그곳을 차린 이들도 도장포나 체육사 출신의 인영 기술자들로, 국과수에서 일하다가 퇴직한 이들이 다수였다.

분신사건 당시 국과수 문서감정실 실장인 김형영만 해도 고등학교를 졸업하고 도장집을 하면서 상패와 트로피를 만들던 사람이었다. 1977년 공채로 입사한 그는 1980년 허위감정 혐의로 구속되었으나 고의성이 없다고 무죄판결을 받아 복직되었으며, 1982년 이래 10년째 실장 직급으로 근무 중이었다.

검찰이 김기설의 평소 글씨와 유서의 글씨를 비교하기 위해 국과수 문서감정실에 필적감정을 맡긴 것은 사건 발생 사흘째인 5월 10일이었다. 셋째 매형이 서울지방검찰청을 찾아가 유서의 글씨가 김기설의 것이 아니라며 수사를 의뢰한 바로 그날이었다.

검찰에서 문서감정을 의뢰하는 경우, 대개 검찰청 직원이 자료를 가져왔다. 검사가 국과수에 직접 찾아오는 경우는 거의 없었다. 그런데 이날 감정의뢰물을 가져온 이는 사건의 담당검사 윤석만이었다. 윤석만은 실장 김형영에게 매우 중요한 사건이니 국과수 내에서도 보안을 유지해달라면서 최대한 빨리 결과를 회신해달라는 특별주문까지 했다.

접수된 필적자료는 분신 현장에서 발견된 두 장의 유서와 육아서적에 기재된 '누님 우리 혜정이 잘 키워주세요, 삼촌 기설'이라는 짧은 문장, 김기설이 동사무소에 제출했던 주민등록증 분실신고

서, 전민련의 사회국 업무일지 일부 3장, 김기설의 친구가 그의 글씨
라며 제공한 '국민연합 김기설 님'이라는 여덟 글자 등 다섯 종이었
다. 육아책에 기재된 필적은 셋째 매형이 찢어서 제출한 한 장짜리
였고, 업무일지 3장은 김기설의 필적을 제출해달라는 검찰의 요구
에 전민련 사회국의 업무일지를 찢어서 보내온 것이었다.

　김형영은 이 사건을 감정사 진명수에게 배당했다. 그런데 진명수
는 "자료가 빈약해 감정을 못 하겠다."고 했다. 속필체로 쓴 유서와
정자체로 된 다른 자료들은 비교 대상이 아니라고 본 때문이었다.
속필체와 정자체를 비교해 동일인 여부를 알아내기는 어렵다는 게
문서감정의 기본이었고 이런 경우는 의뢰인에게 감정불가로 회신
하는 게 보통이었다. 이런 원론은 김형영 자신이 쓴 논문에도 나와
있었다.
　진명수가 난색을 하자 김형영은 자신이 직접 필적감정을 하기로
했다. 직책은 실장이라지만 인력 부족 때문에 김형영도 실제 감정
을 해왔으므로 색다른 일은 아니었다. 다만, 부하 감정사들의 감정
에 대해서는 실장으로서 잘못을 지적하기도 하지만 김형영 자신이
감정한 사건에 대해서는 누구도 이의를 제기하지 못하고 도장을 찍
는 것이 관례처럼 되어있었다. 김형영은 자신의 감정에 대한 다른
누구의 지적도 용납하지 않는 사람이었다.
　김형영은 첫 번째 감정을 맡을 당시 특별한 예단이나 편견을 가

지고 있지는 않았다. 검사가 직접 가져왔다는 부담이 있기는 했으나, 아직까지 어떤 특정인을 유서대필자로 지목한 것이 아니고, 다만 유서가 본인 글씨인가 아닌가를 판단하는 것이기 때문이었다. 산 사람이 미리 써두는 보통의 유언장이라면 몰라도, 자살자가 유서를 다른 사람에게 부탁한 사례는 본 적이 없으므로 그쪽으로는 크게 무게를 두지 않았다.

김형영은 다섯 가지 자료 중 먼저 '국민연합 김기설 님'이라는 글씨는 너무 짧아 비교할 가치가 없다고 보아 배제시켰다. 그리고 유서 두 장과 다른 세 가지 필적자료를 검토해본 결과, 유서와 전민련이 제출한 사회국 업무진행표는 같은 글씨라고 판정했다. 그러나 가족이 제출한 책의 글씨와 동사무소에서 입수한 주민등록 분실신고서의 글씨는 정자체이기 때문에 유서와 비교할 수 없다고 판정했다. 자신의 논문 그대로 정자체와 속필체를 비교할 수는 없다고 결론 내린 것이다. 그것은 진명수가 감정이 어렵다고 난색한 이유와도 같았다. 상사점이란 서로 같은 점이라는 뜻이었다.

'김기설 명의 유서는 속필로 기재한 숙련된 필체로서 이를 기준으로 각 필적을 대조한 결과 전민련 필적은 상사점이 다수 관찰됨. 김기설 가족이 제출한 필적과 주민등록 분실신고서 필적은 모두 정자제 초서로서 유서와는 부분적인 유사점도 있으나 정자체와 속필체로 필기구도 달라서, 같고 다름을 논단할 수 없음. 결론적으로 유서 필적과 전민련 업무일지 필적은 동일한 필적이나 다른 필적들은 유사점과 차이점이 공존해 이동(異同)여부를 알 수 없음.'

김형영의 첫 감정서는 다른 감정원들의 형식적인 도장을 받아 5월 15일 자로 검찰에 회신되었다. 전민련이 제출한 글씨와 유서의 필체가 같다는 것, 가족과 동사무소에서 제출한 글씨는 유서와 비교대상이 아니라는 이 결론은 곧 김기설 자신이 유서를 썼다는 의미로 해석할 수 있었다. 충분하지는 않아도 유서를 다른 사람이 써주었을 거라는 가족과 검찰의 의심을 잠재울 수 있을 만한 결과였다.

회신을 받은 검찰은 그러나 유서대필의 의심을 풀지 않았다. 당일인 5월 15일, 곧바로 새로운 자료를 들고 국과수를 찾아왔다. 유서는 아직 국과수 문서감정실에 보관 중이므로 따로 제출하지 않았다.

두 번째 필적검증에 제출된 새 자료는 두 가지였다. 김기설의 여자 친구 홍성은이 김기설로부터 받았다며 제출한 필적 1매와 강기훈이 학생운동으로 체포되었을 때 경찰에서 쓴 본인 진술서 중 본인 이름이 나오지 않는 몇 장이었다. 검찰이 누군가 유서를 대신 썼다는 가정 하에 전민련 관계자들의 과거 수사 기록을 수집해 육안으로 검사한 결과 강기훈의 글씨가 유서와 가장 가깝다고 판단해 이를 제출한 것이었다.

검찰은 김형영에게 2차 필적검사를 의뢰하면서 이 두 가지 글씨가 어디서 어떻게 채증된 것인가에 대해서는 말하지 않았다. 이는 감정사가 예단을 하지 않도록 하기 위한 기본적인 원칙이기도 했다. 김형영은 두 자료가 홍성은과 강기훈으로부터 나왔다는 사실을 모르는 채 필적감정에 들어갔다.

김형영은 스스로 쓴 과거의 논문에서 문자란 많아야 수십 개의 자음과 모음으로 이뤄지기 때문에 사람마다 다르게 쓰는 것 같아도 세부적으로 들어가면 같은 모양의 글씨가 30%는 된다는 게 정설이라고 했다. 특히 한글의 받침은 비슷하게 쓰는 사람이 많기 때문에 최소한 70% 이상이 같아야 동일인의 글씨라고 판정하는 게 옳다고도 했다. 같은 자음이나 모음이 30% 이하면 다른 사람의 글씨로, 70% 이상이면 같은 사람의 글씨로 판정하며 40%에서 60%를 오가면 판단 불가로 판정한다는 것이었다. 이는 김형영의 주장일 뿐 아니라 세계적인 기준으로, 외국의 필적감정사들은 같은 글자와 다른 글자를 일일이 숫자로 환산해 이를 토대로 이동여부를 결정하고 있었다. 따라서 제대로 필적감정을 하는 데는 1주일 이상의 시간이 필요하다는 게 김형영 자신이 논문에 쓴 지론이었다.

그런데 의뢰한 지 불과 이틀 만인 5월 17일에 나온 두 번째 필적감정에서 김형영은 자기 자신이 쓴 논문과 달리, 어떠한 통계수치도 만들지 않은 채 세 자료에서 비슷해 보이는 받침들 9개를 추출해 '다수의 상사점이 발견된다.'는 결론을 내렸다. 다른 감정원들은 이번에도 형식적으로 인증 도장만 찍어주었다.

'감정 결과 이상의 감정소견과 같이, 수사 기록 중 진술서 필적과 김기설의 친구로부터 제출 받은 필적 및 김기설 명의의 유서 필적은 모두 동일한 필적으로 사료됨.'

김형영은 필적의 주인이 누구인지 모르는 채, 강기훈의 글씨와 유서의 글씨는 동일인의 것이라고 판정한 것이다. 나아가 김기설이 자기가 썼다며 홍성은에게 준 짧은 글까지 강기훈이 썼다고 결론 내린 것이다. 이는 곧 강기훈이 김기설의 유서를 대필했다는 뜻이었다. 김형영 자신은 자기가 내린 결론이 어떤 뜻인지도 모르고 있었다.

깜짝 놀란 것은 검사들이었다. 전민련 관계자들의 자필진술서 중에 강기훈의 것을 집어내기는 했으나 유서와 진술서의 글씨는 비슷해 보이는 점도 있지만 전체적으로는 확실히 달랐기 때문이었다. 별다른 확신을 갖지 않은 채 감정을 의뢰했던 강기훈의 글씨가 유서와 같다는 결론이 나왔으니 검찰 스스로 놀랄 수밖에 없었다.

보고를 받은 검찰 상부는 크게 고무되었다. 이 감정대로라면 강기훈이 유서를 대신 써주었을 뿐 아니라, 이를 은폐하기 위해 홍성은에게 자기가 쓴 낙서장을 주고는 김기설이 줬다고 거짓말을 하도록 시켰다는 뜻이었다. 또한 전민련이 제출한 사회국 업무일지도 강기훈이 써서 김기설 글씨라고 제출했다는 의미였다.

상부로부터 격려를 받았으나 미심쩍었던 수사검사들은 다시 필적감정을 의뢰했다. 세 번째로 보낸 자료는 강기훈의 자필진술서 전체와 그가 대학시절 화학시간에 쓴 공책이었다. 여기에는 강기훈이라는 이름이 명기되어있었다.

이번에는 김형영이 깜짝 놀랐다. 지난번에 온 진술서는 필자명이 없이 중간의 3장만 의뢰되어 유서와 같은 사람이 쓴 글씨라 짐작하고 대충 판정을 내려 보냈는데, 이번에 온 원본을 보니 서명인이 김기설이 아닌 강기훈이었기 때문이다. 두 번째 감정대로라면 유서를 쓴 사람은 강기훈이었다. 당연히 김기설 본인이 쓴 유서라는 예단으로 여러 자료들을 다 한 사람 글씨라고 판정했던 그는 몹시 당황했다.

문서감정실장이라는 직책이 위태로워지게 된 그는 강기훈의 자술서 및 화학노트와 김기설의 유서가 같은 사람의 글씨라는 점을 입증해야 했다. 골치 아픈 일이었다. 강기훈의 옛 자술서에서는 유서와 같은 형태의 받침을 찾아내는 게 그리 어렵지 않았으나 화학노트는 유서와 너무나 다른 필체였기 때문이다. 몇 번을 감정해도 도무지 같은 받침이 나오지를 않았다.

두 번째 감정에 강기훈의 자술서가 아닌 화학노트가 의뢰되었다면 유서와 다른 글씨라고 쉽게 판정했을 테지만 돌이킬 수 없는 일이었다. 결국 김형영은 화학노트에서 유서와 동일 필체를 찾는 것은 포기하고 그 이유를 만들어냈다.

'유서와 화학노트를 단순하게 비교하면 상이한 점이 많지만 유서와 진술서의 경우 불안한 상태에서 기재하였을 가능성이 높고 화학노트는 안정된 상태에서 기재했을 것이 분명하기 때문에 서로 기재 조건이 달라서 동일비율이 적게 나올 수밖에 없다.'

어쨌거나 결론은 화학노트와 진술서, 유서가 모두 강기훈이 썼다는 것이었다. 본인 스스로도 감당하기 어려운 이 판정을 내리게 된 것이 김형영의 순간적인 실수만은 아니었다. 김형영은 대충 눈으로 훑어보고 비슷해 보이면 같은 모양의 받침을 몇 개 뽑아 같은 사람 글씨라고 판정하는, 필적감정사로는 용납 받을 수 없는 나쁜 습성을 가진 사람이었다.

놀랍게도 이 점은 이미 첫 번째 필적감정에서도 드러나 있었다. 전민련은 강기훈을 유서대필자라고 결정한 세 번째 필적감정이 엉터리임을 증명하는 과정에서 김형영의 첫 번째 감정도 잘못되었음을 발견해낸 것이다. 첫 번째 감정에서 김형영은 김기설의 유서와 전민련에서 김기설의 글씨라고 제출한 사회국 업무일지 3장이 같은 사람 필체라고 판정했다. 그런데 전민련은 실은 이것도 대충 비슷한 글자를 뽑아 만든 잘못된 감정이라고 지적하고 나선 것이다.

사회국 업무일지는 외근이 잦은 사회국의 부장들이 무슨 활동을 하는가를 서로 알 수 있도록 공동으로 기재해온 일지였다. 사회국에는 임무영, 이동진, 김기설 세 명이 모두 부장이란 직책으로 근무하고 있었는데, 임무영과 이동진은 일지를 잘 기록하지 않는 반면, 김기설은 충실히 써왔다. 때문에 전민련에서도 무심코 이를 김기설의 글씨라고 제출했다. 하지만 13줄 100자가 쓰인 둘째 장만이 김기설의 글씨일 뿐, 3줄 21개 글자가 쓰인 첫 장은 임무영, 2줄 13개 글자가 쓰인 셋째 장은 이동진의 글씨라는 사실이 뒤늦게 확인된 것이다. 전민련은 고의로 이렇게 제출한 것이 아니라 분신 직후 유서 글씨가 본인 것인지 확인하는 의례적인 절차라는 말에 눈에 띄는 대로 찢어서 보낸 것뿐이라고 밝히는 한편, 김형영이 절차에 따라 제대로 필적감정을 했다면 세 사람의 글씨라고 나와야 하는데 대충 비슷한 받침만 뽑아보고 김기설 한 사람 글씨라고 판정했다고 지적했다. 전민련은 국과수가 이런 식으로 유서와 강기훈의 자술서, 대학노트를 모두 한 사람 글씨로 판정했다고 보고 국과수의 필적감정 태도와 능력을 불신하고 나섰다.

서로 같은 필체와 습관을 찾아내는 것과 동시에 서로 다른 필체와 습관을 찾아내는 것이 필적감정의 기본원칙인데 김형영은 전혀 이를 지키지 않았고, 다른 네 감정원들 역시 실장이 한 감정이니 살펴볼 것도 없이 형식적으로 인증 도장을 찍어주었음이 자명했다. 유서는 당연히 본인 글씨일 거라고 예단하고, 검찰이 갖고 온 모든 자료를 같은 사람 글씨라고 대충 판결해준 결과였다.

분신 직후 청와대에서 열린 관계기관 대책회의에서 결정하고 지시 내렸던 가상의 음모론이 완성된 순간이었다. 전민련의 거센 항의에도 불구하고, 부장검사 신상규를 중심으로 한 담당 검사들은 드디어 유서대필범을 찾아냈다고 자축했다. 보고를 받은 검찰총장 정구영 등 수뇌부는 대단히 기뻐하면서 일선 검사들의 노고를 치하했다.

이 세 번째 감정서가 나온 직후인 5월 18일은 마침 강경대 장례식이 치러진 날로, 전국에서 수십만의 시위대가 거리를 점거하고 노태우 정권 퇴진을 외치고 있었다. 검찰은 긴급히 전민련의 모 간부가 유서를 대필했다고 발표하면서 따로 강기훈이라는 이름까지 흘렸다. 강기훈 본인에게는 20일 자로 검찰청에 나오라는 출두요구서를 보냈다.

서울지검 검사장 전재기는 전체 부장검사 회의에서 강기훈이 유서를 대필한 범인이 확실하다며 말했다.

"이 사회에는 천사와 악마가 공존하고 있다. 검찰은 국가 최고권력 집행기관의 자격으로 이런 악마를 응징하는 데 전력을 다해야 한다. 전 검찰 직원들이 강기훈을 유서대필 진범으로 확신한 상태에서 동요 없이 수사에 임하라."

훈시 내용은 내부 회람용 공문에 실려 전체 검사들은 물론 하급 직원들까지 반드시 읽고 서명 날인까지 하도록 했다. 이 회람은 검찰 내부에 퍼져있던 의구심과 회의론이 밖으로 나가지 못하도록 막는 역할을 했다.

6

김기설

전국 조직인 전민련 상근자가 되었다는 자부심과 긍지가 대단했던 김기설이 불안한 징후를 보이기 시작한 것은 분신 12일 전, 강경대 사건 때부터였다.

전민련은 강경대 치사사건의 중대성에 따라 사무실에는 둘 다 총무부장인 강기훈과 박선옥, 역시 둘 다 조직부장인 김현수와 김형민이 남았다. 나머지 인원은 모두 연세대 대책회의로 파견되었다. 사무처장 대행이던 김선택과 사회부장인 임무영과 김기설, 선전부장인 원순용과 박홍순, 인권위원장 서준식, 갓 들어온 성남민청련 출신 여성활동가 이보은 등이었다. 김선택이 38살인 것을 빼고는 모두 20대 중후반의 젊은이들이었다.

대책회의에 간 김기설은 같은 사회부장이지만 나이로는 선배인 임무영과 함께 투쟁기획국에 배치되었다. 전국의 집회 및 시위의 상황을 수집, 정리하고 집회일정이나 시위내용에 대한 통일적인 기조를 세우는 일을 맡은 부서였다. 일이 많은 부서라 두 사람 외에도 장준호까지 배치되었다. 그런데 김기설은 거의 자리를 지키지 않았고 밤에도 잘 나타나지 않았다. 어디에서 무슨 일을 하고 있다는 보고도 제대로 하지 않았다. 무언가 겉도는 느낌이었다.

임무영은 이를 못마땅하게 생각해 분신 며칠 전 학생회관 계단에서 우연히 김기설을 만났을 때 야단을 쳤다.

"김기설! 보고도 없이 어디를 그렇게 돌아다니는 거야?"

김기설은 엉뚱한 대답을 했다.

"임 선배님! 우리가 이렇게 가서는 안 됩니다. 전민련이 무엇인가 해야 하지 않겠습니까? 대책회의가 보다 강경한 투쟁을 선도하지 않고 평화적 투쟁의 원칙만을 호소하고 있으면 어떻게 합니까?"

"지금 무슨 소리를 하는 거야? 잇단 분신을 막지는 못 할 망정 더 강경하게 싸우라니?"

대책회의의 공동대표인 문익환, 백기완, 한상렬, 이수호, 네 사람은 집회 때마다 앞에 나서서 학생과 시민들에게 절대로 죽으면 안 된다고 눈물로 호소하고 있었다. 살아서 싸우자는 말이 대책회의 사람들의 새로운 구호처럼 되어있었다. 임무영은 전민련 노선을 앞장서서 설득해야 할 실무자인 김기설이 거꾸로 대책회의를 비판하고 나서자 걱정이 되기는 했으나 길게 이야기할 시간이 없었다. 그렇다고 김기설이 무슨 짓을 저지르겠구나 하고 상상한 것도 아니었다. 젊은 운동가라면 당연히 할 수 있는 말들이었기 때문이다.

　김기설이 자신의 희생으로 전민련의 강경투쟁을 선도하겠다는 뜻을 주위 사람들에게 드러낸 것은 강경대 사건 후 일주일쯤 지났을 때였다. 분신 사흘 전인 5월 5일이었다. 강기훈이 홍성은, 김진수와 함께 이영미의 생일을 축하해주던 날이었다.

　공휴일이자 일요일이던 이날 오전 11시, 김기설은 동숭동에 있는 방송통신대 동아리방에서 6명의 통신대 학생들과 모임을 가졌다. 방송통신대에는 '소리새벽'이라는 노래패가 있었는데 그중 한 명이 성남민청련 시절부터 친했던 박경민이었다. 박경민이 노래패 학생들에게 사회과학 공부를 하자고 제안해 이날 처음 김기설을 강사로 초빙한 것이었다.

　소모임의 첫날은 자기소개를 하는 게 기본이었다. 김기설은 점심시간도 안 되었는데 5천 원을 주면서 막걸리를 사 오게 하여 나눠 마시며 각자 소개를 시켰다. 그런데 술이 조금 들어가자 다른 사람들 이야기를 듣기보다는 주로 자신의 생애에 대해 술회하기 시작했다. 전민련이나 과거 성남민청련의 동료들 누구에게도 하지 않았던 이야기들이었다. 아버지와 누나들에 대한 애정과 가난했던 소년기의 삶을 털어놓았다. 점점 취한 그는 거듭 여러분을 사랑한다고 말했다.

"저는 지금까지 주위의 모든 사람을 사랑했습니다. 또 지금도 모두를 사랑합니다. 모두들 정말 잘되었으면 좋겠습니다."

강사가 취하면서, 공부 모임은 술자리로 변해버렸다. 김기설은 술을 더 사 오라고 했고 한 명씩 돌아가며 노래를 부르게 했다. 술자리는 좀처럼 끝나지 않았다. 학생들은 술 그만 마시고 오후 4시에 연세대에서 열리는 대책회의에 참석하러 가자고 했으나 김기설은 일어나지 않았다. 저녁 6시까지 동아리방에서 버티던 그는 학생들을 대학로 유정식당에 데려가 밤 9시까지 계속 술을 시켰고 대학로의 오래된 찻집 학림다방으로 옮겨서도 10시가 넘도록 술과 차를 마셨다.

결국 밤이 늦어 네 명은 집에 가버리고, 여학생 송국영과 이지혜만 남았다. 두 여학생은 만취한 김기설을 그대로 보낼 수가 없어 종로5가 백제여관에 방을 잡아주었는데 김기설이 가지 말라고 붙드는 바람에 함께 밤을 지새우게 되었다. 김기설이 처음으로 분신하겠다는 말을 꺼낸 것이 이때였다. 여관방에도 막걸리를 사 들고 들어간 김기설은 벌써 몇 번이나 되풀이했던 가난했던 시절의 이야기를 거듭하던 끝에 말했다.

"여러분을 사랑합니다. 모든 사람을 사랑합니다. 그런데 어쩌면… 앞으로 여러분을 못 볼 것 같습니다. 나는 곧 분신할 겁니다."

같이 취해있던 여학생 송국영은 술김에 하는 말이려니 하고 장난처럼 따져 물었다.

"왜 처음 보는 우리에게 분신한다고 이야기하는 거예요? 의문이 나네?"

그러자 김기설이 갑자기 그녀의 뺨을 때렸다. 맞고 나니 진짜인가 싶어 당황한 송국영이 심각한 표정으로 물었다.

"진짜예요? 진짜로 분신할 거예요?"

김기설은 그 말에는 대답을 않고 엉엉 울면서 고개를 숙였다.

"미안해요, 미안해. 때려서 미안해요. 잘못했어요."

두 여학생은 아무래도 이상한 기분이 들어 화제를 바꿔 가족사에 대해 다시 물어보았다. 김기설은 아버지의 재혼으로 부모에 대한 아들로서의 부담감은 없어졌다는 것, 버스 안내양으로 일했던 누나의 고통을 알고 자기가 무척 마음 아팠다는 이야기들을 한 끝에 또 다시 모두를 사랑한다는 말을 되풀이했다.

"나는 모든 사람을 사랑해요. 운동이란 사람들을 사랑하는 거야. 사람들은 서로 사랑해야 해. 나는 5월 8일에 죽을 겁니다. 이 말은 여러분에게 처음 하는 겁니다. 다른 사람들에게는 이야기하지 못했어요. 살아서 일하는 것보다 죽어서 사람들 가슴속에 남고 싶습니다. 나는 사흘 뒤에 죽을 겁니다. 내 몸은 죽어도 나에 대한 기억은 사랑하는 모두의 가슴에 남을 겁니다."

걱정으로 잠을 이루지 못한 두 여학생 중 송국영은 아침에 회사로 출근하고, 이지혜는 무슨 일이 벌어질까 싶어 늦도록 잠에 빠진 김기설 곁을 지키고 앉아있었다. 김기설은 오전 11시가 되어서야 깨어났다. 전날 밤의 우울한 표정 그대로였다.

"기설 형, 어젯밤에 한 말 기억나요? 진짜 분신할 거예요?"

이지혜의 조심스런 질문에 김기설은 아직 술이 덜 깬 상태에서도 고개를 끄덕였다.

"왜요? 분신을 왜 해요? 살아서 투쟁해야죠. 다 같이 잘 살자고 하는 건데 왜 죽어요?"

"…"

이지혜는 어떻게든 설득해보려고 김기설을 데리고 나가 은행에 들렀다. 4만 원을 찾아 2만 원을 그에게 건네주고 점심까지 사 먹이며 분신하면 안 된다고 말하는데 김기설은 반응이 없었다. 진심이라는 생각에 이지혜는 자꾸 눈물이 쏟아져 밥도 넘어가지 않았다. 식사 후 카페에 들어간 김기설은 가방에 들어있던 본인의 공책을 찢어버리고 주민등록증까지 버리려 했다.

"기설 형! 정말 왜 이래요?"

주민등록증은 이지혜가 빼앗아 보관했지만 나머지는 버리도록 내버려둘 수밖에 없었다. 오후 3시경 카페를 나온 김기설은 지하철의 1분 사진박스에 들어가더니 증명사진 넉 장을 찍어 그중 한 장을 이지혜에게 건넸다.

"나의 마지막 사진이야. 영정 사진으로 써줘."

이지혜는 계속 붙어서 어떻게든 설득을 하려 들었으나 김기설이 거듭 가라고 떠밀어댔다. 이지혜가 울면서 못 간다고 매달리자 김기설은 자기의 업무수첩을 꺼냈다.

"알았어. 없던 이야기로 하자. 그럼 내일 저녁 여섯 시에 마포에 있는 카페 '장밋빛 인생'에서 만나자. 그럼 됐지?"

김기설은 업무수첩에 약속 시간과 장소를 적어서 보여주며 가라고 떠밀었다.

"정말이죠? 아무 일 없는 거죠? 그럼 내일 꼭 나와요."

김기설이 분신하지 않겠다며 다음 날 만날 약속까지 했으니 붙잡을 명분도 없었다. 꼭 약속을 지키라고 다짐을 주며 헤어질 수밖에 없었다.

이지혜와 헤어진 김기설이 버스를 타고 전민련 사무실에 들른 것은 오후 4시경이었다. 오래 머물지는 않았다. 곧바로 유인물을 챙겨 나가며 경원대 천세용 분신사건 때문에 성남으로 간다고 말했다.

저녁 6시 30분경 성남에 도착해 성남터사랑 사무실에 들른 김기설은 성남민청련 회원인 이효경, 중앙대학교 학생 김병희 등과 시국에 관한 이야기를 나누다가 자정을 넘겼다. 이때는 분신에 관한 말은 꺼내지 않아 사람들은 평소와 다름없이 그를 대했다. 시간이 늦어 서울로 가지 못하게 된 그는 김병희 집에서 잤다.

다음 날인 5월 7일 아침, 서울로 등교하는 김병희를 따라나선 김기설은 흑석동 중앙대학교 앞에서 헤어져 혼자 89번 버스를 타고 신촌으로 갔다. 그런데 연세대 대책회의로는 가지 않았다. 이날 정오에 연세대 학생회관서 전날 방송통신대에서 만났던 노래패 소리새벽 회원 김용해를 만나기로 했는데 당연히 이 약속도 어겼다.

대신 그는 오후 2시 30분경 신촌에 있는 청년단체인 민직청 사무실에 갑자기 나타나 역시 시국에 대한 이야기를 나누며 오후를 보냈다. 여기서도 그는 보통 때와 다름없이 행동했기 때문에 사무실에 있던 여러 회원들은 그가 분신을 결심했다는 것을 눈치채지 못했다.

저녁 6시, 이지혜는 약속대로 마포 장밋빛 인생 카페에서 김기설을 기다리고 있었다. 어떻게든 설득해 분신을 막아야겠다는 생각으로 어제 처음 만난 그를 설득하려고 나온 것이었다. 그러나 김기설은 나타나지 않았다.

이지혜가 불안감 속에 어쩔 줄을 모르고 있던 7시 30분경, 김기설은 신촌 복지다방에서 여자 친구 홍성은을 만나고 있었다.

김기설보다 한 살 어려 24살이던 홍성은은 단국대 사범대를 나와 의정부의 한 여자상업고등학교에서 생물과목 시간강사로 일하고 있었다. 민주화운동에 호의적이기는 해도 본인이 적극적으로 학생운동을 하지는 않았던 그녀는 학창시절에는 강기훈을 잘 알지 못했다. 친구인 이영미와 결혼을 약속한 사이라 가끔씩 함께 만나던 정도였다. 강기훈을 통해 소개받은 김기설도 남자로서 그다지 매력적이지는 않았다. 작은 체구에 두꺼운 뿔테안경을 쓴 겉모습 때문이었다. 그러나 사회문제에 대한 지식이 홍성은보다 높고 성격도 쾌활하니 순수해 보였다. 한 살 차이밖에 안 되지만 선배로 생각하고 가끔씩 만나게 되었는데 아직 연인으로 발전한 사이는 아니었다. 일주일에 한두 번씩 만나 밥을 먹고 이야기를 하다 헤어지는 남자 친구 정도로 생각하고 있었다.

김기설은 보다 적극적이었다. 만난 지 두 달 만인 3월 하순, 경춘선을 타고 둘이 춘천에 놀러가 닭갈비를 먹는 자리에서 갑자기 결혼하자고 제안한 적도 있었다. 홍성은은 이제 막 임시교사로 일하게 된 처지라 결혼은 생각도 안 하고 있었던 데다 김기설을 아직 깊이 알지 못했기 때문에 대답을 하지 않았다. 이후에도 김기설은 은연중에 결혼 이야기를 비추곤 했는데 천천히 생각해보자며 완곡히 거절하는 중이었다. 김기설이 얼마 전 누나들에게 곧 결혼하게 될 것 같다고 말했다는 사실조차 그녀는 모르고 있었다. 싫어했던 것은 아니었다. 자신의 방 책상 위에 놓인 작은 액자에도 김기설의 증명사진을 꼽아두었다.

홍성은이 근무하던 학교로 김기설의 전화가 온 것은 하루 전인 5월 6일 오후 1시였다.

"우리 오늘 좀 만나자. 당분간 못 볼 것 같으니 꼭 만나야 해."

"무슨 일이 있어요?"

"고민이 있는데 만나면 해결될지도 모르겠어."

분신을 결심했다고는 상상도 못한 홍성은은 무심히 넘겼다.

"오늘은 바빠서 안 되고요, 내일 저녁에 집으로 전화해주세요."

김기설이 공장에 취업해 노동운동을 하겠다고 말한 적이 있어 그런 종류의 이야기를 하리라고 짐작한 대답이었다. 약속대로 이날 복지다방에서 만난 김기설의 표정은 무거웠다. 밥을 먹고 근처 카페로 옮긴 자리에서 김기설이 물었다.

"이번 5월 4일 집회에 대해 시민들의 반응이 어땠어?"

범국민대책회의는 3, 4일 걸러 대규모 시위를 열고 있었다. 5월 4일 집회란 대책회의가 '백골단 해체의 날'로 정해 주도한 서울 도심의 대규모 시위를 뜻했다.

"반응이 좋던데요. 저는 명동 부근에서 시민들의 반응을 봤는데 학생들이 나와서 이야기하면 시민들이 둘러서서 박수를 치더라고요. 구호도 같이 외치고요. 반응이 아주 좋았어요."

"그렇지? 나도 서울역 광장 시위에 참가했는데 시민들의 호응이 대단하더군. 그런데 이 투쟁을 앞으로 어떻게 지속시켜야 할지 고민이야. 성은이는 이런 분위기를 어떻게 이끌어야 할지 생각해본 적 있나?"

"잘 모르겠어요. 여러 가지 방법이 있겠지요. 사건이 터질 때마다 집회를 통해서 또는 유인물을 통해서 이끌어낼 수 있겠죠. 아니면 극한적인 방법으로는 분신을 통해 자기주장을 알릴 수 있겠죠. 그렇지만 분신은 옳지 않다고 봐요. 시간이 걸리고 힘들더라도 계속

유인물을 배포하거나 사람들에게 널리 알리는 방법이 최선이 아닐까요?"

대수롭지 않게 나온 분신 이야기에 갑자기 김기설의 음성이 격앙되었다.

"그럼 분신한 사람들은 누가 책임져야 하지? 최근 잇따라 발생한 대학생들의 분신자살에 대해 재야를 비롯한 기성세대가 책임을 져야 하지 않겠어?"

홍성은이 그건 잘 모르겠다고 대답하자 김기설은 침울한 표정으로 중얼거렸다.

"분신한 사람들 본인은 어떤 심정이었을까?"

"잘 모르겠어요. 우리 학교에서 최덕수가 분신해 죽었는데 그때의 이야기를 들어보니 그 사람은 매우 패배적이고 지친 상태였다고 하더라고요. 죽는 것보다 살아서 투쟁하는 것이 더 힘든 것 아닌가요?"

"분신한 사람은 모두 그런 상태일까? 꼭 그럴까?"

"잘 모르겠어요. 죽은 사람들 중에도 그런 사람도 있고 안 그런 사람도 있겠죠."

"나는 자기 의지로 분신하는 것은 패배가 아니라고 생각해."

분위기는 더욱 침울해졌다. 홍성은은 답답한 분위기를 참을 수 없었다.

"기설 형! 오늘 왜 이래요? 무슨 일이 있었어요? 빨리 말해줘요."

"미루어 짐작해봐."

김기설이 뭔가 일을 저지를 것 같다는 예감이 든 홍성은이 계속 다그치자 겨우 답했다.

"나도 분신으로 항거할 거야."

놀란 홍성은은 눈물을 참지 못하고 울면서 따져 물었다.

"형! 지금 무슨 말을 하는 거예요? 진심이에요?"

"진심이야."

홍성은은 어떻게 말려야 할지 논리가 생각나질 않았다. 감정에 호소해보려 애썼다.

"그럼 우리는 왜 이제까지 만났어요? 우리 만남은 뭐예요? 나는 어떻게 해요?"

홍성은은 만나서 이야기하면 문제가 해결될 것이라던 김기설의 말에 희망을 걸고 호소했지만 소용없었다.

"내일이 지나면 나를 못 보게 될 거야."

"내일이요? 왜 내일이에요?"

김기설은 처음으로 빙긋이 웃었다.

"5월 8일은 날짜가 좋잖아?"

"절대 안 돼요! 이러면 안 돼요, 형! 살아서 싸워요. 제발…."

홍성은은 김기설의 손을 잡고 다시 울기 시작했다. 김기설은 손을 빼며 말했다.

"이제 들어가. 성은이를 마지막으로 봤으니 됐어."

홍성은은 손을 놓지 않고 계속 울며 설득했으나 그는 말을 듣지 않았다.

"소수 말고 많은 사람을 사랑해야 해. 많은 사람의 편에서 싸워야 해."

김기설은 자신의 전민련 수첩을 꺼내 전화번호 부분을 세 장 찢고는 녹색 형광펜으로 몇 사람의 이름에 동그라미 표시를 했다.

"내가 죽으면 아버지와 식구들에게 연락을 해줘."

김기설은 번호를 외우고 있어 따로 적어두지 않았던 한송흠의 전화번호를 써서 건넸다. 그리고 남은 수첩의 뒷부분을 뒤적여보고는 아직 안 쓴 부분이 많으니 네가 쓰라며 주었다.

"이제 진짜 헤어지자. 유서도 써야 하고 신변정리도 해야 하니 집에 가봐야 해. 유서는 이 책을 보고 쓸 거야."

김기설은 가방의 책을 꺼내 보였다. 안재성의 『사랑의 조건』이었다. 대학생들 사이에 널리 읽히던 책으로, 운동권 젊은이들 사랑을 그린 장편소설이었다.

밖에는 밤비가 부슬거리고 있었다. 김기설은 『사랑의 조건』을 챙겨 들고 아현 전철역으로 앞장섰다. 한 정거장을 걷도록 김기설은 말이 없었다. 홍성은도 더 이상 어떤 설득도 할 수 없이 지쳐 조용히 따라갔다. 아현역에 닿은 것은 10시 반경이었다.

"형! 가지 마요! 한 시간만 더 같이 있어요."

홍성은이 다시 한 번 애절히 호소했으나 김기설은 그녀를 강제로 개찰구에 밀어 넣고는 인파 속으로 사라져버렸다. 홍성은이 몇 걸음 들어가다가 계단 입구에 서서 돌아보니 그는 벌써 사라지고 없었다.

한편, 마포의 '장밋빛 인생'에서 김기설을 기다리던 이지혜는 걱정을 참을 수 없어 이틀 전 방송통신대에서 함께 만났던 박경민을 불렀다. 7시경에 도착한 박경민은 처음에는 농담인 줄로 생각했다.

"기설 형이 술에 취해 주사를 부린 거겠지?"

"아냐! 진짜라니까!"

이지혜가 정색을 해도 박경민은 믿으려 들지 않았다. 박경민이 이전부터 알고 있던 김기설은 늘 쾌활하니 농담을 잘하는 즐거운 사람이었다. 분신을 기도하고 있다는 게 믿어지지가 않았다.

"혹시, 지혜 너한테 관심이 있어서 그러는 것 아니냐?"

장난으로 받아들이던 박경민은 그날 일어난 일을 자세히 듣고서야 긴장이 되었다. 두 사람은 밤 9시경 연세대 대책회의로 전화해 도움을 요청했다.

"예? 그게 무슨 말입니까? 큰일 났네요!"

전화를 받은 이는 야간 당직을 하고 있던 임무영이었다. 대책회의에는 비상이 걸렸다. 임무영은 이보은과 함께 사방에 전화해 김기설의 행방을 찾기 시작했다. 이보은은 원로 민주화운동가인 이해학 목사의 딸로, 김기설과는 성남에서 함께 활동해 친한 사이였다.

열흘 전 전민련에 들어오자마자 연세대 대책회의 총무국에 파견되어있었다.

이지혜와 박경민은 직접 연세대까지 찾아가 두 사람에게 경과를 이야기 하고서야 집으로 돌아갔다. 임무영과 이보은은 김기설과 한 방에서 자취하는 장준호, 임근재를 수소문하는 한편, 성남에서 김기설과 친하던 이들에게 연락해보았다.

통화수단이라고는 집 전화와 공중전화밖에 없어 저녁에 술이라도 마시러 나간 사람과는 통화가 이뤄지지를 않았다. 전날 중앙대 학생 김병호의 방에서 자고 갔다는 것과 낮에 서울 민직청 사무실에 들렸다는 사실은 확인되었으나 현재 어디에 있는가는 쉽게 찾을 수 없었다. 성남민청련 회원들로부터 김기설의 아버지와 누나들, 친구 한송흠의 전화번호를 알아냈으나 전화번호가 바뀌었거나 다들 최근에는 본 적이 없다고들 했다. 분신하려 한다는 말을 할 수는 없어서 찾아오면 전화해달라고 부탁하고 말았다. 이 과정에서 강기훈의 이름은 거론도 되지 않았고 통화도 하지 않았다. 김기설과 친한 사이로 분류가 되지 않았기 때문이었다.

밤 10시 30분경, 술집 전화번호까지 찾아내 어렵사리 김기설과 함께 자취를 하고 있던 임근재, 장준호와 연락이 되었다. 임무영은 임근재에게는 빨리 자취방에 가보라고 하고 장준호에게는 김기설의 여자 친구 홍성은을 찾아보라고 부탁했다.

장준호는 홍성은을 본 적도 없고 전화번호도 몰랐다. 이리저리 알아보니 이보은의 후배이자 나라사랑청년회에서 일하는 김문정이 대학 선배와 아현동의 한 찻집에서 차를 마시고 있음이 확인되었다. 전화번호를 알 수 없었던 그는 찻집으로 쫓아갔다. 이때가 벌써 밤 11시경이었다. 장준호는 김문정과도 초면이었다. 난색을 하는 그녀에게 장준호는 사정을 설명했다.

"김기설과 내가 같이 자취하는데 기설이가 요즘 이상합니다. 시국에 대해 유별나게 걱정을 하고 가슴 아파하고 있어요. 지나치리만큼 힘들어하고, 사소한 문제를 갖고 사람들과 논쟁을 벌이곤 해서 아무래도 무슨 일이 생길까 봐 걱정이 되서 그럽니다. 김문정 씨 친구인 홍성은 씨가 기설이의 여자 친구라면서요? 홍성은 씨를 만나서 왜 그러는지 알아보고 기설이가 어디 있는지 찾아봅시다. 미안하지만 지금 바로 홍성은 씨를 만나러 가주시면 안 되겠습니까?"

김문정은 홍성은은 알아도 절친한 사이는 아니었다. 김기설은 더군다나 처음 듣는 이름이었다.

"요즘 시국에 대해 걱정 안 하는 사람 있나요? 과민반응 아닌가요? 김기설이란 사람이 자기 입으로 직접 죽을 거라고 했대요?"

"내게 직접 그런 말을 한 건 아니지만 다른 사람들에게 그렇게 말했답니다. 홍성은 씨를 당장 만나야 합니다. 부탁합니다."

김문정은 자기가 돕지 않아 분신한다면 평생 죄책감에 시달릴 것 같았다. 밤 11시 40분경 홍성은에게 전화를 하니 아직 깨어있었다. 40분 후 건국대 민중병원 앞에서 만나기로 약속을 잡고 장준호와 함께 택시를 탔다.

한편, 가장 먼저 김기설을 찾아낸 사람은 임근재였다. 본인의 방이기도 한 북가좌동 자취방에서였다. 장준호까지 셋이 사는 자취방은 건물 5층의 옥탑방으로 1백만 원 보증금에 월 10만 원짜리였는데 빌린 지 세 달이 되도록 아직 월세를 한 번도 내지 못하고 있었다. 임근재가 바빠서 며칠 못 들어갔던 자취방 문을 여니 김기설의 흔적이 남아있었다. 이불이 개지 않은 상태로 구겨져있고 먹다 남은 빵과 바나나가 어지럽게 널려있었다.

먼저 임근재의 눈에 띈 것은 방바닥에 널린 몇 장의 백지였다. 김기설의 글씨체로 쓰다만 종이 몇 장이 놓였는데 맨 윗 장에는 '역사의 이정표가 되고자 함이 아닙니다.' 같은 문장이 세 줄 정도 적혀있었다. 소설『사랑의 조건』에 나오는 문구였다. 김기설이 유서를 쓰려 했음을 직감한 임근재는 종이들을 접어 주머니에 넣고 나오려 했다.

그때, 어딘가 나갔던 김기설이 운동복 차림으로 들어왔다. 김기설보다 두 살이 더 많은 임근재는 직설적으로 분신 이야기를 질타하면 반발하고 사라져버릴까 봐 걱정이 되어 엉뚱한 소리로 안심시켰다.

"방 좀 치워놓고 다녀라! 도대체 어딜 그렇게 다니냐? 얼굴을 볼 수가 없어. 오랜만에 만났으니 어디 가서 술이나 한잔 하자."

　김기설을 끌고 자취방 골목을 나오니 대로변에 포장마차가 아직 문을 열고 있었다. 임근재는 우선 맥주와 안주를 시켜놓고 자신의 여자 친구를 불러 소개해주겠다고 거짓말을 하고 잠깐 빠져나와 공중전화로 대책회의 임무영에게 전화를 했다.

　"찾았습니다! 기설이를 찾아서 포장마차에 붙잡아두었어요. 심각한 이야기를 하는 것보다는 분위기를 바꾸는 게 좋을 것 같아서 여자 친구를 부르겠다고 했으니 아무라도 좀 보내줘요."

　전화를 받은 임무영은 성격이 급한 자기가 가면 부작용이 날까 싶기도 하고, 진짜 분신하려는 건지, 술기운으로 객기를 부리는 건지 확실히 믿기지 않아 이보은에게 가보라고 했다. 택시를 타고 북가좌동으로 달려간 이보은은 포장마차가 길가에 있어 쉽게 찾을 수 있었다. 맥주를 마시던 김기설은 임근재와 애인 사이가 아님을 잘 아는 이보은이 나타나자 의아해했다.

　"근재 형 여자 친구라더니 왜 네가 왔냐?"

　이보은보다는 김기설이 한 살이 많아 편하게 말을 놓는 사이였다. 이보은은 먼저 포장마차 앞의 공중전화로 임무영에게 상황을 알린 다음 김기설의 심중을 헤아리려고 계속 말을 걸었다. 무슨 일을 저지르려 하냐고 직접 물어볼 수는 없었다. 어떻게 이 시국을 헤쳐나가야 하는가 물으니 김기설도 분신하겠다는 말은 하지 않았다.

　"싸워나가는 방법은 여러 가지가 있겠지. 강경대와 천세영의 영정 앞에 서면 부끄러워 어떻게 할지 모르겠다. 뭔가 강력한 투쟁을 해야 해. 전민련이나 대책회의나 너무 평화적 투쟁만 강조하고 있어. 이렇게 해서는 안 돼. 이건 아니야."

"형! 대체 뭘 어떻게 하자는 거야? 전민련 사회부장이 전민련 노선을 따르지 않겠다는 거야? 아무리 느리고 힘들어도 전체 대중과 함께 한 걸음씩 나가는 게 운동이지, 몇 사람 분신하고 투신한다고 해결이 되나?"

"…."

포장마차에서 세 사람이 술을 마시고 있는 시각, 또 다른 세 사람은 서울의 반대편 건국대 민중병원 앞에서 이 문제로 만나고 있었다. 홍성은을 찾아간 장준호와 김문정이었다.

김기설과 아현 전철역에서 헤어진 홍성은은 일단 집으로 돌아와 김기설의 아버지 김정열에게 전화를 했으나 한밤중이라 자고 있던 사람에게 당신 아들이 분신할거라고 차마 말할 수가 없었다. 김기설이 안부를 전하더라는 말만 하고는, 김기설이 요즘 어디에 사느냐는 물음에 자기도 잘 모른다고 얼버무린 채 끊고 말았다. 강기훈에게도 전화를 걸었으나 그도 역시 아무것도 모르는 것 같았다. 역시 분신 이야기는 할 수가 없어 김기설의 아버지 전화번호만 불러주고 말았다.

김문정으로부터 전화가 온 것은 두 사람과 통화를 마친 직후였다. 다른 사람들도 김기설을 걱정하고 있음을 안 홍성은은 한편으로 반가운 마음에 서둘러 민중병원 앞으로 나갔다. 그런데 자정이 넘은 시간이라 문을 연 카페가 없었다. 홍성은은 두 사람을 자기 집으로 데려가 방 안에서 상의했다. 장준호가 먼저 물었다.

"혹시 기설이가 지금 어디 있는 줄 아십니까? 아까 저녁에 연세대로 후배가 찾아와 이상한 소리를 하는데 혹시 모릅니까? 무슨 일을 저지를 것만 같습니다."

이들은 김기설이 임근재와 술을 마시고 있다는 것을 아직 몰랐다.

"아까 만났다가 헤어졌어요. 내일 죽을지도 몰라요. 8일 이후로 시간이 없다고 말했거든요, 자기 방에서 가까운 신촌 쪽에서 일을 벌일 것 같아요."

"그런데 왜 말리지 않았어?"

김문정의 말에 홍성은의 눈에 눈물이 고였다.

"왜 안 말렸겠니? 아무리 감정적으로 호소해도 듣지 않고 집에 가라고 떠미는 걸 어떻게 해?"

장준호가 물었다.

"설득할 사람이 필요한데 누구하고 친한 것 같습니까?"

"서준식 씨와 진관 스님하고 친한 것 같아요."

"너무 걱정 마십시오. 사람들이 전부 동원되어 찾아다니고 있어요. 꼭 붙잡을 수 있습니다. 새벽에 전화할지 모르니 기설이에게 전화가 오면 바로 연세대 상황실로 알려줘요."

홍성은은 김기설을 따라 전민련 사무실에는 몇 번 간 적이 있었고, 그가 취재해 온 동의대 사건 일지 같은 것을 정리해 서준식에게 준 적도 있었지만 연세대 대책회의에는 가본 적이 없었다. 장준호와 김문정은 대책회의의 전화번호와 학생회관 3층이란 것까지 알려주고 자리에서 일어났다. 두 사람을 보내고 한결 마음이 놓인 홍성은은 피곤한 잠에 떨어졌다.

다들 김기설을 찾고 있다는 생각에 안심한 홍성은이 생각보다 깊이 잠든 시각, 북가좌동 포장마차에서는 세 사람이 계속 술을 마시고 있었다. 임근재와 이보은은 김기설의 속마음을 알아보기 위해 계속해서 이런저런 말을 시켜보았다.

"기설 형, 전민련에서 일하니 좋아요? 어떤 느낌이 들어요?"

이보은의 질문에 김기설은 새로 일하게 된 후배에게 격려라도 하듯 말했다.

"나는 전민련에서 일하게 된 게 자랑스러워. 전민련은 대단한 단체야. 김선택 사무처장님과 서준식 인권위원장님을 특히 존경해. 정말 훌륭한 분들이야."

"그런데 요즘 어디를 말없이 돌아다녔어요?"

김기설은 고개를 숙인 채 쓸쓸한 표정으로 말했다.

"어머니 산소에도 다녀왔고 평소 가깝던 사람들을 만나러 다녔지."

"왜요? 이 바쁜 와중에 갑자기 왜?"

"그냥. 사람들이 보고 싶고 어머니 생각도 나서."

김기설은 더 캐묻기 전에 이보은과 함께 일했던 성남 시절로 화제를 돌렸다. 이보은도 아는 이런저런 사람들을 만난 이야기며, 그들의 근황을 이야기하더니 여자 친구라며 홍성은을 자랑했다.

"성은이는 착하고 순진한 애야. 나처럼 힘들게 살게 할 순 없어."

"그건 또 무슨 소리예요? 서로 좋아하면 된 거지."

이보은이 더 물어보려는데 김기설은 또 다시 화제를 바꿨다.

"보은아, 난 전민련을 그만둘 생각이니 보은이 네가 나 대신 열심히 일해라."

이보은은 임근재와 눈빛을 교환하며 따져 물었다.

"기설 형! 무슨 소리예요? 형이 관두면 나도 관둘 거예요. 절대 전민련을 떠나면 안 돼요!"

분신을 강행할 거냐고 묻지는 못했다. 본인 입으로 분신한다고 말하게 만들면 스스로 그 말을 지키기 위해서라도 분신할까 걱정이 되어서였다.

포장마차 술자리는 새벽 2시 반까지 계속되었다. 끈으로 묶어둘 수도 없고 방에 가둘 수도 없으니 밤을 새우더라도 계속 붙잡아서 분신하지 못하게 하는 이외에 달리 방법이 없었다. 술값도 많이 나왔다. 임근재가 맥주 12병과 안주 값을 합쳐 계산하고 명륜동 대학로에 가서 더 마시자고 이끌었다.

"운동복에 티셔츠 차림으로 멀리 갈 수는 없으니 잠깐 자취방에 들르자."

김기설의 말에 세 사람은 노래까지 부르며 천천히 자취방으로 걸어갔다. 옥탑방에 도착해 임근재와 이보은이 문밖에 서있는 가운데 김기설이 혼자 방에 들어갔다. 김기설은 티셔츠는 그대로 입은 채 양복 상하의를 걸치더니 백지 몇 장을 안주머니에 접어 넣고는 방바닥에 있던 바나나 한 송이를 가지고 나와 이보은에게 먹으라고 주었다.

"밤중에 웬 양복을 입어요?"

"입을 옷이 이것밖에 없어."

양복을 입었다는 것은 분신 결심이 변치 않았다는 뜻으로 해석할 수 있었다. 주머니 속에 백지를 넣은 것도 그랬다. 그렇다고 강압적으로 막을 수도 없었다. 어떻게든 옆에 붙어서 심리적 동요가 가라앉을 때까지 지키는 수밖에 없어 보였다. 달아나지 못하게 하는 것이 최선이라 생각한 두 사람은 김기설을 연행하듯 에워싸 택시에 태워 명륜동으로 향했다.

새벽 세 시가 넘었는데도 명륜동 포장마차에는 몇 사람 손님이 앉아있었다. 술을 주문했으나 북가좌동에서 너무 마셔 술이 들어가지를 않았다. 셋 다 거의 술을 마시지도, 안주에도 손대지 않은 채, 한동안 말도 없이 멍하니 앉아있었다. 피곤하고 졸려서만이 아니었다. 김기설은 두 사람이 자신의 분신을 말리려고 찾아왔음을 눈치채고 있음에 분명해 보였지만 두 사람은 일단 입에서 튀어나가는 순간 걷잡을 수 없게 될 것 같아 말을 꺼내지 못하고 있었다.

새벽이 가까워지면서 비까지 내리기 시작했다. 분위기는 더욱 가라앉았다. 한 시간이 넘도록 침묵의 대화를 나누던 세 사람의 균형을 깬 것은 이보은이었다. 밤을 꼬박 새우며 전화통 앞에 앉아있을 임무영에게 상황을 보고 하기 위해서였다. 화장실 간다는 핑계로 포장마차를 나와 바로 근처에 있는 공중전화로 가려고 했다. 그러자 김기설도 따라 일어나 밖으로 나왔다. 임근재도 도망치지 못하도록 바싹 붙어 같이 나왔다. 김기설은 임근재를 의식한 듯, 달아나지 못하고 담배를 피워 물고 서서 비를 구경하기 시작했다. 이보은은 전화기로 갈 수가 없었다. 빗소리 때문에 무슨 말을 하는가 알아듣지는 못하겠지만 새벽 4시 반에 어디론가 전화를 한다면 김기설이 눈치채고 기분 나빠 할 것 같았다. 할 수 없이 두 사람을 밖에 둔 채 가게 안으로 되돌아가 가게 전화기로 임무영에게 전화를 했다.

임무영은 예상대로 그때까지 전화기를 지키고 있었다. 비상이 걸려 나와있던 다른 사람들도 의자에서 졸거나 탁자에 엎어져 밤을 새우는 중이었다.

"김기설 선배가 결심이 선 것 같아요. 가능한 한 빨리 연세대로 데리고 가도록 노력할게요."

"그래, 어떻게든 이리 데리고 와. 아침이 되면 사람들이 많이 올

테니 교대로 기설이를 지키게 할게."

서둘러 전화를 마친 이보은이 자리에 돌아가 있으니 임근재와 김기설이 담배를 피우고 들어왔다. 그런데 김기설은 자꾸만 피곤하니 그만 일어나자고 재촉했다. 여차하면 달아날 기색이 역력했다. 임근재는 더 이상 무언의 압력으로는 제지할 수 없다고 판단했다. 그는 자취방에서 가져온 세 줄 정도 기재된 유서 초안을 주머니에서 꺼내 김기설에게 던지듯 건네며 화를 냈다.

"기설이 너 이게 무슨 짓이냐? 너의 결심은 소영웅주의에 불과해! 도레가 보는 앞에서 찢어라!"

도레는 이보은의 아명이자 운동권 내에서 쓰는 가명이었다. 자세히 말하지 않아도 서로 뜻을 알고 있었다. 여기서 분신을 역설하면 할수록 두 사람이 자기를 붙잡으리라 생각한 듯, 김기설은 아무 말 없이 두 사람이 보는 앞에서 유서 초안을 북북 찢어 쓰레기통에 버렸다.

이보은도 말했다. 여전히 분신이라는 자극적인 단어는 쓰지 않았다.

"형의 결심은 아무도 납득할 수 없는 생각이에요. 절대로 용납할 수 없어요."

김기설은 고개를 끄덕여 보였다. 분신하지 않겠다는 말은 하지 않았다. 그는 계속해서 너무 피곤하니 일어나자고만 했고, 두 사람이 놓아주지 않으려 하자 기어이 먼저 일어나는 것이었다. 두 사람도 어쩔 수 없이 따라 일어나 김기설을 에워싸고 비를 맞으며 나란히 걷기 시작했다.

두 사람이 김기설의 기분을 풀어주기 위해 명륜동에서 동숭동 대학로 방면으로 접어들며 먼저 노래를 부르고 장난도 걸자 김기설도 마음이 풀린 것처럼 웃기도 하고 장난을 받아주기도 했다. 봄비, 김기설이 마지막으로 맞는 아름다운 세상의 눈물이었다.

이보은은 그를 곧바로 연세대로 데려가고 싶어 대책회의로 가자고 끌었지만 김기설은 싫다면서 술을 더 마시자고 했다. 하지만 심야 술집들도 새벽을 맞아 거의 문을 닫고 있었다. 김기설이 먼저 방송통신대 동아리방에서 이야기하는 게 좋겠다고 제안했다. 방통대 쪽으로 비를 맞으며 걸어가는 동안, 두 사람은 계속 노래를 선창하며 김기설에게 따라 부르도록 했다.

마침 '서클K'라는 편의점이 눈에 띄었다. 셋은 편의점 안에 들어가 커피와 초콜릿을 사 먹으며 장난을 치며 웃고 떠들어댔다. 김기설은 88라이트 담배도 한 갑 샀다. 새벽 5시 10분경, 방송통신대로 가기 위해 마로니에 공원을 지날 때는 분위기가 한결 이완된 느낌이었다. 운동가요를 부르며 앞장서던 이보은이 조금 쉬었다 가자고 제안했다. 일행은 화장실에도 들르고 비를 맞으며 미끄럼도 타며 놀았다. 두 사람은 김기설이 웃기도 하고 장난도 치는 것을 보면서 분신을 포기했을지도 모른다는 한 가닥 기대까지 품었다.

이때 빗줄기가 굵어져 공원 옆 건물 현관 처마에서 비를 피해 잠시 앉았는데 김기설이 돌연 일어났다.

"내가 전화 걸 곳이 있으니 잠시만 기다려."

말하고는 빗속으로 뛰어나갔다. 이보은이 걱정이 되어 임근재에게 쫓아가 보라고 했다. 임근재가 가보니 김기설이 가까운 공중전화 박스에 들어가 어디론가 전화를 거는 것 같았다. 가까이 가면 감시한다고 기분 상할까 봐 건물 현관으로 돌아와 이보은에게 말했다.

"전화를 걸고 있으니 안심해."

말은 그렇게 했지만 불안했다. 불과 1, 2분이나 지났을까, 아무래도 걱정이 되어 임근재가 다시 가보니 전화박스는 비어있었다. 임근재는 전화박스로 뛰어가 주변을 둘러보았으나 김기설은 보이지 않았다.

"기설이가 사라졌어!"

임근재의 외침에 이보은도 비를 맞으며 달려가 보았다. 거의 사람이 다니지 않는 새벽 거리는 아직 어둠이 덜 빠진 채 줄기찬 빗줄기에 씻기고 있었다.

"김기설!"

"기설 형!"

임근재는 지하도 방향으로, 이보은은 방통대 방향으로 비를 맞고 뛰어가며 소리쳤다. 그러나 김기설은 어디에도 보이지 않았다. 이보은은 곧바로 연세대 상황실에 전화해 김기설을 놓쳤음을 알리고 그가 혼자서 연대에 들어갈지 모르니 지켰다가 분신 못 하도록 잡으라고 말했다. 그리고 날이 훤해진 5시 50분까지 둘이 계속 방송통신대 구내와 마로니에공원을 돌아다녔으나 김기설의 흔적은 없었다. 두 사람은 택시를 타고 연세대로 돌아갔다.

연세대에서는 대책회의에 와있던 모든 사람들이 학교 구내를 뒤지고 있었다. 임무영, 홍진표 등 전민련 파견자들은 물론, 서울민협 사무국장 김명운, 국민연합에서 파견되어 온 실무자들, 민주당에서 온 김균목까지 나서서 학생회관 옥상이며 주변 건물을 돌아다녀도 찾을 수가 없었다. 김기설이 한양대 출신이라고 알고 있었기 때문에 혹시 한양대에서 분신할지 모른다는 생각에 정윤서와 김형민은 한양대까지 택시를 타고 달려가 학교 곳곳을 뒤지고 다녔다. 이보은과 김균묵은 연세대와 이웃한 이화여대로 쫓아갔지만 역시 찾을 수가 없었다.

사람들이 사방으로 김기설을 찾아 돌아다니던 시각, 홍성은의 집 전화가 울렸다. 아침 6시 반경이었다. 김기설의 전화였다.
"형, 어디예요?"
홍성은의 다급한 질문에도 김기설은 침착했다.
"이화여대 부근이야. 지금까지 다른 데 있었어. 오늘 수업 잘해. 열심히 살아. 사랑한다."
"다른 사람들도 다 알고 있어요. 다들 형을 찾고 있어요. 어떻게 할 거예요?"

"마지막까지 남아 열심히 살아야 해."

김기설은 일방적으로 전화를 끊었다. 홍성은은 다급한 마음에 대책회의로 전화를 했으나 다들 밖으로 뛰어다니고 있어 아무도 받지 않았다. 일단 출근하며 건대역에서 다시 전화를 하니 어떤 여자가 받아 임근재를 바꿔주었다. 임근재는 말했다.

"기설이하고 밤새 같이 있었는데 새벽에 놓쳐버렸어요. 다들 계속 찾고 있으니 너무 걱정 말아요."

불안한 마음으로 의정부 학교에 출근한 홍성은은 걱정을 참을 수 없어 수업에 들어가기 직전인 9시에 다시 대책회의로 전화했다. 김기설의 친구라 말하고 상황이 어떠냐고 물으니 전화 받은 이가 말했다.

"상황이 안 좋으니 빨리 와보십시오."

죽었다는 말을 하지는 않았다. 겁이 나서 죽었는가 물어볼 수도 없었다. 죽었다는 말이 없으니 그래도 희망이 있다는 생각이 들기도 했다. 두려움이 가져온 자기기만이었다. 화상을 입었더라도 죽지는 않았으리라 스스로를 속이고 위로하며 1교시 수업이 끝나자마자 조퇴해 연세대로 달려갔다. 학생회관에 들어서니 이영미와 김진수 등 아는 얼굴이 보였다. 그들의 뺨에 얼룩진 눈물을 보는 순간, '끝이 났구나.' 하는 생각이 들었다. 비로소 눈물이 터져 나왔다.

7
착각

검찰은 김형영의 1차 필적감정이 나오기 전부터 강기훈의 주변
인물에 대한 내사에 착수하고 있었다. 전민련 관계자들의 자술서
중 강기훈의 글씨가 유서와 가장 비슷하다는 근거에 의해서였다.

수사의 첫 번째 대상은 홍성은이었다. 강기훈의 소개로 김기설
을 만나 분신 전날까지 함께 있었던, 두 사람 사이의 유력한 연결고
리였던 홍성은은 쉽게 찾아낼 수 있었다. 분신 당일 연세대 대책회
의에 간 길에 몰려드는 신문기자들 앞에서 김기설의 여자 친구라
며 기자회견을 했기 때문이었다. 언론은 그녀를 김기설의 애인으로
보도했고, 검찰은 5월 10일 자로 홍성은에게 소환장을 보내 13일
검찰에 출두하도록 했다.

홍성은은 적극적인 학생운동 출신이 아니어서 수사기관에 가본 적이 없었다. 걱정이 된 그녀는 다시 연세대 대책회의를 찾아갔다. 대책회의 사무실은 몹시 혼란스러웠다. 어린이날이던 이영미의 생일에 함께 놀았던 김진수도 그곳에서 일하고 있었다. 그녀는 김진수에게 사정을 말하고 어떻게 조사를 받으면 좋으냐고 물어보았다.

"검찰에게 쓸데없는 정보를 줄 필요는 없으니 분신 전날 성은 씨가 기설이한테서 전민련 수첩을 받았다는 이야기는 하지 않는 게 좋겠네요. 한상렬 의장님의 신변이 위험하니까요."

사건 당일, 홍성은은 김기설이 전날 밤 자신에게 준 전민련 수첩을 대책회의에 갖다 주었다. 김기설이 자기가 죽으면 전화하라고 준 찢어진 전화번호부 세 장을 끼운 채였다. 그런데 전화번호부를 확인한 전민련 간부들은 수배 중인 공동의장 한상렬이 숨어있는 집의 전화번호가 적혀있는 것을 발견하고 그 부분 한 장을 더 찢어내고 애초에 홍성은이 가져온 세 장만 복사해 실무자들에게 나눠주었다. 그 자리에는 홍성은과 김진수도 있었기 때문에 김진수가 한상렬의 안전 때문에 전민련 수첩에 대해서는 말을 꺼내지 말라고 충고했던 것이다.

김진수는 또한 강기훈의 애인인 이영미에 대해서도 이야기가 나오지 않도록 하는 게 좋겠다고 말했다. 그는 사건 첫날 홍성은을 기자회견에 내보내 마치 김기설과 깊은 관계인 것처럼 보도가 된 것에 미안함을 느끼고 있었다. 미래를 약속한 연인관계도 아닌데 그런 식으로 보도가 되어 여자인 홍성은의 장래에 불이익이 올까 봐 걱정한 것이었다. 이영미에 대해서도 마찬가지였다. 평범한 학원선생인 이영미가 언론에 오르내리면 불이익을 받을까 봐 걱정해서 그렇게 말한 것이었다.

대책회의는 몹시 분주하고 소란해 침착하게 이야기를 나눌 분위기가 못 되었다. 홍성은은 밖에 나가서 이야기하자고 제안했다. 이에 따라 오후 3시경 연세대 앞 봉쥬르 카페에서 김진수, 강기훈, 원순용과 넷이서 이야기를 나누게 되었다. 이 자리에서 강기훈은 감옥살이까지 한 경험자로서 검찰 조사를 받는 요령에 대해 충고했다.

"묻는 것에만 간단명료하게 예, 아니오로 대답하는 게 좋아. 말꼬투리를 잡고 늘어지는 사람들이라 한마디만 잘못해도 엉뚱하게 결론을 이끌어가니까. 쓸데없는 말을 하거나 쓸데없는 사람을 끌어들이면 성은이만 힘들어질 거야."

홍성은은 강기훈이 말하는 쓸데없는 부분이란 이영미 부분과 전민련 수첩에 관한 부분이라고 이해하고 그러겠다고 대답했다. 수사에 대한 대화는 그 정도로 끝나고 김기설에 대한 추억과 장례 문제 같은 실무에 대한 이야기들이 오갔다. 무겁고 침울한 분위기였다. 홍성은은 김기설이 자신의 만류를 끝내 뿌리치고 분신해버린 데 대해 큰 심리적 상실감을 겪고 있었다. 그런 심정을 털어놓으니 강기훈도 공감했다.

"나도 기설이에게 약간은 배신감을 느끼지만 어쩌겠어? 민주주의를 위해 희생한 친구인데 명복을 빌어줘야지. 성은이도 좋은 추억만 남기고 나쁜 생각은 빨리 잊어버려."

홍성은은 그가 말한 배신감이란 김기설이 주변인들에게 학력을 속인 것에 대한 실망이라고 이해했다.

홍성은이 강기훈을 다시 만난 것은 김기설의 장례가 치러진 5월 12일 밤이었다. 홍성은이 검찰 조사를 받기 바로 전날 밤이었다. 경기도 마석 모란공원의 장지까지 함께 갔던 홍성은, 김진수, 강기훈, 이영미는 밤 9시가 넘어 서울로 돌아온 길에 종로5가 전민련 근처의 도이취 호프집에서 생맥주를 마시게 되었다. 이 자리에서는 주로 홍성은을 위로하는 이야기가 오갔다. 교사로 갓 취업한 그녀가 언론에 노출된 데다 검찰의 집중수사 대상이 되었기 때문이다. 김진수는 말했다.

"내가 박래전 분신사건 때나 단국대학교 최덕수 분신사건 때 장례를 직간접으로 지원했었는데 이번 김기설 분신사건에서 최대의 실수는 성은이를 등장시킨 거야. 만약 사건 첫날 속초 동우전문대 학생들이나 원진레이온 근로자들이 있었으면 그 사람들을 기자회견에 내보냈겠지. 기설이의 성실성이나 투쟁성향을 잘 아니까 그 사람들이 인터뷰를 하면 되고 성은이는 기자회견이나 인터뷰에 내세울 필요가 없었는데 사람이 없다 보니 성급하게 내보낸 게 실수였어."

이 역시 긴 대화 중 한 부분일 뿐이었다. 네 사람은 우울한 심정으로 생맥주 두세 잔씩만 마시고 자정이 되기 전에 헤어졌다.

다음 날 검찰에 출두한 홍성은은 이 두 번의 만남에 대해서 별다른 추궁을 받지 않았다. 수사 분위기가 위압적이지 않았기 때문이기도 했고 아직 김형영의 필적감정이 나오지 않아 강기훈이 유서 대필자로 확정되기 전이기도 했다. 홍성은을 자신들에게 유리한 증언자로 본 검찰은 그녀를 협박하거나 폭행하지 않았다. 조사는 강력범죄자나 정치범들에 비해 비교적 자유로운 상태에서 이뤄졌다.

먼저 검찰이 의심을 한 부분은 사건 전날 밤 11시 30분에 홍성은과 강기훈 사이에 있었던 통화내용이었다. 담당검사 신상규는 홍성은에게 꼬치꼬치 캐물어 나온 이야기들을 종합해 자신이 문장을 만들어 기록했다. 홍성은은 강기훈의 집 전화번호도 몰랐던 이야기부터 했다. 강기훈은 사무실에서 이현우라는 가명을 사용하고 있었다.

"제가 기설 형과 헤어져서 집에 돌아와서 형이 준 수첩을 뒤적이다 보니 가명이 이현우로 된 집 전화번호가 있기에 전화를 했어요. 왜 사무실에 안 나왔느냐, 어디 아프냐고 물었어요."

"물었더니 뭐라고 하던가?"

"미안하다고요."

"왜 미안하다고 했을까? 김기설이가 다음 날 죽는다는 걸 미리 알고 있었던 것 아냐?"

"그건 모르겠어요."

"아니면 왜 미안하다고 말해? 몇 번이나 미안하다고 하던가?"

"잘 기억이 안 나는데, 한두 번 한 것 같아요. 두세 번 한 것 같기도 하고요."

"세 번이나? 그렇다면 강기훈이는 네가 말을 하기도 전에 김기설이가 다음 날 죽으려는 걸 알고 있던 게 아닐까?"

"모르겠어요. 저는 그저 이틀 전인 5월 5일에 술에 취해 주정을 부린 일을 사과한 거라고 생각하고 괜찮다고 말한 뒤에 김기설 씨 아버지의 전화번호를 말해주었어요."

"다시 생각해봐. 미안하다고 세 번이나 말한 건 김기설이 유서를 강기훈이가 써주고 죽게 만든 데 대한 자책감이지 뭐겠어? 술 좀 마셨다고 미안하단 말을 세 번이나 할 이유가 어디 있어?"

"혹시 그럴 수도 있겠지만 잘 모르겠어요. 저는 그냥 지나가 버려서요."

"그때 전화통에다가 다른 말 안 했어? 김기설이가 분신해 죽을 것 같다는 말을 하지 않았어?"

"그런 말을 하지 않고 전화를 끊었어요. 짧은 통화였거든요."

"명백하구먼! 강기훈이가 미안하다고 세 번이나 반복한 이유는 김기설의 분신 예정을 알고 있었다는 뜻이구먼! 안 그래? 다시 잘 생각해봐!"

"제가 전화를 받을 때는 그렇게까지 생각하지는 않았어요."

"그때는 무심히 넘어갔겠지만, 지금은 이상하게 생각되지? 그 문제를 가지고 강기훈이와 다시 대화를 해본 적 있어?"

"실은 분신 후에 연세대에서 기훈 형을 만났을 때 나한테 뭐가 미안하냐고 물은 적이 있어요."

"거봐! 이상했던 거 맞잖아? 강기훈이 뭐라고 대답하던가?"

"기훈 형은 대수롭지 않게, 5월 5일 술을 많이 먹고 길바닥에 주저앉았던 것에 대한 사과라고 했어요."

"김진수가 홍성은이 너를 등장시킨 게 실수라고 한 것은 너를 매스컴에 노출시켜 검찰의 추적을 받게 되면 곤란한 일이 생길 수도 있었다는 뜻이 아니겠어?"

"저는 그런 뜻이 아니고 여자인 저의 장래를 걱정해주는 것으로 생각해서 난 괜찮다고 답변했어요."

검사 신상규는 이 부분을 집중 추궁했으나 별다른 결론을 내리지 못했다. 조사는 이튿날인 14일 새벽까지 계속되었으나 홍성은은 김진수와 강기훈의 충고대로 김기설의 전민련 수첩과 이영미에 관해서는 이야기 않은 채 집에 돌아갈 수 있었다.

그런데 하룻밤을 자고 난 다음 날인 5월 15일, 갑자기 검사와 수사관들이 집으로 들이닥쳤다. 강기훈이 유서를 썼다는 김형영의 필적감정이 나온 직후였다. 분위기가 전날과는 판이했다. 수사관들은 홍성은의 방을 샅샅이 뒤지는 한편 연행한 뒤에는 수사실 탁자에 핸드백을 쏟아놓게 하고 낱낱이 검사를 하며 피의자 취급을 했다. 말투도 첫 수사 때와 달리 대단히 고압적이었다.

검사들은 애초부터 강기훈과 전민련이 유서대필 음모를 숨기기 위해 거짓말과 증거조작을 하고 있다는 전제에 꿰맞춰 수사를 전개했다. 그들은 홍성은이 운동권의 음모에 깊이 관여되었음을 고백하거나 아니면 희생물이 되었다는 것을 인정하고 자신들에게 도움을 요청하도록 압박했다.

수사는 17일까지 3일간 계속되었는데 조서 작성은 언제나 밤에 이뤄졌다. 홍성은은 낮에는 검사실 안의 긴 의자에 쪼그려 졸다가 밤을 꼬박 새워 조사를 받느라 공포와 피로에 지쳐버렸다. 김기설이 준 전민련 수첩과 이영미 관련 부분은 일찌감치 털어놓지 않을 수 없었다. 검사들은 그녀가 두 이야기를 숨겼다는 것이 떳떳치 못하다는 근거라며 윽박질렀다. 이후로는 무슨 말을 해도 못 믿겠다며 같은 내용을 몇 번이고 말을 바꿔가며 심문했다.

가장 그녀를 괴롭힌 것은 수많은 필적들이었다. 검사들은 유서와 김기설의 필적들, 강기훈의 필적들을 수십 번이나 교차로 들이대며 물었다.

"이 글씨와 이 글씨가 같아, 달라?"

"잘 모르겠어요. 한 사람 글씨가 아닌가요?"

"그럼 이것과 이것은?"

검사 신상규는 필적의 주인을 밝히지 않은 채 계속해서 글씨들을 비교해보게 하고, 막연히 추측해 대답을 하면 틀렸다고 윽박질

113

렀다. 또는 맞다고 한 대답을 토대로 삼단논법을 동원해 유서 글씨와 강기훈의 글씨가 같다는 결론을 이끌어내려 들었다. 김기설의 글씨는 오로지 주민등록증 분실신고서와 조카에게 준 책자 글씨, 친구 안혜정에게 보낸 편지뿐이며 유서를 비롯한 나머지 모든 글씨는 강기훈의 것이라는 결론을 홍성은의 입으로부터 끌어내기 위함이었다.

계속 잘 모르겠다고 솔직한 마음을 피력하던 홍성은이 무너진 것은 연행 사흘째인 5월 17일 새벽이었다. 첫 번째 수사까지 합치면 거의 5일째 잠을 못 잔 데다 첫 번째 조사 때 숨겼던 전민련 수첩 문제와 이영미의 존재에 대한 진술이 거짓임이 드러나면서 극도의 심리적 수세에 몰려있을 때였다. 게다가 수십 개의 필적자료들을 감정하도록 강요받아 한글 글자만 봐도 어지러운 상태였다.

여기에 혁노맹 문건이라 이름 붙은 운동권 문건이 등장하면서 강기훈에 대한 믿음이 일시에 무너지고 말았다. 검사 신상규는 손으로 써서 복사한 이 문건을 내놓으면서 말했다.

"이게 바로 강기훈의 글씨야. 네가 봐도 유서와 똑같지?"

홍성은의 눈에도 혁노맹 문건의 글씨는 유서와 아주 흡사해 보였다. 홍성은은 혼란에 빠지고 말았다.

"네. 그런 것 같아요. 기훈 형 글씨와 유서가 똑같네요."

혁노맹은 '혁명적 노동자계급 투쟁동맹'의 약자로, 진보운동권의 소수강경파 중 하나였다. 북한의 일인 독재와 민족주의에 비판적인 이들은 북한식이 아닌 소련식 사회주의를 지향했다. 무장봉기를 통해 남한의 자본주의 정권을 뒤엎고 소련식 사회주의 국가를 건설해야 한다고 보았다. 그러나 유월항쟁 이후 남한의 민주화가 급속히 진행되고 소련을 비롯한 동구 사회주의 국가들이 몰락하면서 조직체를 완성하지도 못한 채 2년 전에 스스로 해산하고 말았다.

강기훈이 혁노맹과 관계를 맺게 된 것은 그 전신인 '선봉그룹'이라는 조직의 일원이었기 때문이었다. 초기에는 러시아혁명을 지향해 '혁명의 불꽃'이라는 기관지를 발행하던 선봉그룹의 주류는 북한뿐 아니라 소련 역시 잘못된 체제였음을 인정하고 무장투쟁이 아닌 합법적 선거를 통한 개혁을 택했다. 이를 합법주의 내지 개량주의라고 반발한 일부 강경파들이 분리를 선언하고 탈퇴해 만들려다 실패한 것이 혁노맹이었다.

강기훈은 선봉그룹의 주류 편으로, 합법적 선거와 공개적인 대중운동을 선택한 한 명이었다. 선봉그룹의 일원이던 1988년에서 1989년 사이에 한동안 레닌주의에 동조한 것은 사실이지만 스탈린주의의 오류를 알고 난 후에는 사회민주주의 성향으로 바뀌어있었다. 선봉그룹의 주류를 비판하며 독자노선을 택한 혁노맹 쪽에서는 강기훈을 가입시키기 위해 몇 차례 그를 찾아와 설득하며 자신들의 이론을 밝힌 문건들을 건넸으나 강기훈은 끝내 동조하지 않았다. 그들로부터 받은 문건은 책상서랍에 처박아두고 잊어버렸다.

출두요구를 거부하고 있던 강기훈의 집을 수색하던 검찰이 발견한 것이 이 혁노맹 문건이었다. 타자기나 워드프로세서가 일상적이던 시절인데도 직접 손으로 쓸 정도로 조직력이 약했음을 보여주는 이 문건의 글씨체는 유서와 흡사했는데 '수신 김정훈, 발신 김명훈'이라는 메모가 써있었다. 검찰은 강기훈의 책상에서 나왔으니 당연히 그의 글씨인 줄 알고 홍성은에게 들이민 것이었다.

홍성은이 보기에도 이 문건의 글씨가 지금까지 제시받았던 다른 어떤 글씨보다 유서와 흡사했다. 홍성은은 혹시 정말로 강기훈이 유서를 대신 쓴 것이 아닐까 의심하게 되었다. 강기훈이 쓴 것이 아니라 혁노맹 조직원의 글씨인 줄도 모르고 검찰과 홍성은 모두 강기훈의 글씨라는 전제 아래 새로운 국면을 열게 된 것이다.

홍성은의 착각을 불러온 것은 이 문건뿐이 아니었다. 홍성은은 13일 첫 조사 때 김기설의 글씨를 제출하라는 검찰의 요구에 몇 달 전 김기설로부터 받은 한 장짜리 낙서종이를 제출했다. 술에 취해서 쓴 짧은 수필로, 현학적인 미사여구를 동원하기는 했지만 사고의 깊이도 없고 내용도 일관되지 않는 무의미한 글이었다. 낙서를 좋아하는 김기설이 써놓은 것을 홍성은에게 잘 썼으니 읽어보라고 건네주었는데 무심히 서랍에 넣어둔 채 잊어버렸던 쪽지였다.

검찰은 15일의 두 번째 필적감정 때 흘림체로 쓴 이 낙서장도 의뢰했고, 정자체 외에는 모두 강기훈이 쓴 것으로 판정하고 있던 김형영은 이 낙서장 역시 강기훈의 글씨라는 회신을 보내왔다. 검찰을 고무시킨 두 번째 감정이었다. 검사 신상규는 이 감정서를 보여주며 말했다.

"봐라. 네가 김기설에게 받은 낙서는 기설이 글씨가 아니라 강기훈의 글씨야. 이 감정서를 꼼꼼히 읽어보란 말야. 국립과학수사연구소에서 다 밝혀냈잖아. 넌 강기훈과 전민련 놈들에게 속고 있는 거야."

잠을 못 자 뇌가 거의 마비되어있던 홍성은은 정신적 공황상태에 빠지고 말았다. 김기설이 자기 글도 아닌 것을 자기가 썼다면서 건네왔다는 것, 가장 믿어온 선배인 강기훈이 자기를 속이고 있다는 의심에 사로잡혔다. 그녀는 검찰이 바라는 대로 답변하기 시작했고 수사 속도는 빨라졌다.

홍성은은 김기설이 분신 전날 준 전민련 수첩 외에 자신의 전민련 수첩을 따로 가지고 있었다. 이 수첩 역시 몇 달 전에 김기설로부터 새 걸로 받은 것이었다. 김기설은 수첩을 건넬 때 자신의 전화번호와 이름을 써주었다. 그 글씨는 유서와 똑같은 필체로 써있었다. 졸음과 의심과 배신감으로 혼미한 상태에 빠진 홍성은은 이때쯤에는 유서를 강기훈이 썼다고 믿고 있었다. 신상규는 몰아세웠다.

"봐라! 네 전민련 수첩에 써있는 글씨와 유서의 글씨가 똑같지? 유서는 강기훈이 쓴 거야. 그럼 너의 수첩에 쓴 이 글씨도 강기훈 것 맞지? 안 그래?"

"그건 기설 씨에게 받은 수첩 맞는데요? 기설 씨가 몇 달 전에 자기 이름을 써준 기억이 나요."

"잘 생각해보고 말해! 네가 착각하고 있는 거야. 이 글씨는 분명히 강기훈이 써준 거야. 언제 써줬는지 기억해봐! 강기훈이가 네 전민련 수첩을 만진 적 있지? 언제야?"

"5월 10일 신촌 봉쥬르 카페에서 만났을 때 기훈 형이 이 수첩을 봤어요."

"바로 그때 강기훈이 자기가 유서를 썼다는 걸 숨기려고 네 수첩에 자기 글씨로 이름을 써놓은 거야. 이제 기억이 나나? 솔직히 인정해!"

거의 기절할 듯 탈진한 상태에서 홍성은은 쉴 새 없이 거듭되는 같은 질문에 혼란에 빠지고 말았다. 김기설이 써준 것이 분명한 서명조차도 강기훈이 나중에 써준 것이 아닐까 하는 착각이 들었다.

"그럴지도 모르겠어요."

"모르긴 뭘 몰라? 거짓말 말고 실토해! 강기훈이 써준 거 맞지?"

신상규의 강압에 홍성은은 대답하고 말았다.

"그런 것 같아요. 잘 기억나지 않지만."

신상규는 얼른 이 말을 받아 '5월 10일 강기훈 씨가 써주었습니다.'라고 진술조서에 썼다. 그리고 다시 몰아세웠다.

"김기설이가 이미 죽은 마당에 너의 수첩에 김기설의 이름과 전화번호를 적어준 걸 보고 이상하게 생각하지 않았어? 무척 기분이 나빴을 것 같은데?"

　거의 정신착란 상태에 빠진 홍성은은 신상규가 만들어낸, 있지
도 않았던 환각에 스스로 적응해나갔다.

　"잘 기억나지는 않지만 카페에 있을 때 기분이 좋지는 않았어
요."

　신상규는 이 대답을 자기 마음대로 풀어 썼다.

　'강기훈은 평소 제가 좋아하는 선배인데 무슨 뜻으로 그렇게 하
는지 별 의심스러운 생각은 없고 단지 불쾌한 생각이 들었는데 그
이유를 군이 묻지는 아니하였습니다.'

　일단 홍성은을 꺾은 신상규는 보다 세부적인 질문으로 들어갔
다.

　"김기설의 유서가 바로 강기훈이 글씨였기 때문에 나중에 조사
를 받게 될 경우 마치 김기설이가 생전에 너의 수첩에 이름과 전화
번호를 써 놓은 것처럼 가장하려는 거라고 생각했지?"

　"기훈 형 속마음을 제가 모르지요."

　이 말을 받아, 신상규는 해석까지 달아 써놓았다.

　'그 당시 저는 김기설의 유서가 그의 자필이 아니라는 사실을 알
지 못했었고 그래서 저의 수첩 위에 이미 죽은 김기설의 이름과 전

화번호를 써주는 강기훈의 속뜻을 알 수가 없었으나 이제 그런 생각이 듭니다.'

신상규는 유서와 사회국 업무일지, 강기훈의 필적을 보여준 후 다시 물었다.

"이 필적이 모두 강기훈의 필적 맞지?"

"예, 모두 같은 글씨 맞아 보이네요."

"네 수첩에 쓰인 필적하고도 똑같지?"

"네."

세 사람의 글씨체인 사회국 업무일지를 포함해 다섯 사람의 글씨 모두가 강기훈의 것이라는 말이었다. 신상규는 또한 김기설의 가족이 김기설의 필적이라고 제시한 정자체 글씨들을 내보이며 같은 사람 글씨로 보이느냐고 물었다.

"달라 보이네요."

"이 필적들이야말로 김기설의 것이고 강기훈과는 확실히 다르지?"

"네."

"그런데 왜 너 지난 첫 조사 때 네 수첩에 쓰인 김기설 이름을 본인이 써줬다고 진술한 거야? 왜 거짓말을 했어?"

"그때는 그렇게 생각했어요."

"강기훈이나 이영미를 보호하려고 그런 거지? 감춰도 소용없으니 다 털어놔."

"네."

자포자기한 홍성은의 입에서 나오는 대답은 신상규에 의해 짜깁기 되어 긴 문장으로 바뀌었다.

'제가 기훈이 형 글씨라고 말하였다가는 기훈이 형을 위태롭게 할까 걱정이 되고 기훈이 형이나 그 애인인 저의 친구 영미와의 정을 생각하여 말할 수가 없었습니다. 그러나 이제 다른 자료들을 보니 유서의 필적이 기훈이 형이 쓴 것이 틀림없고 더 이상 제가 감추어도 소용이 없겠기에 사실대로 제 수첩에 김기설이라는 이름과 전화번호를 쓴 사람이 강기훈이라는 것을 말하는 것입니다.'

신상규는 심리적인 묘사까지 들어간 진술조서를 만들어 보여준 다음 그것을 토대로 홍성은 스스로 자필진술서를 쓰도록 했다. 강기훈이 유서를 대필했다는 의심에 사로잡힌 데다 이미 자기 입으로 말한 것들을 뒤집을 경우 수사가 끝나지 않으리라는 두려움에 질린 홍성은은 자필진술서에도 그대로 썼다.

'그 후 내 전민련 수첩에 김기설, 전민련 사무실 전화번호, 사무실 팩스번호를 형이 적어주었다. 형이 적는 것을 보고 매우 이상하게 생각했고 나를 위로해주는 사람이 죽은 사람 이름을 적는 것을 불쾌하게 여겼다. 그 자리에서 왜 적었는지는 물어보지 않았다. 그것을 기설 씨가 적었다고 생각한 것은 전에 어떤 것을 나에게 적어주었는데 그것과 착각한 것 같다.'

홍성은은 자신이 이렇게 생각하게 된 이유에 대한 심리묘사까지 했다. 절반은 강요로, 절반은 진심이었다.

'맨 처음 조사 받을 때 제출한 쪽지가 기설 씨가 쓴 것으로 알고 있었는데 다른 사람이 썼고, 그것이 유서를 쓴 사람과 같다는 말을 들었을 때 당황했다. 쪽지를 기설 씨가 안 썼다면 누가 썼을까 하고 추적했을 때 설마 현우 형이라고는 생각하지 못했다. 기설 씨를 소개해준 사람이고 영미와의 관계를 생각하면 도저히 상상할 수 없기 때문이다. 왜 수첩에 적은 글자들이 중요한가를 알게 되었다. 형이라고 말하지 못한 까닭은 내 말 한마디가 형을 위태롭게 할 수 있으며 형과의 정, 영미를 생각할 때는 함부로 말할 수 없는 입장이기 때문이다. 형이 유서를 써준 이유를 정말 모르겠다. 영미가 이것을 알면 어떤 행동을 취하게 될까, 걱정이 된다.'

신상규는 여기까지 받아내고서야 그녀를 검사실 긴 의자에서 잘 수 있도록 허락하며 덧붙였다.
"네가 모든 진실을 이야기했으니 운동권에서 널 해치려 들 거다.

하지만 우리가 보호해줄 테니 아무 걱정 말고 안심하고 쉬어라. 수고했다."

홍성은은 사람들이 드나드는 사무실 한편 긴 의자에 웅크려 누운 채 불길한 잠에 빠져들었다.

홍성은의 진술서를 보고 받은 검찰 수뇌부는 홍성은이 석방되면 반드시 이 진술을 강요에 의한 거짓진술이라고 주장하리라 보고 법원에 증거보전신청을 하도록 지시했다. 정식 재판이 열리기 전에 미리 판사가 증인을 심문함으로서 재판에 준하는 법적 효력을 갖게 하는 제도였다.

두려움과 갈등 속에 하루 종일 기다린 홍성은은 저녁 7시가 되어서야 검사 송명석에게 이끌려 서울형사지방법원 315호 심문실로 이송되었다. 판사 이현승은 이날 새벽에 진술한 내용을 그대로 되물으며 본인의 의지대로 진술한 것인가를 확인했다. 오로지 어서 끝내고 집에 돌아가고 싶었던 홍성은은 여기서 부인하면 다시 검사실에 끌려간다는 두려움에 질려있었다. 증거보전신청 자체가 재판이라는 사실을 모르는 채, 흔히 들었던 대로 진실은 나중에 법정에서 밝히면 된다는 생각도 했다. 판사 이현승이 묻는 질문에도 검사들에게 했던 것과 똑같이 대답했다.

홍성은은 한밤이 되어서야 풀려났다. 검찰은 약속대로 그녀를 집에 데려다주고 집 앞에 형사와 정복경관을 배치해 일체 외부와의 접촉을 차단시켰다.

홍성은의 아버지는 보수적인 인물이었다. 딸이 이런 일에 연관되어 수사를 받고 신문에 오르내리는 것을 용납하지 못했다. 그녀가 집에 있으면 운동권이 찾아와 만나려 하리라는 우려도 있었다. 홍성은은 성남시 수정동에 있는 이모 집으로 보내졌다. 검찰은 그곳에도 경관들을 배치해 사실상 감금해버렸다. 그리고 언론에 그녀의 진술을 공개했다.

언론은 홍성은의 진술 내용을 대대적으로 보도했다. 김기설의 '애인'이 한 말이라는 단서는 높은 신뢰성을 보장했다. 객관적 보도로 신뢰받던 진보계열 언론인 한겨레신문까지도 '김기설 씨 유서대필 판명'이라는 제목을 달아 보도했다. 처음부터 운동권의 배후조종설을 보도해온 조선일보, 국민일보, 서울신문, 세계일보 같은 보수계열 신문들은 더욱 자극적인 제목을 뽑았다.

'강 씨 홍 양 수첩에도 가필'
'김 씨 수첩 변조됐다.'
'김 씨 수첩은 강 씨가 써줬다. 홍 양 검찰서 진술'
'강 씨 필적 은폐 추가 확인, 필적 추궁에 제시 부탁 – 홍 양 진술'

가톨릭 사제 박홍과 김기설의 가족에 이어 애인까지 유서가 본인 글씨가 아니라고 주장했다는 보도가 모든 텔레비전과 신문의 머리기사가 되면서, 반정부 시위는 급속히 위축되기 시작했다. 전민련과 산하 단체들은 잇달아 반박 성명서를 내고 반증을 위해 애썼지만 그 자체가 수세적인 행동으로, 이전의 공격적인 반정부 분위기와는 달랐다.

김기설의 장례에 이어 강경대의 장례식이 끝난 것도 분위기를 가라앉혔다. 5월 18일 강경대 장례식을 마친 대책회의는 연세대에서 철수해 명동성당에서 농성을 시작했고, 강기훈은 검찰의 출두요구를 거부하며 이에 합류했다.

全民聯 총무부장 수사

姜基勳씨

검찰, "필적동일" 용의자 지목

金基高씨 代筆 관련

"결정적 단서도 확보"

"검찰 발표는 왜곡된 것
필적 감정에 응하겠다"

8
수첩

일단 홍성은의 진술은 확보했으나, 정황증거나 증언만으로는 승소하기 어렵다고 본 검찰은 구체적인 증거 확보에 나섰다. 홍성은이 분신 전날 김기설에게 받았던 전민련 수첩이 첫 목표가 되었다. 홍성은이 첫 조사 때 이 수첩의 존재를 숨겼다가 두 번째 조사에서 실토했다는 사실이 모종의 비밀을 감추고 있다는 근거가 되어주었다.

분신 당일 홍성은이 대책회의 쪽에 건넨 이 수첩은 서류봉투에 담겨 대책회의 사무실의 사물함에 보관되어있었다. 강경대의 장례식이 끝나고 대책회의가 명동성당에서 농성에 들어간 5월 18일, 이 수첩은 연세대에 있었던 대책회의 관련 서류에 끼어 종로5가 전민

련 사무실로 옮겨졌다. 검찰이 수첩을 찾기 시작한 것도 이날이었
다.

다음 날인 5월 19일 오전, 검찰로부터 김기설의 전민련 수첩을
제출해달라는 요청을 받은 전민련 조직부장 김현수는 수첩의 존재
자체도 모르고 있었다. 사무실의 다른 근무자들도 마찬가지였다.
수첩이 담긴 서류봉투는 내용물이 기재되지 않은 채 이보은의 이
름만 써서 봉인이 되어있었기 때문이었다.

김기설의 수첩만 발견되면 유서가 본인 글씨임을 증명할 수 있으
리라 판단한 김현수는 명동성당 농성자들과 몇 번이나 통화를 한
끝에 오후 2시가 되어서야 이보은과 연락이 되어 수첩을 찾아낼 수
있었다. 그는 수첩을 명동성당으로 가져가 여러 사람들과 함께 김
기설 본인의 것임을 확인한 후 다음 날인 5월 20일 오전, 검찰에 제
출했다.

검찰은 입수된 수첩을 23일 자로 국과수에 보내 필적감정을 의
뢰했다. 김기설의 수첩이니 당연히 유서와는 다른 글씨라는 감정이
나오기를 기대하고 보낸 것이었다.

엉뚱한 결과를 낸 것은 다름 아닌 김형영이었다. 계속해서 이 사
건의 필적감정을 전담하고 있던 김형영은 25일 자로 수첩의 글씨와
김기설의 유서가 동일 필체라고 회신해온 것이다. 전민련으로서는
너무나 당연한 결과였으나, 예견하지 못했던 답변을 받은 검찰은
일시 혼란에 빠졌다.

김기설의 수첩과 유서가 같은 사람의 글씨라는 감정 결과는 곧바로 언론에 흘러들어 갔다. 며칠 전만 해도 유서가 대필된 게 확실하다고 보도했던 언론들도 혼선에 빠졌다. 동아일보부터 일면을 새로운 제목으로 장식했다.

'김기설 씨 유서, 자필 확실'

당혹감에 빠진 검찰은 언론의 취재요청에 자신들의 주장을 후퇴하는 듯한 태도까지 보였고 이는 그대로 보도되었다. 명동성당 농성자들과 강기훈은 당연한 결과라며 안도했다.

검찰의 이 혼란을 벗겨준 곳은 이번에도 국과수였다. 국과수 감정원 중 한 명인 양후열이 수첩이 위조되었을 가능성을 필적검사 담당으로 국과수에 드나들던 검사 윤석만에게 제보한 것이다.

양후열은 윤석만에게 수첩을 보여주며 김기설이 홍성은에게 찢어주었다는 전화번호부 낱장 3장의 절취면이 김기설 수첩 본체의 절취면과 맞지 않다고 말했다. 또한 찢어진 낱장의 마지막 장 다음 면 수첩에는 글씨를 눌러쓴 필압의 흔적이 있어야 하는데 안 보인다고 했다. 실제로 수첩의 절단면은 들쑥날쑥한 요철형태인데 낱장의 절단면은 거의 굴곡이 없는 부드러운 곡선이었다.

윤석만으로부터 보고를 받은 검찰은 다시 희망에 들떴다. 검찰 수뇌부는 즉각 수첩이 전민련에 의해 위조되었음을 입증하라고 지시했다.

하지만 절단된 세 장은 여러 사람의 손을 거치는 사이 절단면이 마모될 수 있었다. 전민련 누군가가, 혹은 검찰이나 국과수의 누군가가 복사를 하기 위해서 혹은 고의로 굴곡 부분을 떼어낼 수도 있었다. 양후열이 갑자기, 개인적으로 검사에게 이를 제보한 과정 자체가 모종의 기획된 음모라는 의심을 받을 소지가 다분했다. 설사 절단면이 다르더라도 수첩의 내용과 찢어져 나온 세 장의 글씨체는 똑같았기 때문에 이것만 갖고 수첩이 위조되었다고 단정해서도 안 되었다.

수사검사들은 이러한 의문을 잠재우려면 수첩을 받은 당사자인 홍성은으로부터 이 수첩은 가짜라는 추가 진술을 얻어내는 게 필요하다고 보았다. 여기에는 피의자를 고의적으로 기만하는 고도의 수사기법이 동원되었다.

검사 송명석은 5월 26일 성남 이모 집에 은거하고 있던 홍성은을 찾아가 수첩에 대해 집중적으로 캐물었다. 그는 김기설의 전민련 수첩을 숨긴 채 먼저 그 내용과 필기구에 대해 꼬치꼬치 캐물었다.

홍성은은 영문을 모르는 채 기억을 살리려 애썼다. 수첩을 받은 날 밤, 불안과 슬픔 속에 잠깐 열어보았을 뿐, 다음 날 점심때 대책회의에 갖다 준 게 기억의 전부인 그녀는 수첩의 글씨가 검은색 볼펜 혹은 검은색 수성펜으로 쓰였을 거라고 짐작했다.

"수첩 중에서 가든호텔이라는 글씨는 무엇으로 쓰여있었지?"

"잘 기억나지 않는데 아마 검은색 수성펜인 것 같아요."

"일정표 부분의 기재 중 연필로 기재된 부분은 없었나?"

"연필이나 샤프로 기재된 부분은 없던 것 같아요."

홍성은은 대답을 잘못하면 또 다시 검찰청에 끌려가거나 구속될 지도 모른다는 두려움 때문에 정확히 답변하려 애썼지만 떠오르는 것이라곤 흰 종이와 검은 글씨뿐이었다.

"눈에 띄는 다른 색 사인펜이나 형광펜 같은 것으로 기재된 부분은 없었던가?"

"잘 기억나지 않지만 그런 것으로 쓴 부분은 없던 것 같아요."

검사 송명석은 계속해서 필기구의 종류에 대해 물었지만 홍성은은 거듭 검은색 수성펜이나 볼펜 글씨만 보았다고 진술했다. 송명석은 이 진술들을 존댓말을 주고받은 것으로 윤색해 기록한 후에야 숨기고 있던 전민련 수첩을 내밀었다. 수첩을 펼쳐본 홍성은은 깜짝 놀라 소리쳤다.

"제 기억이 전혀 틀리네요. 기억이 전부 틀렸어요!"

수첩은 검은색 외에도 연필, 청색 필기구, 녹색 하이테크펜, 분홍색 형광펜 등 여러 가지 필기구가 혼재되어 사용되어있었다. 홍성은은 놀랄 수밖에 없었다. 자신이 거짓말을 한 게 아니라면, 수첩이 위조된 것이라는 의미가 되기 때문이었다.

송명석은 그녀가 기억하는, 수배 중인 전민련 공동의장 한상렬의 전화번호 부분을 찢어내는 장면이 잘못되었음도 지적했다. 전민련이 제출한 낱장 세 장에는 찢어진 흔적도 없거니와 한상렬의 전화번호도 적혀있지 않았다. 국과수 양후열은 찢어진 부분이 네 장이며 한 장은 돌아오지 않았다는 것도 제보했지만 송명석은 이를 홍성은에게는 말하지 않았다. 홍성은은 또 다시 수첩도 위조가 되었을지도 모른다는 의혹과 자기가 잘 기억도 안 나는 일을 섣불리 잘못 말했다는 자책감으로 심적 고통에 휩싸였다.

"강기훈이가 본래의 수첩을 그대로 베껴서 위조한 게 틀림없어. 유서를 대필했다는 걸 숨기려고 이런 짓까지 하다니! 정말 악마 같은 놈이야! 이렇게 되면 또 너한테 위협이 가해질 건데, 우리가 철저히 보호하고 있으니까 아무 걱정 말아."

이 무렵 강기훈의 어머니 권태평과 애인 이영미가 홍성은의 집을 찾아간 적이 있었다. 왜 진술을 이상하게 해서 강기훈을 유서대필범으로 몰았느냐고 따지기 위함이었다. 홍성은이 성남 이모 집에 있어 만나지 못한 채 돌아갔지만 홍성은의 부모는 운동권이 자기 집을 공격하지나 않을까, 잔뜩 긴장되어있었다.

'그런데 내 기억대로 수첩이 흑백으로 되었다면, 그걸 베낄 때도 원래대로 검은 색으로 쓰면 되지 번거롭게 뭐 하러 다섯 가지나 되는 펜들을 썼을까?'

김기설은 가방에 늘 여러 가지 펜들을 잔뜩 넣고 다니며 때에 따라 다른 펜을 썼던 기억도 났다. 여러 색깔로 된 이 수첩이야말로 김기설의 것임이 확실하다는 생각이 들었다. 그러나 말을 바꿀 때의 고통을 겪어본 홍성은은 떠오르는 질문들을 삼킨 채 진술서에 날인하고 말았다.

홍성은의 진술을 수첩이 위조되었다는 주장으로 간주한 검찰은 다음 날인 5월 17일 국과수에 전민련 수첩의 위조 여부를 정식으로 감정의뢰했다. 수첩의 본체와 떨어진 세 장의 절단면이 맞는가를 먼저 검사하게 한 후, 이미 홍성은이 김기설로부터 받았던 낙서장, 강기훈의 자술서와 화학노트 등 네 종류의 글씨와 전민련 수첩의 글씨가 같은가를 재감정해달라는 내용이었다.

이번에도 감정을 맡은 김형영은 우선 전민련 수첩의 절단면과 낱장의 절단면은 다르다고 판정했다. 수첩이 위조되었다는 의미나 마찬가지였다. 또한 전민련 수첩의 글씨와 유서, 낙서, 화학노트, 자술서 등의 글씨는 모두 동일인이 쓴 것이라고 판정했다. 이로서 전민련 수첩도 강기훈이 위조했다는 결론이 내려졌다.

이 감정 역시 의뢰한 지 불과 이틀 만에 나온 것으로, 김형영은 사실상 전민련 수첩의 절단면에 대한 것 외에는 새롭게 감정한 게 없었다. 이미 강기훈의 것임이 명백한 자술서와 화학노트를 유서와 동일체라고 판정했고, 수첩의 글씨와 유서의 글씨도 같다고 판정했으므로 의뢰된 모든 글씨가 삼단논법으로 엮여 한 사람의 글씨가 되어야 했기 때문이었다.

잠시 꺼진 듯 했던 대필 의혹은 다시 불이 붙었다. 언론은 이를 집중보도했고, 동아일보의 기사 제목도 재빨리 바뀌었다.

'김 씨 수첩도 강 씨 필적'

대책회의는 국과수의 필적감정 능력을 비판하고 나섰지만 수첩의 절취선이 왜 마모가 되었는지, 찢어진 장수가 3장인지 4장인지, 한상렬의 연락처가 적힌 부분이 왜 없어졌는가에 대해서는 납득할 만한 답을 내놓지 못했다. 마모의 이유는 대책회의도 알지 못했지만, 한상렬 부분은 대책회의에서 뜯어내 없애버린 게 사실이었기 때문에 또 다른 도덕공방에 휩싸이지 않으려 함이었다.

한국기독교교회협의회 산하 인권위원회의는 이 사건을 독자적으로 조사하기 위해 진상조사위원회를 만들었다. 조사위에서도 수첩의 찢어진 부분이 4장인데 왜 전민련이 3장밖에 제출하지 않았는가 의아해하며 전민련에 이에 대해 질의서까지 보냈다.

전민련은 5월 9일 이후 한상렬과 김기설이 만나기로 한 약속이 적혀있는 등 수첩의 내용이 김기설이 아니면 쓸 수 없는 것이며, 만일 위조를 하려 한다면 검찰이 주장하는 본래 모양대로 흑색으로만 쉽게 쓰면 될 것을 왜 여러 개 색깔로 만들었겠는가 하는 식의 진위 여부에 대해서만 답변했다.

조사위는 사라진 한 장이 한상렬의 연락처가 적혀 일부 도려낸 낱장일 가능성을 의심했으나 본질적인 문제가 아니라 판단하고 넘어갔다.

대책회의는 진정한 문제는 유서의 진위 여부가 아니라고 보았다. 유서는 명백히 김기설이 쓴 것으로 그 이상의 어떤 내막도 존재하지 않으며, 진짜 문제는 이런 이야기들이 언론을 차지함으로서 대정부투쟁의 열기가 냉각되는 것이라고 보았다.

김기설이 죽은 이후에도 분신이 잇따르고 있었다. 분신은 누구의 배후조종도 아닌 스스로의 결단이라는 글을 남기고 고등학생이 분신하는 사건까지 벌어졌다. 강경대 이후 두 달간 13명이나 사망하고 있었다. 그런데 방송과 신문 지면은 온통 수첩 절취선의 요철 부분이 맞는지 틀리는지, 왜 한 장이 부족한가와 같은 문제로 채워졌다. 13명의 죽음과 함께 애초에 제기되었던 노태우 정권의 수서 비리, 강경대 치사사건 같은 것들은 뒤로 사라져버리고, 운동권이 정말로 젊은이들에게 분신을 지시하고 있는가로 화제가 바뀐 것이다.

명동성당에 와있던 기자들은 대체로 신참들로, 여러 정황만으로도 강기훈의 무죄를 믿는 편이었다. 그러나 기사의 제목과 내용은 검찰에 파견되어있던 고참들에 의해 좌우되고 있었다. 대책회의 측의 주장이나 활동은 구체적인 설명이 달리지 않은 단신으로 간간이 올라가는 정도였다.

대책회의의 우려대로, 5월 19일까지만 해도 전국 80개 도시에서 수십만 명이 노태우 퇴진과 강기훈에 대한 유서대필 누명의 철회를 요구하며 시위를 벌였지만, 분위기는 점차 식어 명동성당에 고립된 전민련과 강기훈만이 진실규명을 외치는 형국이 되어갔다.

9
명동성당

명동성당 농성자들은 수백 명 경찰의 포위 속에 고립되어있었다. 검찰이 5월 26일 자로 강기훈에 대해 자살방조혐의로 사전구속영장을 발부 받아 공식적인 체포 작전에 나서면서 경계는 더 삼엄해졌다.

강기훈은 영장이 발부된 다음 날인 5월 27일 오전, 명동성당 문화관 앞에 모인 기자들에게 김기설의 유서와 같은 내용을 그 자리에서 써서 보여주며 검찰의 조작을 반박할 가치도 없는 주장이라고 비판했다.

즉석에서 쓴 그의 글씨는 'ㅎ'자의 꼭지를 좌에서 우로 내리꽂는 반면 유서는 우에서 좌로 내리꽂는 등 서로 다른 습관이 더 많았다. 김형영처럼 일부 받침 몇 개를 뽑아 비교하자면 비슷한 부분도 있었지만 전체적으로 보면 확연히 다른 사람의 글씨체임을 알 수 있었다. 하지만 검찰은 이를 조작극이라 묵살했고 언론도 대수롭지 않게 처리해버렸다.

국민들도 피곤해하고 있었다. 6월 3일에는 외국어대를 방문하려던 대학총장 출신 국무총리 정원식이 학생들에게 계란과 밀가루 세례를 받는 사건이 일어났다. 5월 25일 성균관대 여학생 김귀정이 시위 도중 사망한 데 대한 항의였다. 화염병과 돌멩이가 날아다니던 폭력시위에 비해 평화적인 행동이었으나 늙은 총리가 밀가루와 계란을 뒤집어쓴 모습이 대대적으로 보도되면서 학생운동이 도를 넘었다는 비난이 쏟아졌다. 보수언론들은 학생운동권을 패륜아라고 매도했다.

검찰은 유서대필 유혹과 함께 터진 이 사건으로 운동권에 대한 여론이 악화된 기회를 놓치지 않았다. 검찰은 그동안의 시위를 주도한 대책회의 지도부 20여 명을 포함해 민주노총 간부 등 88명에게 검거령을 내렸고 법원은 사전구속영장을 발부했다.

불리한 상황 속에서도 대책회의는 김기설이 주위에 남긴 필적을 모아나갔다. 유서의 글씨와 비교하기 위함이었다. 전민련 인권위원장 서준식이 책임자였다. 사방에서 김기설의 필체가 모여들었다. '성남터사랑청년회' 창립대회에 손님으로 참석해 방명록에 남긴 글씨, 대유공전 학보에 기고한 원고의 원문, 숭의여전 학생들에게 써준 메모, 어음문제로 한원석에게 써준 각서 등 20종에 이르는 글씨들이 수집되었고 검찰에 제출되었다.

검찰은 그러나 전민련이 제출한 모든 자료들을 조작된 것으로 간주했다. 이미 전민련 수첩을 조작한 것이 드러났으므로 운동권이 제출하는 어떤 자료도 믿을 수 없다고 보았다. 모두가 강기훈과 짜고 써 온 글씨라는 것이었다.

검찰은 모든 전민련 쪽 자료가 강기훈의 글씨라는 전제 아래, 김기설의 글씨라며 제출해 온 이들이 거짓말을 하고 있다는 데만 수사의 초점을 두었다. 가장 애용된 방법은 홍성은에게 했던 것처럼 원본을 보여주지 않고 어떤 필기구로 어떤 종이에 썼는가를 물어본 후 실물을 들이대며 거짓말이라고 몰아세우는 수법이었다.

성남터사랑청년회 방명록의 경우, 방명록 형태가 앨범식이었는가 노트식이었는가, 필기구는 무엇이었나로 심문을 했다. 몇 년 전 행사에 가서 방명록에 서명을 하면서 무엇으로 썼고 방명록이 무슨 모양이었는지 정확히 기억하는 사람은 없었다. 검찰은 서로 말이 다르다는 이유로 모두가 거짓말을 한다며 방명록은 조작된 가짜라고 주장했다. 김기설의 메모를 받았던 숭의여전 여학생 4명을 연행해 밤샘조사를 한 결과도 마찬가지였다. 서로 조금씩 기억이 다른 것을 이유로 조작된 가짜라고 판정했다.

검찰에 어떤 자료를 제출해도 위조되었다고 나올 뿐 아니라 관련자들을 무차별 연행해 혹독한 수사를 가하자 전민련은 자료제출

자체를 거부하고 나섰다. 그러자 검찰은 전민련과 강기훈이 숨기는 게 있으니까 자료제출을 거부한다고 역선전했다.

뿐만 아니라 검찰은 자체적으로 조사해 수집한 김기설의 필적 중에서도 유서와 같은 글씨체는 가치가 없다며 배제하고 있었다. 이는 명백한 직무유기였다.

검찰은 유서의 필체가 문제시 되던 사건 초기인 1991년 5월 13일, 김기설의 글씨체를 찾아 그가 근무했던 육군 포병여단을 방문했다. 김기설은 30여 개월을 사병으로 복무했는데 포병 주특기를 받았다가 군종병을 거쳐 제대하기 전 1년은 의무실에서 근무했기 때문에 글씨체가 남아있으리라 본 것이다.

서울지검 남기춘 등 검사 2명이 포함된 일행은 김기설이 근무한 군종실에서 '제101대대 종파별 신자현황'을 입수하는 한편, 의무실에도 찾아갔다. 김기설은 다른 위생병 4, 5명과 함께 근무했는데 선임하사였던 서기선이 아직 그곳에 근무 중이라 김기설을 잘 기억하고 있었다.

서기선은 김기설을 글쓰기를 좋아해서 제대하는 고참들의 추억록을 단골로 써준 다정다감한 병사로 기억하고 있었다. 김기설은 위생병 주특기가 아니었지만 자대 배치 후 위생병 교육을 실시해 의무대 근무를 시켰는데 군 생활에 잘 적응이 된 상태로 아주 명랑하고 활달한 성격에 붙임성이 강해서 동료들과 친하게 잘 지낸다는 근무평가를 받았다. 실제로 그는 말도 조리 있게 잘하고 어떤 일이든 적극적으로 나서는 성격이었다. 서무계를 맡아 진료일지 정리와 약제관리대장 정리 같은 다양한 서류 업무를 했는데 선임하사인 자신에게 매일 결제를 받아야 하기 때문에 김기설의 글씨는 매우 익숙했다.

검사들의 요청을 받은 서기선은 김기설이 작성했던 진료일지 등은 보관기한이 2, 3년이라 바로 얼마 전에 소각했다고 보고하던 중 자신의 개인수첩에 남아있는 김기설의 글씨를 떠올렸다. 제대하던 날 서울에 오면 연락하라며 적어준 이름과 주소, 전화번호였다. 기억력이 좋았던 김기설은 자기 연락처뿐 아니라 함께 제대하는 사병 두 사람의 연락처도 외우고 있어 그 자리에서 빨리 적어주고 여단으로 가기 위해 대기하고 있던 차에 타고 떠났다.

서기선은 부대 근처에 있던 집에 달려가 수첩을 가져와서 그 부분을 찢어 검사들에게 건넸다. 이 수첩 메모지의 글자는 십여 개밖에 안 되지만 맨눈으로 보아도 유서의 글씨체와 똑같았다. 검사들이 직접 군대에 찾아가 현역으로 근무하는 선임하사에게 받아온 만큼 공신력이 인정되는 자료였다.

더구나 아직까지 유서 필적 문제가 심각하게 대두되기 전이었다. 하사 서기선은 부대로 돌아가고, 검사들은 포병대 정훈장교 이찬진과 저녁을 먹는 자리에서 이 필적과 유서를 보여주며 자유로이 의견을 묻기도 했다.

"유서하고 글씨체가 똑같습니다. 같은 사람 글씨가 맞네요."

이찬진의 대답에 검사 남기춘은 다른 사람들에게도 두 자료를 보여주었다. 여러 장교들이 같은 사람 글씨라고 답했다. 검사들도 대수롭지 않게 이를 인정했다. 그러나 이 수첩 메모는 국과수에 필적감정이 의뢰되지도 않았고, 나중에 법정에도 제출되지 않았다.

제대 직전이던 서기선은 검사들이 다녀간 얼마 후 민간인 신분이 되었다. 검사들은 서류 정리를 위해 수첩 메모에 대한 자필진술서를 받으러 그의 집까지 찾아왔지만 김기설의 유서는 보여주지도 않았다. 서기선은 무슨 말이든 명확하게 하는 성격이었다. 그는 자술서에 수첩의 글씨는 틀림없이 김기설의 것이라고 썼다. 어디서라도 유서를 보았다면 김기설의 글씨라고 증언을 했을 테지만 제대 후 가난하고 바쁜 사회생활을 시작한 서기선은 끝내 유서를 보지 못한 채 김기설 사건을 잊어버리고 말았다. 검찰이 자신의 수첩메모지를 필적검사 의뢰도 하지 않고 변호인 측에도 알리지 않았다는 사실을 서기선은 아주 나중에서야 알게 된다.

검찰은 불리한 증거를 묵살하는 것뿐 아니라, 강기훈과 주변인들을 이간시키는 데도 공을 들였다.

강기훈의 애인 이영미는 세 차례나 검찰청과 치안본부로 불려가 모욕적인 조사를 받아야 했다. 그들은 이영미와 강기훈을 갈라놓기 위해 애썼다.

"이것 봐! 강기훈이 그놈이 가지고 있는 책의 삼분의 이는 도서관에서 훔친 거더만? 아주, 질이 나쁜 놈이야."

압수된 책의 대부분은 강기훈이 교도소에서 차입 받은 것들이어서 '도서열독 허가증'이 붙어있었는데 이를 도서관에서 붙인 것으로 오해한 말이었다. 알면서도 서로 이간질을 시키려고 한 말일 수도 있었다.

이영미가 끝까지 강기훈에게 불리한 진술을 하지 않자 검사들은 그녀의 부모까지 압박했다. 감옥에는 가족이나 약혼자만이 면회가 되기 때문에 미혼인 사람이 들어가면 한 사람이 전담해 약혼자로 등록해놓고 면회와 영치물 차입을 맡았다. 강기훈이 감옥에 있을 때도 단국대 후배 여학생 하나가 영치를 담당했는데 애인도 아니었고 이후에도 아무 관계가 없는 사이였다. 검사는 이영미의 아버지에게 이를 거론하며 말했다.

"그놈이 사귀던 여자가 있었는데 감옥에서 나온 후 차버린 나쁜 놈이에요. 아주 질이 나쁜 놈입니다. 영미는 지금 그놈에게 이용만 당하고 있을 뿐입니다. 강기훈이에게 버림받은 그 여자는 지금 다른 데 시집가서 살고 있는데 그런 놈과 결혼해봤자 생활이 되지 않을 것이 뻔하니 마음을 고쳐먹은 거지 뭐겠습니까?"

연행된 임무영 등 전민련 실무자들도 강기훈이나 김기설에게 불리한 어떤 진술도 하지 않았다. 그럼에도 검찰과 보수언론은 강기훈과 운동권을 파렴치한으로 몰아가는 데 성공하고 있었다. 명동성당 농성장의 강기훈은 어느 날 찾아온 어머니 권태평에게 말했다.

"어머니, 제가 꼭 동물원의 원숭이가 된 기분이에요."

"왜? 그게 무슨 말이니?"

"글쎄 하도 언론에서 요란하게 떠들어대서인지 모르지만 명동에 직장을 가지고 있는 사람들이 점심식사 후에 산책 삼아 슬슬 여기까지 올라와서는 도대체 어떻게 생긴 인간인가 하는 눈으로 나를 구경하고 내려가곤 한다니까요?"

권태평은 숫기가 없어 남 앞에 나서는 것을 꺼리고 뒤에서 조용히 사무적인 일을 하며 책 읽고 글쓰기를 좋아하는 아들이 그런 꼴을 당하는 게 못 견디게 안쓰러웠다. 그녀는 홍성은에 의해 유서 대필자로 몰리게 된 게 답답한 마음에 물어보았다.

"왜 그 애를 기설이에게 소개해줘서 이런 꼴을 당한단 말이냐?"

좀처럼 겉으로 마음을 드러내지 않는 강기훈은 모처럼 어머니에게 속마음을 털어놓았다.

"그러게 말예요. 기설이가 하도 여자 하나 소개해달라고 조르기에 영미와 만날 때 가끔 따라 나오는 성은이를 보고 기설이 부탁이 생각나 그냥 지나가는 말로 '이런 사람이 있는데 한번 사귀어볼래?' 하고 가볍게 물어봤지요. 그런데 요즘 여자들은 영악해서 우리 같은 사람과 사귀면 고생할 게 뻔해 싫다고 할 줄 알았는데 의외로 쉽게 그러겠다고 하더군요. 그래서 소개해준 건데 이리되고 말았네요. 중매를 잘못 서면 뺨이 석 대라는데 이건 뺨이 석 대가 아니라 자살방조범으로 몰리게 됐으니…."

파렴치범으로 몰린 강기훈의 반응은 일반인들이 생각할 수 있는 것과는 사뭇 달랐다. 너무 침착하고 조용했다. 카메라 앞에 노출된 그는 잘생긴 얼굴에 애매모호한 엷은 미소를 띠거나 아니면 굳게 입을 다물고 있었다. 분노에 가득한 얼굴로 주먹을 추어올려 보이며 부당한 권력에 항의한다거나 호탕한 웃음으로 자신에 대한 탄압을 경멸해주는 보통의 정치범들과는 달랐다.

강기훈의 이런 태도는 자신을 유서대필범으로 몰리게 만든 한 요소로 작용하고 있었다. 거의 감정을 드러내지 않는 묘한 표정을 보면서, 일반인은 물론 가장 많은 정보를 접할 수 있던 기자들조차도 혹시 진짜 유서를 대필한 게 아닌가 의심했다. 평소 강기훈의 침착하고 이성적인 성격을 잘 아는 사람들만이 그를 이해했다.

시위가 소강상태에 빠지면서 명동성당 농성장은 갈수록 고립되었다. 수배자를 잡기 위해 수백 명의 전경이 성당 입구를 지키고 서서 일일이 검문검색을 하는 바람에 신도들의 불만도 커졌다. 신도 수십 명이 농성장에 몰려와 성당에서 나가달라며 항의시위를 하기에 이르렀다.

"생명 중시!"

"어둠의 세력은 물러가라!"

전노협과 전대협 등 전민련에 소속된 대규모 조직들 속에서도 반발이 제기되었다. 강기훈이 출두해서 진실을 밝히지 않고 버티는 바람에 유서대필 정국이 계속됨으로서 당면한 정치투쟁이 마비되었다는 주장이었다.

"민주화운동의 오랜 숙원이던 지방자치제가 도입되어 6월 20일 시, 도의원 선거가 치러지는데 재야가 명동성당 농성과 강기훈 문제에만 집착해 시, 도의원 선거에서 민자당 후보 낙선투쟁이라는 운동의 본질을 외면하고 있다."

운동권 주력에서까지 비판이 나오자 대책회의도 강기훈이 검찰에 출두해 진상을 밝히는 것으로 방향을 굳혔다. 농성은 선거가 끝난 20일 이후 자진 해산키로 결의했다.

강기훈을 구명하기 위한 변호인단이 구성되었다. 유현석, 고영구, 홍성우, 황인철, 김창국, 강철선, 장기욱, 조영황, 한기찬, 이상수, 박재승, 박용일, 박연철, 이석태, 조용환, 백승헌, 이종걸의 17명이었다.

농성 37일 만인 1991년 6월 24일 오전 9시 45분, 강기훈은 농성 장소인 명동성당 문화관 2층에서 마지막 기자회견을 자처했다. 어머니가 챙겨준 양복 차림으로 수십 대의 카메라 앞에 선 강기훈은 담담한 어조로 미리 준비한 글을 읽어나갔다.

"검찰의 조작기도에 협조할 생각이 전혀 없으며 검찰의 모든 수사과정에서 헌법에 보장된 묵비권을 행사할 것입니다. 이는 나 자신의 검찰출두가 검찰에서 조사를 받기 위해서가 아니라 법정에서 진실을 밝히기 위함이기 때문입니다. 재판 결과 국과수의 거짓이 드러날 것입니다. 진실하기에 떳떳하면서도 한편으로 하소연할 길 없는 억울함과 무거운 마음이 교차됨을 숨길 수가 없습니다."

냉정한 태도로 성명서를 읽던 강기훈은 앞쪽에 서있던 어머니 권태평의 초췌한 얼굴을 보는 순간, 억눌렸던 울음을 터뜨리고 말았다. 한동안 말을 잇지 못하고 눈물을 닦으며 울고 말았다. 강기훈의 침착한 태도 때문에 혹시 진짜 대필하지 않았을까 의심했던 기자들 중에는 그의 울음을 보고 무죄라고 믿게 된 이도 있었다. 수십 개의 카메라에서 들리는 셔터 소리와 플래시 불빛 속에서 한 기자가 물었다.

"국민들이 어느 정도 자신을 믿는 것 같습니까?"

강기훈은 눈물을 거두고 답했다.

"상식을 갖고 있는 국민은 모두 저를 믿으리라 확신합니다. 그러나 상식이 무너진 험악한 세상이 안타깝습니다."

기자회견이 끝나고, 강기훈은 재야 인사들과 운동권 청년들의 격려 함성과 노랫소리를 들으며 성당 입구에서 기다리고 있던 검사들을 향해 걸어 내려갔다. 어머니 권태평은 그의 손을 잡고 걸어가며 질책했다.

"울긴 왜 울어? 죄 지은 것 없이 떳떳한데 왜 나약한 모습을 보이는 거냐? 고개 똑바로 들고 당당히 걸어나가자!"

전민련 공동대표 신창균과 변호사들이 나란히 걸어주었다. 운동화 차림의 건장한 사복 형사들이 뒤엉킨 인파를 헤치고 이들에게 길을 만들어주었다. 완만한 언덕을 내려가 성당 입구에 도착하자 검사가 사전구속영장을 제시했고, 변호사가 이를 확인하자 강기훈의 양손에 수갑이 채워졌다. 곧바로 20여 명의 사복 경찰이 그를 대기하고 있던 경찰청 호송버스 안으로 밀어 넣었다.

"기훈아 힘내라!"

"노태우는 물러가라!"

경찰의 제지에 막힌 민가협 어머니 회원 십여 명이 외치는 가운데 강기훈을 실은 버스는 강남의 검찰청을 향해 빠르게 사라졌다. 시끄럽던 성당 입구에 갑자기 정적이 찾아왔다.

10
특별조사실

강기훈은 서초동 서울지방검찰청으로 연행되자마자 마약사범이나 조직폭력배처럼 옷이 전부 벗겨진 다음 항문 검사를 했다. 수사관들은 검사를 영감이라 불렀다.

"영감님이 찾으신다."

강기훈이 뒤로 수갑이 채워진 구부정한 자세로 수사관들에게 밀려 취조실에 들어가니 검사 신상규가 기다리고 있었다.

"나 신상규 검사다. 기자들 앞에서 눈물을 흘렸어? 생쇼를 하고 있네. 이 나쁜 새끼들아, 니들은 뽕쟁이나 똑같은 놈들이여."

강기훈이 끌려간 곳은 검찰청 11층 1102호 특별조사실로, 복도 중간을 문으로 막아 밀폐시킨 곳이었다. 다른 참고인들에 대한 수사는 거의 끝난 시간이라.모든 검사와 수사관들이 그에게 집중 배치되었다. 그들은 몇 시간 단위로 교대를 하면서 진술을 받으러 왔다.

강기훈은 24시간 내내 잠을 못 자고 진술을 계속해야 했다. 견딜수 없어 졸면 의자에서 일으켜 세워 선 자세로 진술하게 했다. 변호인 접견은 불허되었고 가족들의 면회도 허용되지 않았다. 지속적인 욕설과 협박이 가해졌고 때때로 따귀를 때리며 위협했다. 강기훈이 순진한 여학생을 배신했다는 식의 근거 없는 악담을 퍼뜨린 것처럼 애인 이영미에 대해 추잡한 거짓말을 만들어 그의 심리를 교란시키려 들었다.

가장 참을 수 없는 것은 김기설의 불에 탄 시신 사진들을 책상위에 쭉 깔아놓고 보게 만드는 것이었다. 검시 때 찍어놓은 사진들이었다. 불에 타 알아보기도 힘들게 일그러진 얼굴이며 부검을 위해 끄집어낸 장기들은 차마 들여다볼 수 없도록 끔찍했다. 고개를 돌리면 수사관들이 머리를 붙잡아 억지로 들여다보도록 했다.

"네가 죽인 것이니 잘 봐, 이 새꺄!"

"이 잔인한 살인마 놈아! 니가 무슨 짓을 했는지 똑바로 보란 말야!"

검찰은 묵비권을 행사하는 자체가 죄가 있다는 뜻이라고 언론에 흘리며 압박했다. 강기훈은 자신과 김기설의 분신과는 아무 상관이 없다고 주장하기 위해서라도 입을 열지 않을 수 없었다. 이영미를 구속시키겠다는 압박도 견디기 힘들었다. 검찰청 현관에서는 면회를 요청하는 어머니 권태평에게 검찰 직원들이 살인자를 낳은 여자라고 욕설을 퍼부어대며 머리채를 잡아 끌어내는 소란이 벌어지고 있었지만 그건 알지도 못했다. 강기훈은 검찰에 출두한 지 만 하루 만인 6월 25일 오전부터 진술에 응하기 시작했다.

신상규가 심문을 맡았다. 홍성은이 무슨 말을 어떻게 해놨는지 알지 못하는 강기훈에게는 대부분의 질문이 처음 듣는 이야기들이었다. 벌써 두 달 가까이 지나버린, 분신사건 이전에 무심코 지나친 사소한 일들을 기억해내는 것도 고역이었다.

"김기설이 죽기 전날 밤 11시 30분경에 홍성은으로부터 전화를 받은 일이 있지?"

"전화가 온 것 같은데 왜 왔는지, 무슨 이야기를 했는지는 기억나지 않습니다."

"거짓말 말아! 사람이 죽고 사는 문제로 전화를 했는데 기억이 나질 않을 리가 있어? 홍성은이가 김기설이의 아버지 전화번호를 불러줬잖아?"

"무슨 전화번호 하나를 불러준 것 같기는 하지만 적어둔 기억은 나지 않았습니다. 자정이 다 된 시간에 특별한 내용도 없는 전화여서 그랬던 것 같습니다."

"거짓말 말라니까! 홍성은이가 전화번호를 알려주면서 김기설에게 무슨 일이 있으면 연락해달라고 부탁했는데, 그냥 무심히 넘어갔단 말야?"

"저는 지금 전화가 왔었다는 것도 잘 기억이 나질 않습니다. 만약 성은이가 사정을 자세히 이야기했다면 기억했겠지요. 저는 기설이가 분신한다는 건 상상도 못 했고 성은이도 그런 이야기는 전혀 없습니다. 도대체 그날 무슨 이야기를 했는가조차 잘 기억나지 않습니다."

신상규는 책상을 두드리며 소리쳤다.

"그날 통화할 때 홍성은에게 '성은아 미안하다, 미안하다. 미안하다.'고 세 번이나 말한 건 뭐야? 김기설이보고 분신하라고 유서를 대신 써줘서 미안하다고 한 거잖아?"

"미안하다고 말한 기억은 납니다. 제가 술에 너무 취해 밤늦게까지 성은이를 끌고 다니며 주정을 했기 때문에 그렇게 말한 건 기억납니다. 그렇지만 세 번이나 미안하다고 한 기억은 없습니다. 김기설이의 죽음을 알고 그랬다는 건 말도 안 됩니다."

"계속 거짓말만 늘어놓을래? 홍성은이는 분명히 네가 세 번이나 미안하다고 해서 혹시 김기설이가 다음 날 죽으려는 것을 미리 알고 있을까 하고 이상하게 생각했다고 자백했어."

"성은이가 뭔가 잘못 기억하고 있는 것 같습니다. 저는 다음 날 아침에 어머니가 깨울 때까지 기설이 죽음에 대해서는 전혀 몰랐습니다. 연세대 대책회의 사람들은 알았을지 몰라도 저는 종로5가 전민련 사무실에서 일하고 있었고 저녁에 부모님 선물을 사러 이영

151

미와 함께 돌아다녔기 때문에 그쪽에서 무슨 일이 났는가를 몰랐습니다. 기설이하고는 처음에 잠깐 같은 총무부에서 일했을 뿐이고 한 사무실에 있다고 해도 업무가 달라서 거의 만나지도 못한 사이입니다."

신상규의 말투가 갑자기 비아냥거리는 투로 바뀌었다.

"너 인마, 이영미를 배신하고 홍성은이를 꼬셔보려고 5월 5일 날 자정까지 술에 취해 끌고 다닌 거지? 둘이 무슨 관계야?"

강기훈은 분노로 입술을 떨며 말했다.

"말도 안 됩니다. 성은이와 저는 아무 상관도 없고 그날도 두 사람만 있던 게 아니라 여럿이 다닌 겁니다."

"웃기지 말어. 남자가 다 그런 거지. 너 그날 밤에 홍성은이를 어떻게 좀 해보려고 늦게까지 강제로 데리고 다녔던 거잖아? 그런데 잘 안 되니까 미안하다고 세 번이나 말한 거 아냐? 솔직히 말해봐. 만약 그렇다면 니가 미안하다고 말한 게 김기설이 때문이 아니란 게 증명되는 거잖아?"

강기훈은 고개를 내저었다.

"말도 안 되는 소리 마십시오. 저는 홍성은과 선후배 사이일 뿐이고 기설의 죽음과도 어떤 관련이 없습니다. 이것만이 진실입니다."

"그래? 근데 김기설이가 죽은 이틀 후에 봉쥬르 카페에서 홍성은이와 왜 단둘이 만났어?"

"지금까지 성은이와 단둘이 만난 적은 한 번도 없는데 그건 무슨 말이지요? 성은이가 그렇게 말했습니까?"

강기훈은 잠시 기억을 더듬어 말했다.

"그날도 여럿이 만난 겁니다. 성은이가 먼저 찾아와 검찰에서 조사를 받게 됐는데 어떻게 하면 좋을까 하고 묻기에 여럿이 도움도 주고 위로도 하려고 만난 기억이 납니다."

"너의 범죄를 숨기려고 말을 맞추려 했단 말이지?"

"그런 일 없습니다. 범죄 자체가 없었는데 어떻게 말을 맞춥니까? 제가 감옥살이 경험이 있으니까 성은이에게 사실대로 의연하게 대처하되 사람 이름은 많이 이야기하지 않는 것이 좋겠다고 충고해준 게 전부입니다."

"홍성은이는 너의 말을 김기설의 전민련 수첩이나 너의 여자 친구 이영미에 대해서 말하지 않는 것이 좋겠다는 뜻으로 받아들였다는데?"

"제 여자 친구 이영미를 끌어들이지 말라는 뜻은 서로 통한 것 같은데 수첩에 대해서는 언급한 적이 없습니다."

신상규는 책상을 두드리며 소리쳤다.

"거짓말 말아! 김기설이가 죽기 전에 홍성은에게 준 전민련 수첩에는 김기설 본인의 글씨가 있으니까 이걸 숨기려고 검찰에 가도 일절 수첩에 대해 말하지 말라고 한 거잖아?"

"그런 생각을 해본 적도 없고 그렇게 말한 일도 없습니다. 저는 기설이의 전민련 수첩에 대해서도 알지도 못했고 본 적도 없습니다."

"이놈 도저히 안 되겠구먼!"

신상규가 일어나서 나가버리자 등 뒤에 위압적으로 서있던 거구의 주사보들이 욕설을 하며 뒤에서 따귀를 때리고 목덜미를 내리쳤다. 몽둥이로 바닥을 두드리는 소리도 들렸다.

"이 새끼가 입만 열면 거짓말이야! 홍성은이가 다 밝혔는데 어디서 발뺌을 하고 그래? 너 여기서 죽어 나가고 싶어? 너 같은 놈 죽여놓고 자살했다고 발표하면 그만이야! 정신 차리고 똑바로 대답해 이 새꺄!"

"이 자리에서 죽더라도 없는 사실을 어떻게 있다고 말합니까?"

"아니, 이 새끼가 우릴 뭘로 보고! 날고 긴다는 조폭두목이니 마약두목들도 이 방에만 들어오면 무릎 꿇고 기어 다녔어! 오줌 질질 싼 놈이 한둘이 아니라고! 너 같은 새끼는 한주먹 감도 아냐!"

한동안 협박과 폭행이 지나간 후 모른 척하고 돌아온 신상규가 질문을 계속했다.

"너 그날 카페에서 홍성은이에게 김기설에 대해 배신감을 느꼈다며 빨리 잊어버리라고 말했다며? 좋은 사람이라고 소개시켜주고선 나쁜 놈이라고 욕하다니 이중인격 아니야?"

"김기설이 학력과 경력을 속인 데 대해 배신감을 느낀 것은 사실입니다. 성은이에게도 좋은 추억만 남기고 빨리 잊는 게 좋겠다는 뜻의 말을 했습니다. 나쁜 뜻으로 한 말은 아닙니다. 기설이가 좋은 점이 훨씬 많았기 때문에 한 말입니다."

등 뒤에서 또 욕설이 날아왔다.

"닥쳐 이 새꺄! 가증스런 놈 같으니라고! 그런 애를 죽이고 유서까지 대신 썼어?"

"이런 빨갱이 새끼들은 몽땅 없애버려야 해!"

한바탕 욕설을 퍼붓도록 내버려둔 후, 신상규는 다시 질문에 들어갔다.

"그날 봉쥬르 카페에서 홍성은이 가지고 있던 전민련 수첩 맨 뒷장에 김기설의 이름과 전화번호 및 팩스번호를 적어줬지?"

"네? 무슨 말인지?"

처음 듣는 말에 강기훈이 어리둥절해하자 신상규는 홍성은 소유의 전민련 수첩을 보여주었다. 유서와 같은 필체로 김기설의 이름과 전화번호, 팩시밀리번호가 적혀있었다. 강기훈은 완강히 손을 저었다.

"이건 제 글씨가 아닙니다. 기설이 글씨와 똑같네요. 저는 이런 걸 써준 일도 없습니다. 저는 성은이도 전민련 수첩을 갖고 있었다는 것도 지금 처음 알았습니다."

"계속 거짓말만 할래? 너는 진짜 김기설이의 전민련 수첩을 네 글씨로 위조하는 걸로는 부족하니까 홍성은이의 전민련 수첩에도 네 글씨로 마치 김기설이가 쓴 것처럼 이름과 전화번호를 기재해준

155

거잖아?"

"성은이가 그렇게 말했단 말입니까? 어머니와 하늘을 두고 맹세하건대 저는 이 수첩을 오늘 이 자리에서 처음 봅니다."

"홍성은이가 다 말했어. 네가 자기 수첩에 죽은 이의 전화번호를 써주는 것이 무슨 뜻인지 불쾌하게 생각했다고 말야. 나중에서야 그것이 네가 김기설의 필적을 조작하기 위한 것이라는 걸 알았다고 다 고백했단 말이다."

강기훈은 완강히 고개를 저었다.

"처음부터 끝까지 그런 사실 전혀 없습니다. 성은이가 왜 그런 말을 했는가 모르지만, 제가 할 수 있는 말은 그것뿐입니다."

"5월 12일 김기설의 장례가 끝난 후에도 홍성은과 같이 술을 마셨지?"

무슨 말인가 생각하던 강기훈은 그날 일을 기억해내고 말했다.

"그때도 둘이서가 아니고 네 명이었습니다. 장례식을 끝내고 돌아와서 다들 마음이 울적해 전민련 사무실 앞의 독일호프집에서 생맥주를 두세 잔씩 한 것은 맞습니다."

"그 자리에서 김진수가 홍성은을 기자회견에 내세울 필요가 없었는데 성은이를 등장시킨 것은 자기의 최대 실수라고 말했지?"

"그런 말을 했답니까? 저는 기억나지 않습니다. 잠을 못 자 피곤한 데다 술에 취해서 이런저런 잡담을 나눈 자리였던 기억뿐입니다."

"김진수가 실수라고 하니까 너는 이미 엎질러진 물이라고 답했잖아!"

"저는 그런 말 한 적 없고 김진수가 그런 말을 한 기억도 없습니다."

또 다시 주사보들의 욕설이 쏟아졌다. 신상규가 계속 물었다.

"이 사건은 애초에 김기설이의 가족들이 유서가 기설이 글씨가 아니라고 진정을 해 와서 수사가 시작된 건 알지? 자, 여기 글씨체들을 좀 봐라."

검사는 김기설의 유서와 그가 이전에 쓴 글씨 네 점을 늘어놓았다.

"네가 보기엔 어때? 유서의 글씨와 다른 글씨들은 확연히 다르지? 조카에게 쓴 글, 주민등록 신고서, 여자 친구에게 보낸 군대 편지를 보라고. 이게 어디 같은 사람 글씨 같아?"

강기훈은 다섯 가지 자료를 찬찬히 들여다본 후 말했다.

"제가 보기에도 유서와 다른 네 가지 글씨는 달라 보입니다."

"그렇지? 이 네 가지 글씨는 경찰로 일하는 여자 친구, 누나와 매형들, 동사무소 직원들이 모두 김기설 거라고 확인해줬어. 그리고 국과수는 유서의 글씨는 바로 너 강기훈이 것이라고 감정을 했어. 몇 번이나 말이야. 왜 김기설의 유서를 대신 써주게 된 거야? 언제, 왜, 어디서 김기설의 유서를 대필했느냐고!"

강기훈은 길게 한숨을 내쉬었다.

"저는 유서를 대필한 적 없습니다. 백번을 물어도 마찬가지고 이 자리에서 때려죽인다 해도 마찬가지입니다."

검사는 강기훈의 옛날 자술서를 내밀었다.

"자! 이게 너의 글씨 맞지? 네 명의로 서명이 되고 간인과 지장이 찍혀있으니 부인 못할 거야. 근데 이 글씨와 유서의 글씨가 똑같다고 국과수에서 감정했어. 국과수보다 더 확실한 증인이 있어?"

강기훈은 여러해 전에 자신이 쓴 자술서를 자세히 들여다보고 고개를 끄덕였다.

"제 글씨가 확실합니다. 하지만 이 글씨와 유서가 같다는 국과수 감정은 틀렸습니다. 누가 무슨 이유로 그런 감정서를 내놨는지 모르지만 명백히 오류입니다. 맨눈으로 봐도 제 자술서와 유서는 서로 다르지 않습니까? 어떻게 이렇게 다른 글씨를 같은 사람 거라고 보신 건지 모르겠습니다. 국과수 감정사들이 누군지, 저는 전혀 신뢰를 할 수가 없습니다."

또 다시 터진 욕설이 가라앉은 후에 검사는 강기훈의 대학시절 화학노트를 보여주며 물었다.

"이 공책은 네 글씨가 틀림없지?"

강기훈은 자신의 오래전 공책을 확인하고 답했다.

"모두 저의 글씨 맞습니다."

"확실하지? 그런데 국과수 감정 결과 이 글씨들과 유서가 동일필적이라고 나왔어. 따라서 네가 김기설 명의의 유서를 대필한 것이 분명한 거 아닌가? 도대체 왜 유서를 대필했어?"

"저는 대필한 사실이 없습니다. 그리고 이 노트의 글씨가 유서와 같다는 것도 도무지 이해가 되질 않습니다. 누가 봐도 다른 글씨 아닙니까?"

"니가 니 글씨인 것을 숨기려고 유서는 일부러 조금 다르게 쓴 거잖아!"

"죽을 용기까지 있는 사람이 그깟 유서를 대신 써달라고 하겠습니까? 또 유서를 대신 쓰면서 들통이 날까 봐 걱정된다면 김기설의 글씨를 흉내 내면 그만이지 왜 또 다른 글씨를 만들어 내겠습니까? 이 모든 게 도대체 말이 된다고 생각하십니까?"

"닥쳐, 이 새끼야!"

욕설과 따귀가 날아왔다. 질문과 반박은 끝없이 계속되었다. 검사들은 교대로 들어와 같은 질문을 퍼붓고 나갔고, 중간중간 자리를 비울 때면 검사보들이 따귀를 때리거나 앉았다가 일어서기 같은 기합을 주며 욕설과 모욕을 가했다.

검사들은 먼저 존대어로 질문을 타자 쳐놓고 이를 그대로 읽어주기도 했다. 어떤 형식으로 심문을 하든 표현만 조금씩 바뀔 뿐 내용은 끝없이 반복되었다.

"피의자가 검찰의 출석요구를 받고도 성당에서 나오지 않고 구속영장이 발부되고도 한 달 반가량이 지난 후 성당 측의 철수요청에 못 이겨 할 수 없이 자진출두라는 명목으로 검거된 것은 바로 피의자가 위 유서를 대필한 것이 틀림없으며 처벌이 두려워 거짓말을 하고 있는 것이 아닌가요?"

"그렇지 않습니다."

"전민련 측에서 김기설의 글씨라며 5월 11일 제출한 업무일지와 5월 20일 검찰의 독촉을 받고 뒤늦게 제출한 전민련 수첩이 모두 피의자의 필적임이 밝혀졌을 뿐 아니라 전민련 수첩은 절취 부분, 글씨, 색깔 등에 비추어 수첩 자체가 조작된 것으로 판단됩니다. 위 업무일지와 수첩이 전민련 사무실에 머무는 동안 피고인은 사무실 내근직원으로 위 서류를 손쉽게 접할 위치에 있음에 비추어 피고인이 업무일지와 수첩을 기재한 것 아닌가요?"

"수첩, 업무일지와 유서는 모두 고 김기설의 필적입니다. 저는 업무일지나 수첩을 조작한 사실이 없습니다."

"명동성당에 있으면서 김기설의 필적 등 다른 중요한 증거가 있다면서 그 자료를 제출하여 감정을 요청하고 진상을 밝혀야 할 텐데 그와 같은 자료를 제출하지 않는 이유는 무엇인가요?"

"검찰의 수사를 신뢰할 수 없기 때문이며, 증거자료들은 법정에 제출하겠습니다."

"여러 차례에 걸쳐 검찰이 사건을 조작하고 강압수사를 하고 있다고 주장했는데 그 근거가 무언가요? 오늘 검찰이 갖고 있는 증거자료와 추궁 내용을 들어보았으니 어떤 점이 사실과 다르다고 생각하는가요?"

"과학이 진실을 덮을 수는 없다고 생각합니다."

피의자에게 유리한 진술이 있으면 말하라는 검사의 말에 강기훈은 강하게 대답했다.

"양심과 명예를 걸고 저는 결백합니다."

이렇게 한 번 진술이 끝나면 검사는 이를 자기들끼리 돌려보고 새로운 질문을 만들어서 다시 진술조서를 받았다. 이 일은 하루에도 한두 차례씩 계속되었는데 6월 29일의 조서는 김기설의 글씨체에 대한 것이었다.

"피의자는 김기설의 글씨를 아는가요?"

먼저 타자를 쳐놓고 묻는 검사의 질문에 강기훈은 비교적 길게 답할 기회를 얻었다.

"전부터 잘 알던 것은 아닙니다. 그런데 이번 사건으로 전민련에서 수집한 김기설의 글씨를 보니 검찰에서 주장하는 김기설 글씨라고 하는 정자체가 있고 유서처럼 속필체, 흘림체라고 할 수 있는 것도 있더군요. 김기설의 글씨는 정자체와 흘림체 두 가지라고 생각합니다."

"유서를 흘림체로 썼다는 것은 부모에 대한 도리에 어긋나지 않는가요?"

강기훈은 말도 되지 않는 질문에 즉각적으로 대답을 하지 못해

입을 다물어버렸다.

"…."

"전민련은 계속해서 유서대필사건은 검찰의 터무니없는 조작극
이라고 주장해왔는데, 그렇다면 검찰이 김기설의 글씨를 조작했다
는 것인가요?"

"제가 유서를 대필한 사실이 없는데도 제 글씨라고 하니 그 필적
감정을 믿을 수 없고 또 김기설의 흘림체 글씨가 분명한 업무일지
와 김기설의 수첩이 조작되었다는 검찰의 발표를 믿을 수 없습니
다."

"객관적으로 판단할 때 업무일지는 한꺼번에 급하게 작성되었고
글씨도 유서를 대필한 피의자의 글씨로 보이고 감정 결과도 업무일
지의 글씨는 유서와 같고 피의자의 자술서 글씨와도 동일한 것으로
드러났는데 그래도 업무일지가 조작된 것이 아니라고 주장하는가
요?"

"저는 김기설의 유서를 대필한 적이 없으며 김기설은 두 가지 글
씨를 갖고 있는 사람이어서 업무일지 글씨는 틀림없이 김기설의 글
씨이기 때문에 절대로 조작되었다고 생각하지 않습니다."

"홍성은 등 5월 8일까지 수첩을 목격한 이들의 진술에 따르면 위
수첩의 글씨들은 사용한 필기도구나 색깔이 본래 김기설의 것과
달라 수첩이 조작된 것으로 보이는데 피의자는 어떻게 생각하는가

요?"

"저는 수첩을 자세히 본 적이 없어서 그런 점에 대해서는 모릅니다. 단, 글씨가 김기설의 글씨이므로 조작된 것이 아니라고 생각합니다."

"김기설의 수첩이라 제시된 이 수첩을 보면 전민련 규약의 마지막 페이지와 전화번호부 첫 페이지가 앞뒤로 인쇄된 1매가 완전히 사라졌고 그 뒤의 전화번호를 기재한 부분 3매만 절취된 채 꽂혀있는데 왜 첫 번째 한 장이 없어졌다고 생각하는가요?"

"모릅니다."

끝없는 질문 공세 속에 며칠째 거의 잠을 못 잔 채 두려움과 분노에 사로잡혀 있는 강기훈의 머리는 점점 뒤엉키고 있었다. 신상규는 계속해서 질문 문항을 미리 타자를 쳐놓고 읽듯이 물었다.

"절취된 3매의 전화번호부를 보면 절취선이 수첩에 남은 부분과 일치하지 않을 뿐 아니라 겹치는 부분도 있습니다. 그렇다면 이 세 장은 제출된 수첩에서 뜯어낸 것이 아니라 다른 수첩의 해당부분을 분리했다가 이곳에 꽂아놓은 것으로 판단되는데 이 점에 대해서는 어떻게 생각하는가요?"

강기훈은 수첩의 절단면을 들여다본 후 답했다.

"절취선의 톱날 부분이 서로 맞지도 않고 오히려 겹쳐지는 것은 맞습니다. 원래 수첩에 있는 용지가 아닐지도 모르겠습니다."

"그렇다면 이 수첩은 조작된 것이 틀림없고 따라서 첨부된 전화번호 부분의 글씨와 수첩 다른 부분의 글씨가 같다는 것은 이 글씨가 김기설의 글씨가 아니라는 것을 단적으로 증명하고 있지요? 따라서 김기설의 글씨는 유서의 글씨와 다른 것이 분명하지 않은가요?"

"찢어진 부분이 맞건 아니건 수첩과 전화번호부의 글씨는 분명히 유서의 글씨와 같습니다. 따라서 이 전민련 수첩은 김기설의 것이 틀림없습니다."

"육안으로 보아도 그렇고 필적감정 결과로도 이 수첩의 글씨는 김기설의 글씨가 아니라 유서 및 피의자의 자술서의 글씨와 동일하니 피의자가 유서를 대필해놓고 그것이 탄로나는 것을 막기 위해 수첩도 김기설의 것을 보고 피의자의 글씨로 고쳐서 김기설의 수첩이라고 조작해놓은 것이 아닌가요?"

"그런 사실이 없습니다."

"전민련 수첩이 5월 8일 이후 누구에게 보관되어있다가 어떻게 제출되었는가 알고 있나요?"

이 부분에 대해서는 명동성당에 있는 동안 충분히 상황을 파악하고 있었다. 강기훈은 상세히 말했다.

"당시는 몰랐지만 제가 명동성당에 있으면서 파악해보니 이 수첩은 5월 8일 점심때 홍성은이 원순용에게 주었고 최재인을 거쳐 이보은이 보관했다고 합니다. 이보은은 서류봉투에 이걸 담아서 자기 이름을 써서 풀로 붙인 다음 대책회의 사무실의 서류함 속에 넣어뒀답니다. 그리고 5월 18일 강경대의 장례를 치루면서 그날 낮에 다른 서류들과 함께 전민련 사무실로 옮겨졌다고 들었습니다. 다음 날인가 검찰이 이 수첩을 요구할 때까지 저는 물론 아무도 신경 쓰지 않고 있다가 수첩을 제출하라는 말에 5월 19일에 누군가 전민련 실무자가 찾아내어 밤 10시쯤 명동성당으로 가져왔더군요. 여럿이 보고 바로 다음 날인 5월 20일 명동성당에서 기자회견을 하고 전민련 상집위원 최규성이 검찰에 갖다 주었다고 들었습니다."

"위 기간 중 피의자는 어디에 있었고 이 수첩을 몇 번이나 보았습니까?"

"저는 5월 8일 오후에 분향을 하기 위해 김기설 시신이 안치된 연세대병원에 다녀온 외에는 계속 전민련 사무실에 있었습니다. 5월 16일 날, 집이 압수수색 당했다는 말을 듣고 걱정이 되어 연세대 대책위 사무실로 가서 16일 밤과 17일 밤을 그곳에서 지내고 다음 날 장례에 참가한 후 명동성당에 들어가 농성을 시작했습니다. 그동안에 수첩을 보거나 만진 적이 없고요, 알지도 못했습니다. 금방 말한 것처럼 검찰에 제출하기 전날 밤 10시경에 명동성당으로 가져온 것을 한 번 보았을 뿐입니다."

이 말은 강기훈이 스스로의 진술을 바꾼 경우였다. 그는 처음에 수사를 받을 때는 김기설의 전민련 수첩은 본 적도 없다고 말했다가 나중에 본 적이 있다고 말을 바꿨고, 그것 때문에 심한 고초를

당해야 했다. 홍성은의 전민련 수첩은 한 번도 본 적이 없는 게 맞았다.

 "5월 16일 밤부터 18일까지 사흘이나 연세대 학생회관에 머물렀다면 대책위 사무실 서류함 속에 있는 김기설의 전민련 수첩을 꺼내 조작하기에 충분한 시간 아닌가요?"

 "저는 학생회관 3층에 있는 휴식공간 푸른샘, 서클룸 등에 있었고 대책위 사무실에 드나든 사실은 있으나 대책위 사무실에 계속 머문 것은 아닙니다. 저는 김기설의 수첩을 위조한 적이 없습니다."

 "피의자는 피의자 자신의 글씨와 유서, 업무일지, 전민련 수첩의 글씨가 똑같다고 생각하지 않는가요?"

 "제 글씨가 아닙니다."

 "유서와 피의자의 진술서, 노트, 수첩의 글씨들을 비교한 사진에서 면, 것, 획, 첨, 책, 생, 화, 선, 준, 위 등을 대조해보면 유서와 수첩의 글씨와 피의자의 글씨가 똑같지 않은가요?"

 "형태적으로는 비슷하지만 제 글씨가 아니며, 서로 다른 부분도 있다고 보여집니다."

 "피의자는 1991년 5월 27일 저녁 6시쯤 피의자의 변호인 김창국 등 5명과 당청 1020호 검사실에서 접견할 때 변호인들의 질문에 답하던 중 검사가 보여준 필적감정 사진을 보더니 '저의 글씨와 유서 등의 글씨가 똑같아요.'라고 말한 적이 있지 않은가요?"

 "그렇습니다."

김형영이 필적감정서에 뽑아놓은 십여 개 받침만을 놓고 보면 김기설의 글씨와 강기훈의 글씨는 매우 흡사했다. 당사자인 강기훈조차도 자기 글씨와 김기설 글씨가 똑같다고 놀랐던 게 사실이었다. 신문에 보도된 그것들을 보고 많은 사람들이 유서를 대필했다고 믿게 된 것도 사실이었다.

"그런데도 피의자는 피의자가 유서를 대필하지 아니하였다고 혐의 사실을 부인하는가요?"

"몇 가지 글씨가 똑같아 보이기는 하지만 전체적으로 보면 확연히 다릅니다. 무엇보다도 저는 유서를 쓰지 않았습니다."

신상규는 타자를 중지하고 책상을 두드렸다.

"끝까지 양심을 속이고 발뺌할 거야?"

"양심을 걸고 맹세합니다. 저는 유서 같은 것 대필한 적 없습니다. 제가 듣기로는 한국인의 삼분의 일이 비슷한 글씨체를 갖고 있어서 같은 모양의 받침은 얼마든지 찾아낼 수 있다고 들었습니다. 그 몇 개를 뽑아놓고 같은 사람 글씨라고 하는 건 말이 안 됩니다."

"이놈 이거 도저히 안 되겠군?"

또 다시 검사가 일어나 나가버리자 뒤에 서있던 수사관들이 포위하고 서서 욕설과 손찌검을 하며 모욕을 시작했다.

11
두 번째 착각

강기훈이 며칠째 밤샘조사를 받고 있던 6월 29일 오후, 대책회의
는 명동성당의 장기농성을 풀고 해산식을 가졌다. 강경대 치사사건
으로부터는 70여 일, 장례식을 치루고 농성을 시작한 후로는 42일
만이었다. 사전구속영장이 떨어진 전민련 인권위원장 서준식 등 4
명은 스스로 걸어 나와 중부경찰서로 연행되었다. 사무처장 김선택
등 수배자 13명은 자진출두를 거부하고 잠적했다.

강기훈의 진술은 기억이 정확치 않거나 진술과정에서 말을 잘못
한 정도의 사소한 부분을 제외하고는 수사기간 내내 일관됐다. 참
고인으로 잡혀 온 다른 이들의 진술과도 일치했다. 진술 내용이 서
로 다른 사람이 있다면 오직 홍성은뿐이었다.

검사들은 김형영의 감정서와 홍성은의 진술서에 기초해 다양한 각도로 심문을 했지만 어떤 결과도 얻어내지 못하고 있었다. 변호인단과 언론의 집중적인 관심을 받고 있는 피의자이기 때문에 잠을 재우지 않고 공포 분위기로 압박하는 외에는 심한 폭행이나 물리적 고문은 가하지도 못했다. 강기훈으로부터 '언제 어디서 유서를 대필해 주었다.'는 결정적인 진술을 받아내지 못하면 기소 자체가 불투명한 상황이었다.

그러던 7월 3일이었다. 강기훈은 연행된 이래 일주일째 거의 잠을 못 자고 치욕과 분노감으로 정신적 공황상태에 빠져있었다. 역시 신상규가 미리 타자를 쳐가며 심문했다.

"죽은 김기설은 어려서 어머니를 여의고 주로 누나들 손에 자라났는데, 또 평소에 계모가 여러 번 바뀌어 계모에 대한 정도 없고 지금의 계모를 어머니라고 불러본 적도 없는데 어떻게 유서에 '아버지, 어머니, 여태껏 아버지 어머니에게 효도라는 것을 해보지 못했지요.'라고 쓸 수 있다고 생각하는가요?"

강기훈은 김기설과 가족관계에 대해 이야기를 나눌 만큼 친한 사이는 아니었다고 말했다.

"김기설의 가족관계가 그렇다면 어머니를 찾는 것도 조금 이상하기는 하지만 마지막 가는 길에 어머니를 불러볼 수 있지 않겠습니까? 다만 자기를 키워준 누나를 언급하지 않은 것은 이상할 수 있겠습니다. 하지만 저는 기설이네 가족상황을 모르니 뭐라고 말할 수가 없습니다."

"피고인은 지난번 조사를 받을 때 수첩의 전화번호 기재 부분 3 매가 수첩 본체의 절취선과 일치하지 않고 겹쳐져서 본래의 수첩에서 찢어낸 것이 아니라는 사실을 인정했지요? 그렇다면 문제의 전민련 수첩은 최소한 두 개 이상의 수첩을 결합하여 만든 것이 아닌가요?"

"물리적으로나 논리적으로나 두 개 이상의 수첩이 사용된 것이라 생각합니다."

홍성은이 도합 5일간의 철야 심문을 받으며 혼미상태에 빠졌던 것처럼, 일주일째 특수조사실에 고립되어있던 강기훈도 검사의 논리에 말려들고 있었다. 이성적인 성격의 강기훈은 합리성을 잃지 않으려 애썼다. 신상규는 그의 논리적인 성격을 역이용했다.

"이 수첩은 전화번호 기재 부분 3장이 다른 수첩에서 찢어내어 새로이 작성된 것이고, 따라서 이미 죽어버린 김기설의 글씨일 수는 없겠지요? 따라서 수첩의 글씨는 모두 김기설의 글씨가 아니고 다른 사람의 글씨일 수밖에 없지 않나요?"

강기훈은 검사의 의도대로 논리적 착각 속에 빠져들어 갔다.

"논리적으로 보면 그렇게 보입니다. 수첩이 조작되었고 그 글씨는 김기설의 글씨가 아니라고 볼 수 있겠습니다."

"이 전민련 수첩의 글씨와 전민련이 5월 11일에 김기설 글씨라고 제출한 업무일지의 글씨와 또 김기설 명의의 유서의 글씨가 서로 같다고 보는 것 맞지요?"

"제가 필적전문가가 아니지만 한 사람의 글씨로 보입니다."

"그러면 유서와 같은 글씨인 전민련 수첩이 조작되어있고, 그곳에 남아있는 글씨가 김기설이가 아닌 다른 사람의 글씨이니 결국 유서는 김기설이가 쓴 것이 아니고 다른 사람이 썼다는 사실도 틀림없어 보이는데 어떻게 생각하는가요?"

"제가 보기에 유서와 업무일지와 전민련 수첩의 글씨가 모두 같아 보입니다. 그렇다면 유서, 업무일지, 전민련 수첩의 글씨들은 모두 김기설의 글씨가 아니고 다른 한 사람의 글씨라고 할 수밖에 없습니다."

"그러면 전민련 수첩의 글씨를 유서와 같은 글씨로 조작한 이유가 무엇이라고 생각하나요?"

"유서가 대필된 사실을 감추기 위해서라고 생각합니다."

"그렇다면 업무일지도 같은 이유로 김기설 사후에 새로 작성한 것이 아닌가요?"

강기훈은 스스로 논리의 함정에 빠져들어 검사의 의도에 맞는 논쟁을 벌이는 상태가 되어갔다.

"새로 작성하였다고 볼 수도 있지만 다른 가능성도 생각해볼 수 있지 않을까요? 누군가 대필자가 있다면, 전민련 사무실에서 김기설이가 쓴 글씨를 찾다 보니 이미 다른 사람이 작성하여 놓은 업무일지 글씨와 유서가 같은 글씨니까 그것을 김기설의 것으로 잘못

판단하고 제출할 수도 있겠습니다."

"지금까지 피고인은 김기설의 글씨는 두 가지이며 위 세 가지가 모두 김기설의 글씨라고 주장해왔는데 이제는 위 세 가지 글씨는 모두 김기설의 글씨가 아니며 아울러 김기설의 글씨가 두 가지가 아니고 한 가지라고 생각하는 것 맞지요?"

"논리적으로는 그렇게 보입니다."

물리적 폭행이나 고문이 아닌, 삼단논리로 강기훈을 꺾은 신상규는 한결 다정하게 말했다.

"그렇다면 이제 피의자가 유서를 대필하고는 그 사실을 감추기 위해 수첩이나 업무일지를 조작한 다음, 다시 이런 모든 사실을 감추기 위해 수첩이나 업무일지를 조작했다는 사실을 솔직히 고백하여야 할 순서가 아닙니까?"

그러나 강기훈은 추측과 진실을 여전히 구분하고 있었다.

"그건 아닙니다. 유서의 글씨가 김기설의 글씨가 아니라고 추측되지만 저는 유서를 대신 써주거나 업무일지와 전민련 수첩을 조작한 사실이 없습니다."

"피의자의 자술서, 대학노트, 유서, 업무일지, 전민련 수첩의 글씨가 육안으로 볼 때나 필적감정서에 붙어있는 확대사진을 통해 볼 때나 똑같다고 생각하지 않습니까?"

"사실 제가 보기에도 몇 가지 글씨는 똑같다고 인정할 수밖에 없지만 제가 유서를 써주거나 업무일지와 수첩을 저의 글씨로 조작한 일이 없기 때문에 유서 글씨와 저의 글씨가 똑같다는 감정 결과를 믿을 수 없습니다."

"피의자가 대필자가 아니라면 도대체 누가 피의자와 똑같은 글씨를 사용하는 유서대필자라고 생각합니까?"

"이제 와서 보니 김기설의 유서가 대필된 것은 분명하다고 생각합니다. 하지만 제가 대필한 것이 아니라는 것은 진술했고, 누가 대필하였는가는 모르겠습니다. 제가 유서를 대필하지 않았다는 것은 저의 양심을 걸고 맹세할 수 있으며 유서가 대필된 것이 분명한 이상 유서대필자를 가려내고 진실을 명확히 규명하여야 한다고 생각합니다."

신상규는 말을 다듬어 타자를 쳐놓고는 울화를 터뜨리며 한숨을 쉬었다. 검사보들이 흥분해서 떠들어댔다.

"너 정말 끝까지 버틸 거야? 이놈 이거 진짜 악질 빨갱이로군."

"자살방조죄로 감옥에 가봤자 길어야 반년이나 살거나 집행유예로 금방 나와. 넌 감옥도 갔다 온 놈이 아무것도 아닌 걸로 왜 끝까지 버티는 거야?"

강기훈은 기운 빠진 목소리로 하소연했다.

"감옥살이가 겁나서가 아닙니다. 진실이 아니니까 이러는 겁니다. 어떻게 없는 일을 있다고 내 입으로 거짓말을 하란 말입니까? 저한테 종이와 볼펜을 줘서 아무거나 써보게 하세요. 직접 시필을 해 보이면 될 것 아닙니까?"

"너같이 교활한 놈이 무슨 짓은 못하겠어? 유서와 다르게 쓸 게 뻔한데."

"한두 장이야 속일지 몰라도 계속 시필하면 본래 글씨체가 나온다고 들었습니다. 결백을 밝힐 기회를 주십시오."

계속되는 호소에 검찰은 시필을 해보기로 결정했다. 시필을 담당한 것은 검사 박경순이었다. 박경순은 유서 사본과 백지를 갖다 놓고 일부러 다르게 쓰는 것을 방지하기 위해 20회를 반복해서 베끼라고 했다. 동시에 다른 사람의 글씨와 유서의 글씨는 서로 다르다는 걸 보여주기 위해 검사 자신도 나란히 앉아 유서를 베껴 쓰기 시작했다. 그러자 다른 사람들까지 각자 시필에 나섰다.

한참 후, 몇 사람이 베껴 쓴 유서를 원본과 비교할 때였다. 검사 박경순이 놀라서 소리쳤다.

"뭐야, 이거? 내 글씨가 가장 똑같네?"

강기훈의 글씨는 스무 번을 반복해서 써도 유서와 확연히 달랐는데 박경순의 글씨는 유서와 너무나 흡사했다. 이를 확인한 부장검사 강신욱이 버럭 화를 내며 소리쳤다.

"누가 이딴 짓 하라고 했어? 때려치워!"

강신욱은 시필한 종이들을 몽땅 빼앗아 자기 손으로 북북 찢어 쓰레기통에 던져버렸다. 시필은 없던 일이 되었다.

강기훈의 완강한 부인이 계속되자 일부 검사와 수사관들도 곤혹

스러워하고 있었다. 수사관인 주사보 라종규도 그중 하나였다.

서울지검 강력부는 주로 강력사건을 전담하는 거구의 수사관들이 모여있었다. 특히 남기춘 검사실은 천장에 다리를 매다는 고문도구까지 갖추었고 수사관들도 완력이 센 덩치들이라 악명 높은 조직폭력배 두목들도 이 방에 들어왔다가 나갈 때면 제 발로 걷지 못하고 부축해 나간다는 말이 돌았다. 고문과 집단폭행은 노골적으로 행해졌지만 사회적으로 지탄을 받는 조직폭력배나 마약사범은 이를 폭로하거나 하소연할 길도 없었다.

라종규도 남기춘 밑에서 주먹으로 범죄를 입증하는 고문전문가 중 하나였다. 그가 처음 강기훈 사건을 알게 된 것은 강력부 부장검사 강신욱의 방에서였다. 강신욱과 라종규는 같은 경상도 출신이고 오래 검찰청에서 일해 친분이 있었다. 강신욱이 라종규와 검사 남기춘을 불러 강기훈 사건을 넘겨주며 지시했다.

"물건 하나 만들어보시오."

강력부의 전통으로 보아 이 말은 무슨 수단과 방법을 써도 좋으니 피의자를 족쳐서 범행을 자백하게 하라는 지시였다. 폭행이나 협박, 고문 등 어떤 짓을 해도 용인한다는 뜻이기도 했다.

언론보도를 통해 강기훈을 유서대필범이라 확신하고 있던 라종규는 잡혀 온 강기훈을 호되게 추궁하는 역할을 맡았다. 그런데 일주일이 지나도록 완강히 부인하는 강기훈을 보고 의문을 갖기 시작했다. 강기훈의 호소도 충분히 설득력이 있었다.

뭔가 미심쩍어 하던 차에 시필을 목도하게 된 그는 검사 박경순만큼이나 놀랐다. 박경순은 그렇다고 쳐도, 유서의 필적과 강기훈의 시필은 확실히 달랐다. 밑받침 몇 개만 뽑아 맞춰보면 비슷한 것도 있지만, 근본적으로 서로 다른 글씨체였다. 뭔가 크게 잘못되었다는 의심이 든 그는 검사들이 강기훈의 시필을 국과수에 감정의뢰하겠다고 하자 이에 반대하고 나섰다.

"유서와 강기훈의 필적이 전혀 다른데 감정할 필요가 뭐가 있습니까?"

하급 수사관의 도전적인 말에 검사들은 일제히 화를 내며 질책했다.

"라 수사관은 지금 누구 편을 드는 거요? 공무원이 국과수를 못 믿겠다는 거요?"

이 문제로 검사들과 말다툼까지 벌어졌다. 참을 수 없던 그는 부장검사 강신욱에게 면담을 요청했다. 친분이 있으니 자기 말을 고려해주리라는 기대였다.

"영감님, 아무리 봐도 강기훈이는 유서대필범이 아닙니다. 우리가 왜 이런 식으로 수사를 하는지 모르겠습니다. 강기훈은 범인이 아니니 시간 낭비하지 말고, 빨리 사건을 공안부에 넘기고 우리는 조폭들이나 잡으러 다닙시다. 이건 사람이 할 짓이 아닙니다."

강신욱은 그러나 벌컥 화를 냈다.

"지금 무슨 소릴 하는 거야? 나가서 당신 일이나 똑바로 해! 나가!"

고함을 쳐대는 바람에 쫓겨나고 말았다. 이 일로 라종규는 검사들에게 밉보여 한동안 사건 수사에서 배제되었다. 그러나 무죄라고 확신하게 된 그는 강기훈을 승용차에 태워 서울구치소에 입감시키는 일을 맡은 기회에 말했다.

"강기훈이, 너는 범인이 아니라는 걸 나는 안다. 진실은 언젠가 밝혀질 것이니 힘내라. 도와주지 못해 미안하다."

국과수 문서감정실도, 검찰청 문서분석실도 계속 오심을 하는 가운데, 삼단논법과 홍성은의 증언에 의한 정황증거만으로 강기훈을 범인으로 모는 데 한계를 느낀 검찰은 다른 누군가를 유서대필범으로 찾아내려는 노력도 병행하게 되었다.

새로운 대필범으로 지목된 것은 전민련 사회부장 임무영이었다. 전민련 업무일지 작성자 세 명 중 하나인 그의 글씨가 유서와 가장 가깝다고 판단한 것이다. 검사들은 수백 건의 필적자료를 강기훈 앞에 들이대며 교차비교를 계속하고 있었다. 그중에는 김기설이 숭의여전 학생들에게 써준 글씨와 임무영의 필적이 흡사했다. 끊임없이 들이대는 필적자료들로 극도의 혼돈에 빠져있던 강기훈은 무심코 두 필적이 같다고 대답했다. 자기 글씨가 아닌 것은 알았지만 임무영의 글씨라는 건 모르고 한 말이었다.

"그래? 이거 임무영의 글씨인데? 임무영이 잡아 와!"

검사의 말을 듣는 순간, 강기훈의 머릿속에는 희망과 절망이 동시에 스쳐갔다. 자기가 대필하지 않았다는 게 입증된다는 기쁨은 잠깐이었다. 자기보다 한 살 많은 사무실 선배인 임무영이 유서를 대필했다는 것이 믿어지지도 않고, 그가 대필자라고 밀고한 꼴이 되어버린 자신이 수치스러웠다.

임무영은 이런 일이 벌어질 줄은 생각도 않고 있었다. 유서대필자가 강기훈이라는 보도가 공공연히 퍼진 것은 강경대 장례식이 치러진 5월 18일이었다. 임무영은 장례행렬이 떠나던 신촌로터리에서 우연히 한겨레신문 기자 김의겸을 만난 자리에서 검찰이 유서를 갖고 무언가를 만들려 한다는 말을 듣고 말한 적이 있었다.

"말도 안 되는 얘기죠. 유서의 필적을 확인한다고 하여 전민련에서 김기설의 필적을 검찰에 보내기도 했는데, 누가 대신 유서를 쓰다니 도대체 말이나 됩니까?"

그런데 이제 자신이 유서대필범으로 몰리게 된 것이었다. 7월 6일, 임무영은 경찰의 시위 진압과정에서 숨진 성균관대 여학생 김귀정 사건을 조사하기 위해 사망현장인 충무로에 나가있다가 건장한 체격들에게 제압되어 승용차에 태워졌다. 그들은 연행 사유를 말해주지 않았다.

"왜 나를 연행합니까?"

"네가 왜 잡혔는지 몰라?"

"강기훈 유서대필 참고인 조사입니까?"

"가보면 알아. 너를 고작 참고인으로 데려가는 줄 알아?"

임무영은 강기훈이 갇혀있던 서초동 검찰청 11층 특별조사실에 끌려가서야 그들이 서울지검 강력부 소속 마약담당 수사관들임을 알았다. 그가 들어간 조사실은 7, 8평 정도로 넓은 데다 바닥에는 붉은 자주색 카펫이 깔려있는데 책상이 한 개, 벽 쪽으로 욕조가 딸려있는 방이었다.

임무영에 대한 조사는 처음부터 폭행으로 시작되었다. 그는 이틀 간의 조사 기간 내내 수갑이 채워진 상태로 두들겨 맞고 고문을 당했다. 검사들은 언론의 관심이 집중된 강기훈에 대해서는 잠 안 재우기 고문 외에는 심한 폭력을 쓰지 못했지만 임무영은 무자비하게 짓밟았다. 무릎을 꿇려 앉혀놓고 엉덩이를 바닥에 붙이게 한 상태에서 구둣발로 허벅지를 밟아댔고 머리채를 잡아 짓이기고 엎드려 뻗치라거나 머리를 박게 해놓고 발길질을 해댔다. 이틀 내내 한숨도 잘 수 없었다. 폭행은 주로 수사관들이 맡았다. 신상규 등 검사들은 원하는 답변이 안 나오면 언성을 높이고 나가버리거나 못 본 척하면 수사관들이 욕을 하며 달겨들었다.

"이 새끼 말로 해선 안 되겠구먼. 혼 좀 나야겠네."

무차별로 날아오는 주먹과 구둣발에 수도 없이 나뒹굴어야 했다. 부장검사 강신욱은 하는 말이나 행동이 깡패나 다름없이 거칠고 폭력적이었다. 한 번은 담배꽁초 가득한 종이컵을 임무영의 얼굴에 던져 젖은 담배꽁초를 뒤집어쓰기도 했다.

임무영은 자신이 유서대필 혐의를 받을 줄은 상상도 못했기 때문에 처음에는 몹시 황당해했다. 그러나 유서를 대필한 적이 없기 때문에 자신이 있었다. 변호인들이 자신의 연행 사실을 알고 있으니 영장청구 시한인 48시간만 버티자, 절대로 회유와 협박에 넘어가지 말자, 온 나라의 이목이 집중되어있으니 심하게 하지는 못할 것이라고 다짐하며 매질을 견뎌냈다. 하지만 그의 고통은 바로 옆방에 있던 강기훈의 귀에 생생히 전달되고 있었다.

"이 수첩에 있는 게 누구 글씨야?"

"김기설 글씨입니다."

"이게 어따 대고 거짓말이야? 네가 쓴 거잖아?"

수사관들의 고함과 함께 임무영이 넘어지는 소리와 발길질을 당할 때마다 지르는 신음이 강기훈을 미치게 만들었다. 한참이나 폭행이 가해진 다음에는 다시 귀에 익은 신상규의 목소리가 들렸다.

"이 전민련 수첩의 글씨가 유서 글씨와 같지?"

"같아 보입니다."

"유서는 누가 썼어?"

"김기설이오."

또 다시 수사관들의 욕설과 비명이 들려왔다. 한바탕 매질이 끝난 후에는 회유하는 소리도 들려왔다.

"임무영이! 너는 이 사건 말고도 구속할 건수 많아. 유서를 썼다는 사실만 인정하면 다른 것은 다 면제해줄게. 아무런 책임도 묻지 않을 테니 얼른 다 인정하고 끝내자."

"쓰지 않은 걸 어떻게 썼다고 합니까? 기훈이도 나도 유서 같은 거 대필한 적 없습니다."

아무리 때리고 협박을 해도 완강히 혐의를 부인하자 검사들은 볼펜, 사인펜 등 여러 필기구로 여러 장의 유서를 시필하게 했다.

"이걸 보십시오. 내 글씨가 어디 유서와 같습니까?"

써놓고 보니 비슷한 글씨도 있었지만 전체적으로 확실히 달랐다. 검사들은 그에게도 전민련 수첩의 찢긴 부분이 왜 안 맞는지, 전민련 업무일지를 언제 조작했는지 추궁했다. 임무영은 두들겨 맞아 입술이 터지고 얼굴에 멍이 든 상태에서도 거세게 항의했다.

"내가 그런 걸 어떻게 압니까? 우리가 김기설이를 자살하지 못하게 하려고 얼마나 애를 쓴지 압니까? 바로 내가 기설이를 붙잡는 책임자였어요. 사망 전날 밤을 꼬박 새워가며 기설이를 보호하다가 놓쳤단 말입니다. 그런데 우리는 강기훈이에게는 연락도 하지 않았어요. 기훈이하고 기설이는 별로 친한 사이가 아니라서 연락해볼 필요도 없었단 말입니다. 기설이가 절친하지도 않은 기훈이에게 유서를 써달라고 했고 또 기훈이가 그걸 써줬다니 말이나 됩니까? 나도 기훈이도 어느 누구도 유서 같은 것 써준 일 없습니다."

또 다시 욕설과 주먹이 날아왔다. 임무영은 바닥에 쓰러져 구둣발에 채여 바닥에 나뒹굴면서도 자신을 유서대필자로 지목한 강기훈의 마음을 이해했다. 2주일째 잠 못 자는 고문을 당했을 그의 고통이 느껴졌다. 검사들이 강기훈을 어떻게 생각하느냐고 묻자 대답했다.

"내가 신뢰하고 좋아하는 친구이자 동료입니다."

"웃기지 마! 강기훈은 너를 동료로 생각하지 않아! 강기훈은 네가 유서를 대필했다고 생각하고 있어!"

"그럴 리가 없습니다. 만일 그랬다면 무슨 오해가 있는 겁니다. 대질을 시켜주십시오!"

거듭 대질심문을 요청하자 검사들은 두 차례 강기훈을 만나게 했다. 검사와 수사관들이 지켜보는 가운데 둘이 마주 앉아 대화하는 방식이었다. 임무영이 보기에 강기훈은 십여 일의 강압수사로 육체적으로나 정신적으로 완전히 황폐해져있었다. 그가 아는 강기훈은 감성이 풍부하고 상당히 논리적인, 정치가로보다는 학자처럼 보이는 얌전한 사람이었다. 그러나 자기가 안 쓴 유서와 업무일지가 같은 필적이라는 감정 결과가 나오고 그 업무일지에 임무영 필적이 있는 것을 발견하자 큰 혼란에 빠진 듯했다. 그렇다고 임무영에게 형이 쓰지 않았냐고 따지는 것도 아니었다. 강기훈은 임무영을 대필자로 지목한 데 대한 수치심과 죄책감으로 고개도 들지 못한 채 지칠 대로 지쳐 힘없이 '네', '아니오'만 되풀이하고 있었다.

임무영은 씩씩하고 직설적인 성격이라 김기설의 근무태도에 대해서나 강기훈이 5월 6일 출근하지 않은 데 대해서나 호되게 나무랐던 인물이었다. 온순한 성격의 홍성은과 강기훈이 검찰과 논리적으로 대화하다가 스스로 논리의 함정에 빠져 본의 아닌 진술을 했다면, 임무영은 완강하고 간결한 대응으로 검찰의 논리를 반박했다. 조사 기간이 짧은 덕도 있었다.

결국 검찰은 구속 기간 48시간 동안 아무 것도 얻지 못한 데다 필적도 확실히 다르다는 게 확인되자 임무영에 대한 수사를 종결했다. 대신 집회 및 시위법, 폭력행위 등 위반으로 구속시켜버렸다. 임무영의 성격으로 보아 그대로 내보내면 가혹행위와 고문을 폭로하며 싸우리라 본 것이다.

검찰은 임무영의 집을 압수수색할 때 그가 즐기던 기타의 악보까지 쓸어 담아 왔다. 수사의 실무책임자 격인 신상규는 기타 악보를 보면서 말했다.

"나도 이 노래 좋아한다야. 연애할 때 많이 불렀다. 나는 강력계 검사로 마약 관련 전문이야. 공안 쪽은 모르고 정치적 고려 같은 것도 하지 않는다."

임무영은 그냥 웃고 말았다. 정권의 주문에 의해 사건을 조작하고 있는 가장 정치적인 검사가 정치적 고려를 하지 않는다고 말하는 게 가소로워서였다.

변호인들은 검찰이 이번에는 임무영을 대필자로 모는 데 대해 국과수 문서감정실 감정원들이 공동명의로 발표한 논문을 제시하며 항의했다. 강기훈의 글씨와 유서가 같다고 판정한 현직 감정원인 김형영, 양후열, 최섭, 진명수가 1985년에 집필한 「한글의 운필형태

분류와 희소성에 대한 연구」라는 제목이었다.

'한국인 100명에게 ㄹ, ㅁ, ㅂ, ㅇ을 선정해 쓰게 한 결과 40%의 유사성이 나타나기도 했다. 많이 기재한 문자나 단조로운 문자일수록 외형의 상당 부분의 유사한 형태가 나타난다. 일부의 유사성만으로 판별한다는 것은 심히 의심스러운 일이다.'

변호인들은 강기훈과 임무영이야말로 그들이 말하는 40%나 되는 유사성을 가진 한 사람일뿐이라 지적했다. 검찰이 강기훈과 임무영 사이를 오락가락하는 것이야말로 이 사건이 처음부터 반정부운동을 탄압하려는 정치적 의도에 의해 만들어진 조작극이라며 비난했다. 하지만 대다수 언론은 벌써 전부터 운동권의 말을 고의적으로 외면하고 있었다. 대책회의는 해산되고 전민련 간부들이 거의 다 수배가 된 상태에서 변호인단의 주장은 아무런 반향도 일으킬 수 없었다.

강기훈 자신은 임무영과의 대질심문을 잊어버렸다. 잠 안 재우기 고문으로 거의 혼수상태나 다름없기도 했지만, 스스로의 양심의 가책으로 기억을 지워버린 것이었다. 그는 자기 방으로 돌아온 순간 임무영과의 대질장면을 머릿속에서 지워버렸고, 다시는 기억해내지 못했다. 그러나 홍성은과의 대질심문은 세월이 가도 잊지 않았다. 가해자가 아닌 피해자였기 때문이었다. 7월 9일의 일이었다.

검사들은 이번에는 마주 앉혀놓고 대화를 시키지 않고 멀찌감치 떨어뜨려 놓고 검사가 중간에서 말을 전달하는 식으로 대질을 진행했다. 대질심문의 여부를 묻는 재판에 대비하기 위한 형식적인 자리였다.

이번에는 홍성은이 고개를 숙인 채 강기훈의 시선을 피했다. 이모 집에서 경찰의 감시를 받다가 끌려나온 홍성은은 이 자리에서도 기존의 진술을 되풀이했다. 강기훈이 미안하다는 소리를 세 번 했다거나 김기설과 죽기 1주일 전부터 사이가 나빴다고 말했다는 등 강기훈 본인은 강력히 부인한 이야기들이었다. 홍성은은 자신의 전민련 수첩에 있는 김기설 이름과 전화번호를 강기훈이 써주었다는 기억은 확실치 않다고 번복하지만 다른 이야기는 모두 이전 진술을 인정했다. 검사는 그녀가 한 말을 이렇게 기록했다.

"저는 제가 기억하고 있는 사실대로 진술하였으며 왜 강기훈이가 저와 다른 기억을 하거나 다른 진술을 하고 있는지 알 수 없습니다."

강기훈은 이에 대해 말했다.

"홍성은이가 왜 저와 다른 말을 하는지 그 이유를 알 수 없고, 또 저에게 불리한 진술을 할 만한 특별한 사정은 없다고 생각합니다."

변호인들은 설사 홍성은의 진술이 다 맞다고 하더라도 그것이 유서대필의 증거일 수는 없다고 주장했다. 강기훈이 그녀에게 자신이 유서를 대필했다고 말한 적도 없고 김기설이 그에게 유서대필을 부탁했다고 홍성은에게 말해준 것도 아니었다. 언제, 어디서 유서를 대필했는지 밝혀진 것도 아니었다. 단지 홍성은의 눈에 강기훈이 이상하게 보였다는 간접증언만으로 유서대필범이 될 수는 없다고 주장했다.

결국 검찰은 19일에 걸친 엄중한 수사에도 불구하고 강기훈으로부터 유서를 대필했다는 자백을 받아내지 못했다. 연행한 주변인물로부터도 어떤 새로운 단서를 찾아내지 못했다. 무엇보다도 언제, 어디서 유서를 대필했는가가 나오지를 않으니 범죄행위 자체를 입증하기 어려웠다. 검찰은 언론에 계속해서 "모든 정황이 강기훈을 가리키고 있다."고 흘려보냈으나 재판에서 이길 만한 기소장을 써낼 자신이 없었다.

이 무렵 전민련이 일본에 연락해 일본인 오오니시 요시오로부터 필적감정을 받은 결과가 알려지면서 더욱 검찰을 압박했다.

오오니시 요시오는 국과수 김형영이 사실상 육안검사만으로 유사한 자음 십여 개만을 찾아내 동일필적이라 판정한 것과 달리, 유사한 받침은 물론, 서로 다른 자모음까지 일일이 숫자를 매기고 통계를 낸 결과 유서는 강기훈이 쓴 것이 아니라는 결론을 보내왔다.

이 소식이 알려지자 검찰은 유서대필 건만으로는 강기훈의 공소를 유지시킬 수 없다고 보고 다른 건수를 찾아 나섰다. 어떤 명목으로든 재판에 넘기면 유서대필의 죄로 감옥에 갔다는 인식을 줄 수 있다는 판단이었다. 검찰이 선택한 것은 혁노맹 사건이었다. 과거 강기훈이 혁노맹으로부터 받아 보관하고 있던 문건이 소재가 되었다.

수사 방향은 갑자기 혁노맹 사건으로 선회했다. 이미 구치소에 넘어가 있던 강기훈은 이후 열흘 가까이 혁노맹 사건에 대해 집중 조사를 받았다. 법정공방도 혁노맹 사건부터 시작되었다.

1991년 법정에 서는 강기훈

12
판사들

재판은 기소 한 달 만인 1991년 8월 22일부터 시작되었다.

사회적 이목을 집중시킨 재판을 맞은 검찰은 수사를 맡았던 검사들을 공판검사로 배치했다. 수사담당 검사가 공판정에 나올 경우 피고인이 위축되어 제 권리를 행사하지 못한다는 점 때문에 공판정에는 다른 검사가 나가도록 하는 게 관례였는데 이 사건에 대해서는 이례적으로 수사검사들이 공판검사로 나가 강기훈을 압박한 것이다.

신상규, 송명석, 안종택, 임철로 구성된 공판검사들은 우선 혁노맹 사건을 추궁하는 데 집중했다. 안종택의 경우 유서대필에 관한 질문은 80개만 뽑은 데 비해 혁노맹에 관한 질문은 100개를 뽑았을 정도였다.

강기훈이 속했던 선봉그룹의 주류가 합법적 선거운동으로 전향한 데 반발해 만들어졌던 혁노맹은 1990년 10월 군인과 학생 40여 명이 국가보안법 위반혐의로 구속되면서 실체가 드러났지만 그 전에 이미 와해된 조직이었다. 체포된 이들은 군수사기관, 안기부, 치안본부 등에서 정밀 수사를 받았으나 기소된 이는 20명밖에 되지 않았고, 그나마 강기훈의 1심 판결이 나는 1992년 2월까지는 대부분 기소유예나 집행유예로 풀려나 있었다.

더구나 강기훈은 그 사건으로 조사를 받은 적도 없고 참고인으로 불려 간 적도 없었다. 애초에 가입한 적이 없었기 때문이었다. 그러나 검사들은 그를 혁노맹에 엮는 데 주력했다.

"피고인은 1989년 9월 초순부터 중순경 가명 김명훈을 통하여 혁노맹에 가입한 것으로 보이는데 어떤가요?"

검사 안종택의 질문에 강기훈은 간단히 대답했다.

"가입한 사실이 없습니다."

"피고인은 '혁명의 불꽃' 가입은 시인하면서 혁노맹 가입을 부인하는 이유는 무엇입니까?"

'혁명의 불꽃'은 강기훈이 가입을 인정한 선봉그룹의 주류 기관지였다.

"사실이 아니기 때문입니다."

"피고인이 가입 활동한 이러한 조직의 주장은 북한의 대남혁명

전략전술에 동조하여 공산혁명을 추구하는 것이지요?"

"선봉그룹은 북한의 대남혁명 전략전술에 동조한 것이 아니라 소련의 사회주의혁명을 궁극적인 목적으로 활동하였던 것으로 알고 있습니다."

"망 김기설의 유서의 주장은 피고인이 가입 활동한 '혁명의 불꽃'이나 혁노맹의 변혁이론인 민족민주혁명, 즉 NDR론에 터 잡은 것으로 보여지고, 그 유서 내용은 당시 5월 현 정세를 혁명의 고양기로 보아서 지금 당장 민중봉기를 일으켜 민중민주정권에 의한 민주주의 민중공화국을 창설하여 연방제로 통일을 이룩할 것을 주장하는 것인데 어떤가요?"

"그렇지 않다고 생각합니다."

학생운동 출신이 아니라 자생적으로 민주화운동에 가담한 노동자였던 김기설은 어떤 글이나 말에서도 자신이 사회주의자임을 주장한 적이 없었다. 민중봉기를 일으켜 혁명정권을 세워야 한다거나 북한과 연방제 통일을 해야 한다는 이론을 내세운 적도 없었다.

"피고인의 변혁노선은 소위 민족민주혁명론 이론에 입각해있고 망 김기설의 유서도 같은 입장으로 보여지는데 어떤가요?"

"전혀 그렇지 않으며 '혁명의 불꽃' 사람들과 단절한 지 2년이 된 바 그 이유는 피고인이 그들과 의견을 달리하기 때문입니다."

"피고인은 대학 재학 시절 소위 삼민투 등 활동을 하면서 발전시켜온 우리나라 변혁이론을 '혁명의 불꽃' 그룹이나 혁노맹과 관련하여 활동하고 그 기관지를 탐독하면서 혁명사상을 스스로 강화해오면서 그 실천의 장이 열리기를 기다려왔지요?"

"1988년에서 1989년에 레닌주의에 동조한 것은 사실이나 그 후 생각이 바뀌어 지금은 소련식의 공산주의혁명이 오류라고 생각합니다."

강기훈이 가담했던 '혁명의 불꽃'은 인민노련이라 불리던 인천지역민주노동자연맹과 연합해 합법정당운동으로 전향한 지 오래였다. 무장봉기나 일당독재의 방식이 아닌, 평화적이고 합법적인 방법으로 세상을 바꾸는 사회주의운동을 천명한 인민노련 활동가들은 법정에서도 당당히 자신의 사상을 드러냈다. 윤철호 등 지도부는 법정에서 자신이 분명한 사회주의자라고 외치고, 그러나 구소련과 같은 사회주의가 아니라 보다 인간적이고 보다 민주적인 사회주의를 지향하는 민주사회주의자라고 역설해 화제가 되기도 했다. 강기훈도 그런 입장을 가진 한 명이라고 할 수 있었다.

검사 안종택은 그러나 이런 측면은 무시했다. 그는 러시아혁명 당시 레닌이 주창했던 공산주의자의 신조 제10항을 낭독해 보였다.

"계급투쟁적 가치관을 가지면 혁명을 위한 거짓말은 불가피한 게 아니라 적극적인 의무이고 선이 된다. 공산주의자는 법률위반, 거짓말, 속임수, 사실은폐 따위를 예사로 해치우지 않으면 안 된다.

어떤 행위도, 예컨대 살인이나 부모에 대한 밀고라도 공산주의의 목적에 도움이 되면 정당화된다."

변호인단은 레닌의 신조는 차르 체제 말기의 극한적 대립과 혼란 속에 암살과 무장봉기가 들끓던 러시아의 상황에서 만들어진 것으로, 개인의 자유와 민주제도를 갖춘 남한에 이를 적용하는 것은 무리라고 주장했다. 운동권 학생들조차도 이런 신조에 대해 들어본 사람이 거의 없으며 강기훈도 이런 신조가 있었다는 것조차 몰랐다고 거듭 주장해오고 있었다.

"피고인은 이 공산주의자의 10대 신조를 알고 있습니까?"

"잘 모릅니다."

"공산주의자의 10대 신조에 의하면 목적이 수단을 정당화한다는 입장에서 공산혁명을 위해서는 살인이라도 서슴없이 할 것을 선동하고 있는데 어떤가요?"

"공산주의자의 10대 신조라는 말은 검찰에서 조사받을 때 처음 들었습니다. 또 검사가 설명하기를, '공산주의자는 자기가 속을 정도로 거짓말을 잘해야 하고 심지어는 자기 아버지도 죽일 수 있어야 한다. 그래서 만든 것이 1920년대 공산주의자들이 만든 살부회라는 단체이고 그 단체는 자기 아버지를 자기 스스로 죽일 수는 없으니까 계 타먹기 하듯이 아버지를 죽이는 단체다.'라는 얘기를 하여 저를 아연하게 한 적이 있습니다."

검사 신상규가 한 이 말은 김구의 『백범일지』에 나오는 살부회를 인용한 것이었다. 일본에 유학 가서 공산주의자가 된 이들이 대개 부유층 자제들이어서 아버지와 사상이 대립되니 운동자금을 마련하기 위해 살부회를 만들었다는 것은 일경의 기록에도 나오지 않는 이야기였다. 김구가 '이상룡의 자손'이라고 지목해 살부회의 일원인 것처럼 표현해놓은 이병화는 만주에서 사회주의계열 독립운동을 했던 것은 맞지만 이름난 효자였고, 레닌의 공산주의자 신조 제10항에도 아버지를 죽여도 좋다는 말은 없었다.

변호인단은 살부회니 혁노맹은 검찰이 유서대필로는 기소를 유지하기 어렵자 끌어들인 황당한 누명이라고 주장했다. 그러나 재판장 노원욱은 스스로 운동권에 대한 자신의 편견을 감추지 않았다. 노원욱은 줄곧 검사의 질문을 보충하는 듯한 심문으로 강기훈을 몰아세웠다. 수사 초기에 업무일지를 보지 못했다고 진술했다가 바꾼 이유가 무엇인지, 왜 강기훈 본인 소유의 전민련 수첩을 제출하지 못하는가 하는 등의 질문들은 사실상 검사들을 대변하는 인상을 주었다. 4개월간 12회나 공판이 열린 끝에 1심판결이 나기까지, 노원욱을 비롯한 판사들이 변호인의 말을 인용해 피고의 입장을 헤아리는 질문을 한다거나 검찰의 주장을 논박한 흔적은 거의 없었다.

판사들은 강기훈에게 본인의 전민련 수첩이 없다는 점을 의심했다. 강기훈은 주로 컴퓨터를 다루는 기술자로, 두꺼운 종이수첩은 사용하지 않기 때문에 전민련에서 받았는지조차 기억이 나질 않는 다고 답했으나 판사들은 믿으려 들지 않았다. 자기 수첩을 이용해 김기설의 전민련 수첩을 위조하지 않았는가를 거듭 추궁했다.

강기훈과 변호인단은 전민련 실무자들의 증언을 통해, 검찰에 제출한 김기설 수첩에는 김기설만이 알 수 있는 사회국 업무가 기록되어있다고 항의했다. 그러나 판검사들은 김기설의 전민련 수첩을 제출하라는 요구를 받은 전민련이 강기훈으로 하여금 그 수첩을 베껴 쓰게 한 후 원래 수첩은 없애버렸으리라는 음모론으로 맞섰다. 이후 20종이 넘는 김기설의 필적들 역시 전민련이 조직적으로 개입해 강기훈에게 쓰게 하고 다른 사람들과 말을 맞춰 검찰과 재판정에 제출했다고 주장했다.

가족들도 판사들의 편견을 부추겼다. 김기설의 아버지 김정열과 셋째 매형이었다. 제4회 공판에 검찰 측 증인으로 나온 아버지 김정열은 검사들의 질문에 거의 '예'라는 단답형 답변으로 일관했다.

"증인은 5월 8일 밤 영안실에서 그곳에 있는 유서 사본을 천천히 읽어보고 김기설의 글씨가 아니라고 의심하게 되었나요?"

"예."

김정열은 유서를 자세히 읽어본 적도 없었고, 본래의 김기설의 글씨가 어떻게 생겼는가 알지도 못한 사람임에도 검사의 말에 동조한 것이었다. 실제로는 처음 영안실에 도착했을 유서를 누가 주기에 화가 나서 집어 던지며 내 아들의 것이 아니라고 소리친 게 전부였다고 아주 나중에서야 고백한다.

"그날 밤 둘째 딸 김학영, 셋째 딸 김화영도 유서의 글씨가 김기설이 아니라고 말하던가요?"

"예."

이 역시 사실이 아니었다. 누나들도 죽은 어머니에 대해 써놓은 것이 이상하다거나 빚을 진 큰누나 이름을 안 썼다고 서운해한 것은 사실이었다. 그러나 김기설의 글씨체에 대해서는 잘 알지 못했기 때문에 의문을 품은 적도 없었다. 주변에서 의심하는 소리들을 하기에 김기설의 친구 한송흠에게 유서가 동생 글씨가 맞느냐고 물어 그렇다는 소리를 듣고 "송흠이가 맞다면 맞는 거지."라고 대답한 게 전부였다. 누나들은 재판에 증인으로 나오지 않았다.

"유서의 내용에 대하여는 어떻게 생각하는가요?"

"큰누나에 대한 말이 전혀 없어서 이상하게 생각하였습니다."

변호인들은 급하게 유서를 쓰면서 큰누나에 대한 감사를 언급하지 않았다는 것이 그렇게 큰 문제일 수 없고, 누나가 셋이나 되니 어느 한 사람만을 거론하기보다는 부모에 대해서만 쓸 수도 있는 것 아니냐고 반박했다. 만일 사건 전날 밤 자취방에서 유서를 쓰고 있을 때 임근재 등이 찾아와 막지 않았다면, 충분한 시간을 갖고 누나들에 대한 고마움과 미안함에 대해서도 유서에 남겼을지 모른다고 추측했다. 무엇보다도, 누나 이야기가 없다는 것이 유서가 가짜라는 추측은 될 수 있지만 결정적 증거가 될 수는 없으며, 더구나 그것을 강기훈이 썼다는 것은 더욱 어불성설이라고 주장했다. 그러나 변호인들의 주장은 재판관들에게 철저히 무시되었다.

"증인은 김기설의 생모가 사망한 후 재혼하였나요?"

변호인 박연철의 질문에 김정열은 단답형으로 답했다.

"예."

"김기설은 계모에 대하여 정이 없어서 평소 어머니라고 부르지 아니하였나요?"

"덤덤하게 지내는 사이였으나 어머니라고 부르긴 하였습니다."

변호인들은 이 말을 김기설이 유서에 쓴 어머니는 어려서 죽은 친어머니가 아니라 계모를 말하는 것으로 해석했다. 변호인 박연철은 이 점에 대해 거듭 김정열에게 물었다.

"김기설 군과 그 누님들은 계모에 대하여 어머니라고 부르지 않았습니까?"

"어머니라고 불렀습니다."

"김기설 군의 계모는 김기설 군이 5, 6세부터 중학교를 졸업하기까지 10년 이상을 슬하에 데리고 양육하였던 것은 사실인가요?"

"예."

박연철은 김기설이 큰누나 김화자의 집에서 산 것은 고등학교 때부터 군대 가기 전까지 3, 4년 정도밖에 안 되었으며 제대한 이후로는 거의 밖으로 돌았기 때문에 큰누나가 키우다시피 했다는 말에 의문을 제기했다. 글씨체에 대해서도 의문을 제기했다. 가족들이

가지고 있는 몇 글자 안 되는 정자체는 김기설이 오래전에 쓴 것으로, 제대한 이후의 글씨에 대해서는 아버지도 누나들도 잘 모른다는 점을 지적하며 가족이 유서의 진위를 의심한 세 가지 사유가 모두 근거가 약하다고 주장했다.

김정열은 검사의 말뿐 아니라 변호인 박연철의 말에도 별다른 반박이나 이의를 제기하지 않았다. 검사가 물을 때와 마찬가지로 '네' 아니면 '몰랐다'로만 간단히 대답했다. 판사가 묻는 말에도 역시 '네'로 일관했다. 재판장 노원욱이 물었다.

"증인은 유서가 김기설의 것이 아니라고 생각하나요?"

"예."

"글씨를 보고 그렇게 생각하나요, 아니면 내용을 보고 그렇게 생각하나요?"

"글씨도 내용도 모두 기설이가 쓴 것 같은 느낌이 전혀 들지 않습니다."

운동권이 어리석은 아들을 꼬여 죽게 만들었다는 미움, 자신들에게 유리하게 대답해주면 가족을 도와줄 것처럼 행동해온 검찰의 태도가 김정열에게 무성의한 대답을 유도하고 있었다.

"제일 먼저 유서의 내용이나 글씨에 이의를 제기한 사람은 누구인가요?"

"셋째 딸이 맨 먼저 기설이의 글씨가 아니라고 하였습니다."

김기설의 셋째 누나가 유서의 진위에 대해 의문을 제기한 것은 본인의 의사라기보다 남편의 강력한 주장 때문이었다. 김기설의 셋째 매형은 10월 9일 공판에 검찰 측 증인으로 나와 검사의 질문에 적극 호응해 답했다.

"증인은 5월 9일 저녁 검찰청에 전화하여 유서의 필적이 김기설의 글씨가 아니며 김기설의 사인에 대하여 의문점이 많다며 철저한 조사를 요청한 사실이 있지요?"

"예."

"유서가 기설이 것이 아니라고 하는 이유는 무엇인가요?"

"우선 필적이 맞지 않고, 큰누나가 키워주었고 죽기 7개월 전에 큰누나 집에서 돈 270만 원을 훔쳐갔는데 큰누나 얘기는 전혀 없었고, 전민련 서준식 얘기가 마음에 들지 않았습니다."

"증인은 91년 5월 10일 검찰청에 찾아와서 김기설의 필적을 제출하고 유서와 비교 감정하여 줄 것을 요청한 일이 있지요?"

"예."

검사는 그가 제출했던 책 안쪽을 찢어낸 증거물 두 장을 보여주며 물었다.

"위 필적은 김기설이 군대에 가면서 큰누나 김화자에게 조카 혜정이를 잘 키우라며 육아법에 관한 책을 선물하면서 그 책에 기재한 글씨인가요?"

"예."

"증인은 김기설 사망 사건 전부터 김기설의 글씨를 잘 알고 있었는가요?"

"위 책의 글씨를 보았고 증인 회사에서 약 3개월간 근무한 적이 있어 기설이의 글씨를 알고 있었습니다."

김기설이 제대 후 한동안 셋째 매형의 공장에서 원단 입출고 작업을 했던 것은 사실이었다. 하지만 그는 당시 김기설이 썼다는 글씨는 하나도 제시하지 못했다. 검사가 물었다.

"증인은 1991년 5월 9일부터 12일까지 신촌 세브란스병원 영안실에서 김기설 장례위원회 관계자들과 싸운 일이 있었는가요?"

"예."

"몇 차례나 누구와 왜 싸웠는가요?"

"얼굴은 아나 이름은 모르는 준비위원이라는 사람과 싸웠는데 슬픔에 잠긴 기설이 아버지를 계속 쫓아다니며 다른 사람과 접촉을 못하게 하여 화가 나 증인이 서너 번 두 사람의 궁둥이를 발로 찬 적이 있습니다."

몇 번이나 사람들을 걷어차고 욕을 했다는 사실을 당당하게 털어놓은 그는 변호인 이석태의 질문에도 솔직담백하게 답했다.

"증인과 김기설 사이는 좋은 편이었나요?"

"만날 때마다 충고하고 야단만 쳤을 뿐이라 그렇게 좋은 편은 아니었습니다."

"김기설이 증인의 집에 와서 거주한 일이 있나요?"

"하루 이틀 정도 거주하였습니다."

"증인이 김기설을 만난 횟수가 어느 정도인가요?"

"20번 정도였습니다."

변호인은 공장에서 석 달이나 일을 함께 했는데도 실제 만난 횟수는 20회 정도였다는 점, 공장에서 입출고 작업을 해서 김기설의 글씨를 잘 안다면서 단 한 점의 필적도 제출하지 않은 점을 의심했으나 재판에 제기하지는 않았다. 그의 증언에 운동권에 대한 편견이 실린 것은 사실이지만, 고의적으로 거짓말을 하는 흔적은 찾지 못했기 때문이었다.

명백히, 고의적으로 거짓말을 한다고 의심받은 증인은 국과수 문서감정실장 김형영이었다. 1심재판에 세 번째로 등장한 그는 변호인들로부터 자기변명만 하는 거짓말쟁이로 공격받았고 김형영 역시 사뭇 공격적으로 이에 맞섰다.

1991년 10월 9일에 열린 4회 공판에 나온 김형영의 증인신문에서 검사는 문서감정인으로서 그의 화려한 경력을 부각시키면서 모든 감정 결과는 혼자가 아니라 문서감정원 4명이 함께 내린 결론임을 강조했다.

"증인이 책임자로 있는 문서분석실에서는 1990년에는 3,600여 건을 감정하였고, 증인이 1977년 문서감정요원으로 임용된 후 처리한 감정건수는 직접, 간접으로 수만 건에 달하지요?"

검사의 질문에 그는 자신 있게 답했다.

"예."

변호인은 이 엄청난 실적이야말로 국과수의 감정이 얼마나 졸속으로 이뤄지고 있는가를 반증하는 근거로 보았으나 검사는 김형영의 전문가로서의 능력을 보여주는 근거로 삼았다.

"문서분석실에서는 감정을 의뢰받아 회보할 경우 회신은 한 사람 명의로 하나, 실은 한 명이 감정한 결과를 문서분석실의 감정요원 네 명이 함께 검토하고 한 명이라도 대조자료 부족이라는 등 이의를 제기하면 감정불능 등으로 회보하는 것이 관례이지요?"

"예."

"위 감정회보도 관례에 따라 문서분석실의 감정요원 네 명이 내린 결론을 회보한 것인가요?"

"예."

"따라서 김기설 명의의 유서 감정과 관련하여 전민련 측에서 일부 언론에 보도한 것처럼 증인 혼자 감정한 것처럼 주장하는 것은 사실과 전혀 다른 것이지요?"

"예. 전혀 다릅니다."

변호인단은 이야말로 사실과 전혀 다른 주장이라고 반론을 준비했으나 국과수의 다른 감정사들은 증인으로 나오지 않았다. 나중에 항소심 증인으로 나온 유일한 인물인 양후열은 적극적으로 검찰 편에 섰다. 전민련 수첩의 절단면을 문제 삼아 검찰을 기사회생 시켜준, 문서감정원 중 가장 의심을 받은 장본인이기도 한 그는

1992년 3월 30일에 열린 항소심 3회 공판에 검찰 측 증인으로 나와 김기설의 유서를 네 감정인이 공동으로 심의한 게 맞다고 주장했다. 검사의 질문이다.

"공동심의는 주로 언제 이뤄지는가요?"

"주로 아침에 출근해서 커피 타임에 많이 했습니다."

"공동심의는 매일 아침 출근 직후 의뢰된 문서원본과 지정담당자가 과학수사장비에 의하여 심층적으로 분석한 자료를 가지고, 특히 그중에서 약 40배 내지 60배율로 확대한 희소성 있는 특징부분의 사진 등을 가지고 함께 검토하며, 경우에 따라 이야기가 길어지는 경우에 오전 내내 토의하는 경우도 있지요?"

"그렇습니다."

"이 사건과 관련해서는 언론에 부각된 사건이라 수시로 특징과 상이점이 나올 때마다 감정인들이 돌아가며 현미경 등 장비를 이용, 관찰하였지요?"

"예."

이에 대해 변호인은 현실적으로 그것이 가능하지 않음을 입증하기 위해 맹공을 가했다. 변호인의 질문이다.

"이 사건 감정과 관련한 공동심의 과정에서 김형영을 제외한 증인 등 다른 감정요원들이 사용한 감정방법은 김형영이 사용한 감정방법과 완전히 일치하는 것이었나요?"

"예. 그리고 다른 분석실에서 해보는 경우도 있고 그렇습니다."

"그렇다면 증인 등 다른 감정요원들이 이 사건 감정을 심의하는 과정에서 소요된 시간은 김형영이 쓴 시간과 대체로 같겠군요."

"예."

"김형영이 이 사건 1심공판에서 필적감정에 소요된 시간에 관하여 '처리기한은 8일로 잡고 있고, 빠르면 1, 2일 걸리고 늦으면 지연통보를 하여 연장하는데, 대개는 일주일 정도 걸립니다.'라고 증언한 바 있는데, 사실인가요?"

"예, 맞습니다."

"여기 1990년도 문서분석실의 업무량이 나와있는데요. 필적감정 2,815건, 인영감정 503건, 기타 311건으로 합계 3,629건입니다. 엄청난 양입니다. 작년에는 그보다 더 늘어났을 텐데요. 일요일, 공휴일 빼고 하루 평균 12건을 처리해야 하고, 감정인 4명이 분담하여 단독 처리하더라도 한 사람이 일일 평균 세 건을 처리해야 하는데 과연 그와 같은 업무량을 감당할 수 있는가요?"

변호인은 이 질문을 통해 사건의 유일한 실질적 증거로 채택된 국과수 필적감정서가 김형영 개인이 쓴 것임을 확인시킴으로서 양후열 등 나머지 4명의 감정원에게는 면죄부를 주려는 제안을 암시하고 있었다. 그러나 양후열은 단호하고도 태연자약하게 답했다.

"할 수 있습니다. 공동심의하면서도 할 수 있습니다."

양후열은 오랜 세월이 지나 김형영이 국과수에서 퇴직하고 자신이 문서감정실장으로 승진한 후에야 이 재판에서의 자기 증언이 변호인의 말을 잘못 알아듣고 대답한 것이었다고 후퇴하지만 수첩의 절단면 문제에 대해서는 우연히 발견했다는 식의 원래 주장을 고수했다.

가족과 국과수 다음으로 유력한 검찰 측 증인은 홍성은이었다. 재판부는 변호인 측 증인으로 나온 15명의 증언들을 철저히 무시해버리는데, 홍성은의 증언만은 신뢰했다. 그러나 재판정에 나온 홍성은의 증언에 대해서가 아니었다. 사건 초기 홍성은이 검찰청에서 진술했던, 검찰이 증거보전신청을 해놓은 진술에 대한 신임이었다.

1심재판의 검찰 측 증인으로 소환된 홍성은은 10월 23일의 제4차 공판에 출석하게 되어있었다. 그러나 홍성은은 10월 19일 어머니와 공동명의로 재판장 노원욱에게 편지를 보내 증인소환을 철회해달라고 탄원했다. 강기훈의 유죄입증을 위한 증인으로 서게 되면 선후배, 지인들에게 누가 되니 나서고 싶지 않으며, 그렇다고 변호인 측 증인으로 나서고 싶지도 않다고 썼다. 가능한 한 자신의 존재를 숨기고 싶다는 내용이었다. 검찰에서 진술한 내용이 증거 보존되어있으니 참고하고, 강기훈과의 대질신문을 통해 잘못된 부분은 고쳤다는 것, 자신의 말은 신문에 다 나와있으니 반복하고 싶지 않다고도 했다.

검찰은 그러나 유력한 증인을 놓치지 않았다. 홍성은은 아버지를 통한 검찰의 강요에 의해 11월 7일의 제7회 공판에 불려나와 증언대에 섰다. 검사와 변호인 양쪽에서 길고 세세한 질문공세가 쏟아졌다. 그녀는 자신을 신문했던 수사검사들이 공판검사로 나와있는 자리에서 예전의 진술을 뒤집지는 못했다. 그러나 변호인의 질문에 대한 답변을 통해 사실상 대부분의 과거 진술을 번복했다.

홍성은 소유의 전민련 수첩에 쓰인 김기설의 전화번호에 대해 변호인 박연철이 물었다.

"김기설의 전화, 팩스번호는 1991년 5월 13일 검찰에 처음 불려가서 진술할 때는 '김기설이 1991년 4월경 어느 카페 안에서 적어준 것이고 장난으로 낙서를 한 것 같다.'고 하였지요?"

"예."

"그 후 5월 17일 다시 검찰에 불려 가 조사를 받게 되자 '강기훈이 1991년 5월 10일 오후 3시 30분쯤 봉쥬르 카페에서 대화를 나눌 때 써주었다.'고 하였지요?"

"네."

"그런데 1991년 7월 9일 검찰에서 피고인 강기훈과 대질신문을 받을 때에는 '집에 가서 곰곰이 생각하니 누가 써주었는지, 혹은 제가 모르는 사이에 누가 제 수첩에 써놓은 것인지 기억이 확실치 않습니다.'라고 진술하였지요?"

"예."

"5월 10일 강기훈이 쓰지 않은 것은 틀림없나요?"

"예."

홍성은은 자신이 강기훈을 의심하게 된 과정에 대해서도 변호인의 질문에 답변하는 형식으로 진술했다.

"증인은 그날 피고인이 김기설의 유서를 대필한 것으로 판단하고 진술을 바꿨는데 증인으로 하여금 그와 같은 판단을 내리게 한 이유, 동기, 근거는 무엇인가요?"

"문서가 비슷하기에 비슷하다고 했을 뿐입니다."

"비슷하다고 한 것은 무엇입니까?"

"유서와 '수신 김정훈, 발신 김명훈'으로 되어있는 문건이 가장 비슷하다고 한 것입니다."

혁노맹 문건을 말함이었다. 이 문건이 강기훈이 쓴 것이 아님은 이미 밝혀진 상태였다. 홍성은은 다른 사람 글씨를 보고 강기훈이 썼다고 생각하게 된 것은 검찰의 집요한 혼란 유도와 김기설, 강기훈에 대한 배신감 때문이었다고 고백했다.

"증인은 김기설이 분신하고 난 이후 김기설이 한양대 철학과를 중퇴한 것도 아니고 고등학교 중퇴의 학력을 가진 사람이었다는 것을 알고 어떻게 생각하였나요?"

"기분이 언짢았습니다."

"증인이 1991년 5월 17일 검찰에서 진술할 때 증인은 강기훈, 김기설 등에게 모두 배신당하였다는 기분을 가졌지요?"

"예."

"증인은 1991년 5월 17일 김기설, 강기훈에 대한 의혹과 혼란을 품은 상태에서 진술하였지요?"

"예."

홍성은이 5월 17일의 진술조서를 부인하는 발언을 하자 검사들은 곧바로 반박에 나섰다. 신상규가 먼저 홍성은을 압박했다.

"아까 증인은 변호인 반대신문에 대하여 강기훈, 김기설 두 사람에 대한 배신감이나 혼돈상태에서 잘못 진술하였다고 하였는데, 그렇다면 5월 17일에 증인이 진술할 때 강기훈이 쓰지도 않은 것을 강기훈이 썼다고 진술하였다는 말인가요? 아니면 5월 17일 검찰에서 진술할 때는 그때 당시에 강기훈이 쓴 것으로 기억하고 있었기 때문에 그렇게 답변한 것인가요?"

"…."

수일 동안 자신을 몰아세웠던 검사와의 대질에 겁먹은 홍성은이 어떤 대답도 못했다. 신상규는 날카롭게 다그쳤다.

"결국 5월 17일에 증인의 수첩에 강기훈이 썼다고 진술한 것이 거짓진술인가요? 그 당시 강기훈이 쓴 것으로 기억하기 때문에 그렇게 진술했나요?"

"…."

홍성은이 계속 대답을 못하자 재판장 노원욱이 직접 나섰다.

"어렵게 생각하지 말고 솔직하게 대답해보세요."

"그때 당시 기훈이형 만나고 나서 정확하게…."

"대답하기 거북한가요?"

"예. 그때 당시에는 내가 모르는 사이에 쓸 수도 있다고 생각하여 그렇게 대답하였습니다."

자기가 모르는 사이에 썼을 수도 있다고 생각했다는 것은 곧 강기훈이 쓰는 것을 보지 못했다는 진술이었다. 검사 신상규는 홍성은이 검찰청에서 편안하고 자유로운 상태에서 진술했던 것을 이제와서 부인한다며 다른 여러 진술까지 계속 추궁했다. 그러나 홍성은은 신상규의 질문에는 거의 침묵으로 일관했다. 대신 판사 노원욱의 질문에서 거듭, 자신의 5월 17일 진술이야말로 잘못된 것임을 밝혔다. 노원욱이 물었다.

"5월 10일 증인의 수첩에 김기설의 전화번호를 써준 부분에 관하여 검사가 신문할 때는 강기훈이 써준 것이 맞다고 하고, 변호인이 반대신문을 할 때는 누가 썼는지 확실치 않은데 적어도 5월 10일 강기훈이 써주지 않은 것은 확실히 기억된다고 진술하였는데, 지금도 김기설이 직접 써준 것인지 강기훈이 써준 것인지 기억이 나지 않는가요?"

"그것에 관하여 많이 생각해보았는데 구체적으로 언제 어디서 누가 써주었는지 생각이 나지 않습니다. 대수롭지 않게 생각하여 제 기억에서 없어진 것 같습니다."

기억에 대한 홍성은의 심정은 같은 재판정에서 그녀를 바라보고 있는 강기훈도 같았다. 두 사람뿐 아니라 김기설 주변의 모든 사람들이 무심코 지나가 버려 잊어버린 일을 억지로 기억해내야만 했고, 그 과정에서 일어난 착각이나 한두 마디 실언이 유죄의 근거로 재판정에서까지 거론되고 있었다.

주심판사 노원욱과 배석판사 정일성, 이영대는 그러나 홍성은으로부터 직접 들은 이 답변을 채택하지 않았다. 그들은 법률적 효력을 가졌다는 이유로 5월 17일에 증거보전신청을 해놓은 진술만을 인정했다.

1심재판은 법정 안팎을 채운 수백 명의 방청객과 기자들이 보는 가운데 십여 차례 수십 시간이나 계속되었으나 결과적으로 남은 것은 사건 초기 검찰이 정리해놓은 기소내용뿐이었다. 김정열, 김형영, 홍성은의 세 사람 이외에 나머지 십여 명의 증언은 모두 무의미하게 버려졌다.

변호인측 증인 중에는 전민련에서 필적검사를 의뢰했던 일본인 감정사 오오니시 요시오도 있었다. 오오니시 요시오는 일주일 이상의 공을 들여 유서와 강기훈의 글씨를 검토하면서 모든 자음과 모음을 같은 형태와 다른 형태로 구별해 숫자로 집계해본 결과, 같은 글자보다는 다른 글자의 비율이 훨씬 높다는 것을 입증해냈다. 김형영이 같은 사람 글씨라며 뽑아놓은 십여 개의 상사점은 어느 누구의 글씨를 비교한다 해도 나타날 수 있는 낮은 수치에 불과하며 서로 다른 상이점이 압도적으로 많으므로 유서는 강기훈이 쓴 게 아니라는 결론이었다. 하지만 검찰은 오오니시 요시오가 한글을 전혀 모르는 사람이라는 이유로 증언을 배척해달라고 요청했고, 판사들은 이를 받아들였다.

치열한 필적 공방으로 때때로 야간까지 이어진 1심재판은 막바지에 이르렀다. 재판 시작 3개월 만인 1991년 11월에 열린 제10차 공판에서 검찰은 징역 7년을 구형했다.

"강기훈은 1991년 4월 26일 강경대군 치사사건이 발생하여 재야 운동권의 반정부투쟁 분위기가 고조되자 김기설이 그 투쟁 분위기를 더욱 확산시키기 위하여 분신자살하겠다는 생각을 갖고 있음을 알고 김기설의 분신자살 결의와 결행을 용이하게 할 의도로, 4월 27일경부터 5월 8일 사이의 일자 불상, 장소 불상지에서 유서를 작성하여 줌으로써 김기설의 분신자살을 조국과 민중을 위한 행위로 미화하여 김기설로 하여금 분신자살의 결의를 확실하게 함과 동시에 사후 장례식 등 모든 문제를 서준식, 김선택 등 전민련 대책위에서 책임진다는 것을 암시하는 방법으로 김기설을 사망에 이르게 함으로서 자살을 방조했다."

검찰은 구형 이유에서 김기설을 '광탄고교 1년을 중퇴한 학력의 소유자로 지식과 문장력이 부족함에도'라고 묘사함으로서 그가 유서를 쓸 능력이 없었다는 점을 부각시키려 들었다. 김기설이 공고 1

학년에 중퇴한 것은 맞지만 스스로 수도공고로 전학해 3학년까지 다녔다는 것, 독학으로 고교검정고시를 통과했으므로 고졸로 보아야 하는데 고1 중퇴로 쓴 것이었다. 또한 대유전문대 학보에 논문을 게재할 만큼 글을 잘 썼다는 내용이 수사 기록 곳곳에 나오는데도 지식과 문장이 부족하다고 폄하한 것이었다.

변호인단은 12월 4일에 열린 제11차 공판에서 검찰의 공소내용은 '사실'이 아니라 '픽션'이라고 반박했다. 먼저 유서를 써주었다는 장소와 일시가 전혀 없는 공소가 어떻게 가능한지를 묻고, 유서대필이라는 비상식적인 행위가 어떻게 가능한가를 질타했다.

"이미 자살을 결심한 사람에게 유서를 써주는 행위가 어떻게 그 자살 결심을 '용이하게 도와주는 것'이 된단 말입니까? 김기설 군이 분신자살을 결심하였지만 유서가 없어서, 유서를 쓸 능력이 없어서 분신자살의 결행을 망설이고 있었단 말입니까? 아니면 자신의 분신자살이 조국과 민중을 위한 행위로 미화되지 않을까 염려되어서, 또는 사후 장례식이 걱정되어서 망설이고 있었단 뜻입니까?"

변호인단은 순수한 법률적 판단으로도 결코 강기훈에게 유죄를 내릴 수 없다고 지적했다.

"이 사건은 형사소송법 제328조 제1항 제4호의 '공소장에 기재된 사실이 진실이라 하더라도 범죄가 될 만한 사실이 포함되어있지 아니한 때'에 해당하므로 공고를 기각해야 하며, 그렇지 않더라도 '공소사실의 기재는 범죄의 시일, 장소와 방법을 명시하여 사실을 특정할 수 있도록 하여야 한다.'는 같은 법 제254조 제4항의 규정에 위반된 공소제기로서 공소기각의 판결을 해야 할 것입니다."

같은 날 재판에서 강기훈은 침착한 말투로 최후진술서를 읽어나갔다. 그는 검찰의 공소가 희대의 조작극이며 사기극일 수밖에 없는 이유에 대해 나열한 뒤, 솔직한 심정을 피력했다. 첫 번째는 아무 조직적 연계도 없음에도 혁노맹 관련 문건들을 2년 가까이 폐기하지 않고 집에 방치하여 검찰의 성동격서 작전에 이용된 것을 부끄러워했다. 두 번째는 임무영에 관한 것이었다. 임무영은 이때까지도 감옥살이를 하고 있었다.

"두 번째는 검찰의 조사과정에서 제가 전민련 동료인 임무영의 글씨를 보고 유서가 대필되었을지도 모른다고 진술한 일에 대해서입니다. 물론 사건의 발단은 검찰의 판단에서부터 시작되었으나 저의 유약함과 어리석음이 너무나도 쉽게 검찰의 대필 주장에 동조했던 것이 수많은 사람의 가슴에 의혹과 당혹감을 던져주었기에, 그리고 설령 지금은 혐의가 벗겨졌더라도 동료 임무영은 다른 건으로 엮여져 아직까지 구금생활을 하고 있다는 사실이 제 가슴을 찢어지게 합니다. 평생을 다해도 씻지 못할 동료로서의 최소한의 신뢰를 한때나마 망각했던 제 자신이 너무나 부끄러울 따름입니다. 제가 가질 수 있는 모든 시간을 바쳐서라도 저 때문에 고통을 당한 이들에게 상응한 사죄를 하겠다는 말을 이 자리를 빌려 밝히고자 합니다."

만연체로 이뤄진 최후진술서 곳곳에서 강기훈은 자신의 결백을 몇 번이나 호소하는 동시에 진실의 승리에 대한 믿음을 놓치지 않으려는 마음을 표현했다.

"정의와 진실은 고난의 역사 속에서 샛별처럼 초롱초롱 빛이 납니다. 반대로 가식과 허위는 그 명이 짧아 감춘 것이 시간이 지남에 따라 드러나기 마련입니다. 마찬가지로 없는 것이 있었던 것처럼 둔갑되어도 사실은 머지않아 참모습을 띠며 백일하에 밝혀지게 됩니다.(…) 현명하신 재판장님! 허위가 진실로 둔갑되어버리는 기막힌 세상이 우리의 현실이어야 하겠습니까? 정치적 견해가 다른 이들에 대한 편견을 바탕으로 한 사람이 무참히 희생되어야 하겠습니까? 모든 것을 정상으로 되돌리는 무거운 짐이 얹혀져있는 현실에서 예지와 공명정대함으로 올바른 판결을 해주시라고 간절히 부탁드립니다. 우리의 역사에 다시는 허위가 참으로 둔갑되는 기막힌 일들이 반복되고 저와 같은 피해자가 나와서는 안 되기 때문입니다."

판사 노원욱, 정일성, 이영대는 그러나 현명, 예지, 공명정대 같은 치사로 이뤄진 강기훈의 읍소를 전혀 판결에 반영하지 않았다. 판사들은 12월 20일에 열린 제12회 공판에서 강기훈에게 징역 3년, 자격정지 1년 6개월을 선고했다. 형법 제252조 1항 '자살방조죄'와 국가보안법 제7조 1, 3, 5항의 '이적단체 가입, 이적표현물 소지'의 죄였다. 판결문은 7쪽으로 이뤄졌는데 1쪽만이 자살방조죄에 관한 내용이었다. 나머지 6쪽은 모두 혁노맹 사건에 할애되었다.

판결문은 사실상 검찰의 공소장을 그대로 복제한 수준이었다. 국과수의 필적감정을 신뢰하고 오오니시 요시오에 대해서는 한글을 모르기 때문에 인정할 수 없다고 했다. 홍성은이 법정에 나와 직접 진술한 증언은 인정하지 않고 검찰청에서 받은 5월 17일의 진술조서만 인정했다. 변호인들이 재판 과정에서 추가 제출한 13건의 김기설의 자필 문건들에 대해서는 전민련에서 나온 것들이기 때문에 진실성이 의심된다며 채택을 거부했다.

1심재판 중 변호인들이 법정에 직접 제출한 문건은 김기설이 대유공전 학보에 기고한 다량의 원고, 전교조 원주지회 방명록의 서명, 출장비 청구서, 숭의여전 메모, 다량의 성남민청련 상황일지, 동우전문대 관련 다량의 녹취록, 수원 민청련 창립대회 방명록, 속초 동우전문대 자료 봉투에 쓰인 글씨, 전민련 명함에 쓴 김기설이란 이름 등이었는데 상식적인 수준으로 보아도 유서와 같은 글씨체였다.

하지만 판사들은 이 모든 것이 전민련의 조직적 지원 아래 강기훈이 사후에 위조한 것이라고 보았다. 전민련 측이 이 자료들을 검찰에 제출해 국과수의 필적감정을 받지 않고 재판에 직접 가져온 것도 스스로 떳떳하지 않기 때문이 아니냐고 검사 입장에 서서 공박했다.

이는 김기설의 필적을 수집해 증인으로 나서거나 인우보증을 선 수십 명을 모두 강기훈의 공동정범으로 본다는 뜻이었다. 변호인단은 이 필적들을 국과수에 의뢰해봐야 당연히 13건 모두 유서와 동일필체로 나올 것이고, 이에 따라 국과수는 13건의 문건도 모두 강기훈이 썼다고 감정해버릴 것이므로 재판부에 직접 제출한 것이라고 호소했으나 아무런 반향도 얻지 못했다.

재판부 자신도 진실에 대해서는 반신반의한 채 법리조항에 얽매어 판정해버렸거나 아니면 일반인이 알지 못할 어떤 지휘체제의 지시나 보이지 않는 압박을 받았을 정황도 컸다. 만일 판결문대로 강기훈을 위해 수십 명이 위조에 가담했다면 그들 모두를 공무집행방해죄로 처벌해야 했으나 검사도 판사도 그에 대한 어떤 조치는 물론, 한마디 언급조차 없었다. 재판장 노원욱은 나중에 판사직에서 물러나 변호사 개업을 한 후에야 다소 후퇴하는 발언을 했다.

"사람이 하는 일이니 실수도 있을 수 있다. 그렇지만 당시의 모든 정황증거와 증언들로 보아 강기훈은 유죄가 맞다. 이제 와서 다른 법관들이 판결을 바꾼다면 새로운 증거에 의한 것이니 나로서는 어쩔 수 없는 일이다."

이듬해인 1992년 3월 12일에 속개된 항소심도 마찬가지였다. 판사는 재판장 임대화와 윤석종, 부구욱으로 바뀌었으나 사건을 보는 시각과 재판 진행 방식은 1심과 다르지 않았다.

항소심이 벌어질 당시 김형영은 뇌물을 받고 필적감정을 해준 죄로 구속되어 감옥에 들어가 있었다. 허위감정 혐의로 1980년에 이어 두 번째로 구속된 것이다. 변호인들은 이런 경우 당사자가 한 과거 수사의 진위여부를 재검토하는 게 맞지 않느냐며 김형영의 필적감정에 근본적인 불신을 제기했다. 그러나 2심을 맡은 재판장 임대화 등은 이를 묵살하고 오히려 김형영을 증인으로 불렀다. 1992년 3월 30일의 제3회 공판에서였다.

"증인은 문서감식의 연구에 따른 이동여부 판단과 이동비율에 대한 산식을 적용하였는가요?"

검사의 질문에 대한 김형영은 당당히 말했다.

"예. 외국에서도 보편적으로 하고 있는 방법입니다. 필적감정이란 것은 감정인이 특징을 하나하나 분석하면서 마음속에 수치가 계산되고 그러면서 적어도 이것은 70% 이상은 됩니다. 일단 체크한 것을 수치로 계산해서 몇 분의 몇 그렇게 하는 것은 없습니다. 이미 감정하면서 특정비율은 벌써 감정인의 가슴에서 벌써 이것은 어디

어느 부분에서 70% 이상이 됩니다. 구체적인 계산을 하기 이전에 전문인의 입장에서 보아 벌써 판단이 되는 것입니다. 이것은 수치의 산출적 계산을 말하는 것이 아니며 감정서에 기재하지도 않습니다."

가슴으로 감정한다는 말에 방청객들은 실소와 야유를 터뜨렸다. 어떤 수치나 통계도 없이 감정사의 직관으로 진위여부를 판단한다는 김형영의 말은 1심재판에서 모든 자음과 모음을 분석해 상사점과 상이점에 따라 숫자를 부여했던 오오니시 요시오의 필적감정과 상반되는 것이었다.

김형영은 변호인이 왜 강기훈의 시필을 그리 많이 받아 놓고도 시필에 대해서는 한 건도 필적감정을 하지 않았는가 추궁하자 대답했다.

"시필의 경우, 대상자가 의도적으로 다른 필체를 구사하면 감정이 불가능하기 때문에 하지 않았습니다."

변호인들은 이 말이 필적감정의 과학적 원칙을 무시한 답변이라고 주장했다. 많은 시필을 시키면 아무리 위조를 하려 해도 본래의 습관이 드러나므로, 시필을 중요한 대조자료로 사용할 수 있다는 것은 필적감정의 기본 상식이라는 것이었다. 변호인들은 그 증거로 김형영 자신이 쓴 논문 「문서감정사례」와 심의기가 쓴 「필적감정의 증거능력과 증명력」을 들었다.

김형영은 이 논문에서 아무리 의도적으로 다른 필체를 구사하려고 해도 여러 번 시필을 시키면 본래의 필체가 나온다고 주장했다. 변호인들은 김형영이 자기 자신이 쓴 여러 논문들을 모조리 부인하면서 재판 내내 허위진술과 강변으로 일관하고 있다고 비판했다. 검찰과 김형영이 수차례나 있었던 강기훈의 시필을 사용치 않은 것은 유서와 다르다는 게 드러나기 때문임이 명백하다고 지적했다. 그러나 변호인들의 주장은 항소심 판사들에게도 아무런 영향을 주지 않았다.

김형영은 '가슴 감정'이라는 신조어 외에도 상사점과 상이점에 대한 독특한 주장으로 방청객들의 야유를 받았다. 같은 모양의 글씨만이 아니라 서로 흉내 낼 수 없는 다른 습관을 찾아내는 것이 필적감정의 기본이라고 자신이 작성한 논문집에도 나와있었기 때문이다. 변호인은 김형영의 감정은 이 논문과 상반된다는 점을 지적했다.

"감정대상물 가운데 동일하지 않은 부분이 있는지는 확인하였습니까?"

"완벽하게 같은 것은 하나도 없습니다. 동일하다고 결론이 나오면 동일한 부분만 그렇게 표시를 합니다."

모든 글씨가 서로 다르니 굳이 다른 점은 찾을 필요가 없으며 비슷한 글자만 찾으면 된다는 말이었다. 변호인은 이 말이 김형영 자신의 논문에 나오는 '글자의 30프로는 비슷하기 때문에 상사점보다는 상이점을 찾는 게 더 효과적인 감정법'이라는 논지를 정면으로 배격하는 거라고 공박했다. 그러나 역시 판사들은 변호인의 주장을 묵살했다.

항소심은 유례없이 빠른 속도로 진행되었다. 변호인단이 유력한 물적 증거를 발견한 것은 한 달도 안 되어 항소심의 주요 절차가 다 지나가 버리고, 결심공판까지 끝난 후였다. 김기설이 의무대 선임하사 서기선에게 써준 수첩 메모지가 그제야 발견된 것이었다.

검찰이 고의적으로 묵살해온 자료가 있다는 것을 뒤늦게 알게 된 변호인들은 즉각 변론재개 신청을 내면서 이 자료의 공개를 요구했다. 또한 검찰이 군대에서 가져온 또 다른 자료인 '종파별 신자현황'에 대해서도 공개를 요구했다.

이에 검찰은 수첩 메모는 글자 수가 적어 감정을 받을 가치가 없다고 보았고 '종파별 신자현황'은 누가 썼는지 알 수 없어서 제출하지 않았다고 답변했다. 동시에 사전에 필적감정을 하지 않았으므로 재판에 활용할 수 없다며 '변호인의 공판절차 재개신청에 관한 의견'을 냈다. 자료는 보여주겠지만 재판에서는 증거로 사용할 수 없게 해달라는 것이었다.

사건 직후 검사들이 의무근무대에서 가져온 '신자현황'이라는 제목의 글씨는 교육용 차트에 흔히 쓰이는 둥글둥글한 글씨체로 김기설이나 강기훈의 글씨와는 달랐을 뿐더러 부대에서도 누가 쓴 것인지 알지 못했다. 하지만 수첩 메모의 글씨는 필적감정이 따로 필요 없을 만큼 김기설의 유서와 똑같았다. 이를 필적감정도 하지 않은 채 증거에서 배제하자는 검찰의 주장은 법의 정신과 정면으로 위배된다고 할 수 있었다.

그럼에도 재판부는 검찰의 요구를 받아들여 이 자료를 증거에서 배제해버렸다. 글자 숫자가 적다는 이유였다. 변호인들은 판사들의 결정에 강력히 항의하고 나섰다. 김기설이 큰누나에게 준 책에 쓴 글자의 숫자는 수첩 메모지의 숫자보다도 더 적은데도 결정적인 증거로 채택되었다는 지적이었다. 하지만 이 역시 판사들의 결정을 바꾸지는 못했다.

항소심에서 변호인단은 홍성은의 법정 출두를 요청했다. 1심재판의 증언 내용으로 보아 홍성은이 이제는 강기훈에게 유리한 증인이 될 수 있다고 보았기 때문이었다. 홍성은 자신도 힘들지만 법정에 나가 증언할 용의를 밝혔다.

검찰은 즉각 홍성은이 법정에 나오지 못하도록 압력을 가했다. 재판 전날 밤, 다른 일을 보고 9시에 집에 들어간 홍성은은 낮 동안 검사 송명석이 수차례 집으로 전화해 그녀를 찾았다는 이야기를 듣고 또 다시 불안감에 빠졌다. 1심재판에서 자신을 수사했던 검사들의 질문에 한마디 제대로 대꾸도 못했던 그녀였다. 게다가 밤 10시가 되자 검찰 수사관이 직접 집에 와서 아버지를 만나고 자정이 되어서야 돌아갔다. 수사관이 돌아간 후, 홍성은의 아버지는 변호인측 증언으로 나가지 말라고 딸을 야단쳤고, 그녀는 다음 날 법정에 나가지 못했다.

항소심을 시작한 지 겨우 한 달 만인 1992년 4월 20일, 판사 임대화, 윤석중, 부구욱은 1심과 똑같이 자살방조죄와 국가보안법위반으로 징역 3년에 자격정지 1년 6개월을 선고했다. 종교계, 학계, 정계, 문화예술인 등 400명이 '강기훈 씨 무죄석방을 위한 400인 선언'을 발표하는 등 수많은 탄원서가 쏟아졌지만 그 어떤 것도 판사들을 움직이지 못했다.

탄원서 중에는 가톨릭의 김수환 추기경이 직접 써서 재판부에 보낸 것도 있었다. 김 추기경은 존경한다든가 공명정대하다든가 하는 판사들에 대한 세속적인 치사를 사용하지 않고 단도입적으로 말했다.

"안녕하십니까? 지금 귀 법정에서 진행되고 있는 이른바 '유서대필사건'을 우리는 많은 국민들과 함께 커다란 의혹을 가지고 지켜보고 있습니다. 그것은 강기훈 씨에 대한 재판이 강기훈 씨 개인의 문제가 아니라 우리 사회의 양심과 건전한 상식의 수준을 심판하는 중요한 재판이라는 인식을 우리는 갖고 있기 때문입니다.(⋯) 우리가 아무리 유심히 보아도 결코 같을 수 없는 유서 필적과 강기훈 씨 필적을 같다고 감정한 국립과학수사연구소의 감정은 세인의 양식을 납득시킬 수 없는 기묘한 것이었습니다.(⋯) 강기훈 씨가 당연히 무죄석방되리라고 생각했던 우리는, 최소한 '의심스러운 경우에는 피고인의 이익으로'의 대원칙마저 무시되어버린 1심재판 결과에 크게 우려를 금할 수가 없습니다."

김 추기경은 항소심이 공정한 재판을 통해 건전한 양식의 승리를 간절히 원하는 사람들에게 희망과 안도를 달라고 요청했다. 판사들은 그러나 이 역시 무시했다. 항소심 판결은 1심과 똑같이 나왔다.

마지막 희망은 대법원이었다. 이 사건을 맡은 대법관은 김상원, 박우동, 윤영철, 박만호 네 명이었다. 통상 대법원 판결은 빨라야 반년에서 길면 2, 3년을 끌기 마련이었다. 그런데 네 대법관은 불과 3개월 만에 판결을 완료했다. 단 1개월 만에 끝난 항소심만큼이나 이례적인 일이었다.

판결 결과는 하급심과 똑같았다. 네 명의 대법관은 1992년 7월 24일 자로 강기훈의 상고를 기각, 징역 3년 형을 확정지었다. 그 사유로, 김형영이 작성한 감정서는 신뢰성이 있으나 전민련이 추가 제출한 김기설 필적들은 신뢰성이 없다는 것, 홍성은의 초기진술을 신뢰하며 1심법정에서의 새로운 증언은 믿을 수 없다는 등 검사논고를 그대로 적용했다.

판결 이유도 똑같았다. 대법관들은 혁노맹 관련 부분에서도 유죄가 맞다고 판결하고 검찰의 기소장을 거의 그대로 인용했다. 모든 국가보안법 위반사범들에게 쓰는 관용구였다.

"위 단체는 현 정부를 '미일제국주의 자본의 강도적 약탈과 소수 독점재벌의 무한한 이윤을 보장하기 위한 제국주의 무리와 독점 자본가 놈들의 민중에 대한 파쇼적 억압과 착취의 도구'로서, 제반 '파쇼적 악법'과 '권력 기구', '수탈적인 조세제도' 등을 통하여 민중에 대한 억압과 수탈을 자행하고 있어 타도해야 할 대상으로 규정하고, 의회주의적 방식, 점진적 교체의 방식으로는 그 타도가 불가능하다는 전제에서 그 타도의 방법론으로서 노동자, 농민, 도시 소자산가 등 모든 민중이 단결하여 무장봉기에 의한 임시혁명정부의 구성을 제시하면서 군대 및 경찰의 해체와 혁명군 창설, 자본 몰수와 국유화를 통한 민중적 민족경제의 수립 등을 이루어 공산주의에 기초한 민주주의민중공화국을 수립하고 북한과 연방제 통일을 이루려는 것을 조직강령으로 하고 있다."

실형 3년 중 국가보안법 위반이 1년, 자살방조죄가 2년이었다. 그러나 사람들은 강기훈이 유서대필로 3년 형을 받았다고 인식했다. 그가 억울하다고 믿는 사람이나, 유죄라고 생각하는 사람이나 마찬가지였다. 대법원에서도 패소함으로써 그가 유서를 대필했다고 생각하는 사람이 더 많아졌을 뿐이었다. 운동권에서도 혹시 진짜 대필하지 않았을까 의문을 품는 이들까지 생겨났다. 또는 어차피 자살을 결심한 사람에게 유서를 대신 써준 게 무슨 큰 죄냐고 말하는 사람들도 있었다. 하지만 그런 관심들조차도 빠르게 잊혀져갔다.

유서代筆등 有罪 인정
姜基勳씨 3년刑 선고

과학수사硏 감정은 公正
焚身 만류않고 自殺방조

변호인·검찰 刑量에 불복 항소키로

서울地法

1심재판 강기훈에게 3년 선고

13
강신욱

세상 사람들은 잊어갔지만, 강기훈이 억울하다고 믿는 사람들은 대법원 판결 후에도 물러나지 않았다. 그것은 노동자 김기설의 명예를 회복시키는 일이기도 했다.

사건 당시 전민련 인권위원장으로 무죄 입증에 나섰다가 구속당해 감옥살이를 하고 나온 서준식과 사무처장으로 수배되었던 김선택은 '유서사건 강기훈 씨 무죄석방을 위한 공동대책위원회'를 만들어 다양한 구명활동을 시작했다.

불과 한 달여 만에 13명의 죽음을 불러온 강경대 사건의 발단이던 노태우의 대통령 임기가 끝나고 3당합당으로 보수 세력과 손잡은 김영삼이 새 대통령이 되어 문민정부를 표방하며 일련의 유화조치를 시행하고 있어 정치적 분위기도 유리해져있었다.

강기훈 공대위는 먼저 이 복잡한 사건을 한눈에 파악할 수 있도록 자료집 발간에 집중했다. 실무자인 김형민, 염규홍은 1년여 동안 이 사건에 관한 자료들을 수집해 1993년 7월 『유서사건 총 자료집』을 발간했는데 분량이 2,700쪽이나 되었다. 이 자료들은 별도의 해설도 필요 없이, 검찰의 조서와 재판 기록 같은 사건에 관련된 서류만으로도 원심판결이 얼마나 엉터리인가를 보여주고 있었다.

서준식은 김기설과 함께 일을 해 그의 글씨를 너무 잘 아는 사람이었다. 운명적으로 이 일에 매달린 그는 자료집 발간을 위해 5백만 원의 빚까지 졌다. 김기설 유서에 이름이 올라 평생의 부채를 안게 된 김선택 역시 상당한 경제적 희생을 감수했다.

공대위의 또 다른 활동은 홍성은을 세상에 다시 나오게 하는 일이었다. 실형 선고의 결정적인 역할을 했던 홍성은이 진술을 번복하지 않는 한, 일반인들의 대필 의혹을 바꾸기는 힘들다는 판단이었다.

대법원 판결이 나고 13개월 만인 1993년 10월 11일이었다. 국회 법사위 국정감사가 열린 검찰청의 민원실에서는 특별한 기자회견이 열렸다. 국정감사에 증인으로 출석하게 된 홍성은이 사전에 기자회견을 자청한 것이었다.

이날 법사위에서는 강기훈 유서대필사건을 의제로 다루게 되어 있었다. 증인으로 채택된 홍성은은 출석에 앞서 강기훈 대책위 사람들의 보호 속에 수십 개의 플래시 앞에 섰다.

홍성은은 재판 때보다 한결 밝고 기운 있는 표정으로 기자들에게 자신이 겪은 일과 생각을 털어놓았다. 그녀는 우선 강신욱과 송명석 등 검사들의 강압수사로 진실이 왜곡되고 자신의 본의와 다른 진술을 하게 된 경위에 대해서부터 밝혔다.

강기훈이 유서를 대필했다는 결정적인 증거로 작용했던, 자신의 전민련 수첩에 적혀있던 김기설의 전화번호는 분신 후 봉쥬르 카페에서 강기훈이 써준 게 아니라 그보다 몇 달 전에 김기설이 써준 것이 분명하다고 말했다.

"저는 검사에게 처음부터 그 글씨는 김기설이 써준 거라고 분명히 말했습니다. 강기훈은 내 수첩에 김기설 전화번호를 써준 사실이 전혀 없습니다. 김기설 죽음 후 봉쥬르 카페에서 여럿이 삼십 분정도 만났을 때 강기훈도 있었는데 핸드백 안에 내 전민련 수첩이 있었던 건 사실이지만 내 핸드백을 열고 강기훈에게 들이민 적 없습니다. 이렇게 써달라고 한 적도 없습니다. 그 형이 내 수첩을 달라고 한 적도 없습니다. 그러나 검사들이 그 글씨를 김기설이 언제 어디서 썼느냐는 집요한 추궁에 기억이 나지 않아 대답을 못하자 강기훈이 썼을 것이라고 몰아세웠습니다. 게다가 강신욱 검사가 '더 조사해야 하는데 48시간이 지났으니 자살방조혐의로 구속할 수밖에 없다.'고 협박해왔습니다. 도저히 견딜 수 없도록 심신이 피로해

법정에 가서 진실을 밝히자는 생각으로 무인을 찍고 말았습니다. 1
심재판에 증인으로 나가서 아니라고 부인했지만 받아들여지지 않
았습니다."

불법적인 강압조사에 대해서도 폭로했다.

"두 차례에 걸쳐 20시간과 60시간을 조사받아야 했습니다. 낮에
는 송명석 검사 사무실 소파에서 자고 밤부터 새벽까지 조사를 받
았습니다. 몹시 지치고 공포감이 극심해 정상적인 판단이 어려웠습
니다. 검찰에 맨 처음 갔을 때는 별로 물어본 것도 없고 중요하게 보
이지도 않았습니다. 그런데 2차로 15일 날 다시 가니 분위기가 딴
판이었습니다. 핸드백부터 수색하고 김기설의 수첩이 어딨냐고 다
그쳤습니다. 내가 모른다고 하자 집중 추궁했습니다."

강기훈이 유서를 대필했을지도 모른다는 의혹을 갖게 된 이유는
몹시 지친 상태에서 강기훈의 필적도 아닌 혁노맹 문건을 들이대며
강기훈 글씨라고 하여 혼동이 일어났다고 고백했다. 그녀의 기자
회견은 이 사건에 관련되어 자신을 통해 제기되었던 강기훈에 대한
모든 의심들을 부인하는 것이었다.
홍성은의 기자회견은 검찰을 향한 작은 저항의 시작이었다.
SBS 방송의 텔레비전 다큐멘터리 〈그것이 알고 싶다〉가 제일 먼

저 관심을 가졌다. 전민련 공동의장이던 문익환 목사의 아들인 문성근이 진행을 맡은 이 프로는 '강기훈 유서대필사건'이라는 제목으로 사건의 시발과 현재까지를 냉정하게 보여주고 홍성은의 새로운 증언까지 담았다. 그런데 방송 하루 전인 1993년 10월 23일, SBS 경영진은 갑자기 제작진에게 방송을 금지한다고 통보했다. 이유는 강기훈 중심의 취재라 공정성, 형평성이 없다는 것이었다.

SBS 경영진이 특히 문제 삼은 부분은 홍성은과의 인터뷰였다. 김기설이 분신하기 전날 밤, 유서를 쓰지 않았으니 집에 일찍 가야 한다면서 소설책『사랑의 조건』을 들고 간 부분이 제일 문제가 되었다. 또한 이동진, 임무영, 김형민 등의 인터뷰도 검찰 수사의 부당성을 지적하는 내용이라서 공평성이 없다고 지적했다. SBS의 〈그것이 알고 싶다〉는 문화방송의 〈이제는 말할 수 있다〉와 함께, 세간에 알려진 기존의 인식을 깨고 진실을 밝히는 문제의식으로 유명한 프로그램이었는데 그 문제의식 자체를 문제 삼은 셈이었다. 결국 '강기훈 유서대필사건' 편은 5년이나 지난 1998년 3월이 되어서야 민인식 피디에 의해 재편집되어 방송된다. 김대중 정부가 들어선 이후의 일이었다.

기자회견을 마친 홍성은은 국정감사 법사위 증인으로 나간 자리에서도 기자들에게 했던 것과 같은 내용의 발언을 했다.

서울고등검찰청 회의실에서 열린 이 감사에는 아직까지 교도소에 수감 중이던 강기훈도 죄수복을 입은 채 출석해 자신의 무죄를 주장했다. 강기훈의 발언은 검찰 수사 초기부터 재판까지 일관되고 있었다. 그는 국회의원들의 질문에 몇 가지 알려지지 않았던 사실과 개인적 심정도 피력했다.

강기훈은 검찰의 수사를 받던 중 전민련이 일본인 오오니시에게 의뢰한 필적감정이 나오자 다음 날부터 열흘 정도 밤을 새워가면서 조사를 받았다고 말했다. 이때 집중적으로 혁노맹에 관련된 조사를 받아 국가보안법 위반혐의가 추가되었다는 것이었다.

"필적감정이 일본인에 의뢰가 되어가지고 제 필적과 유서 필적이 다르다는 결론이 신문에 발표되고 그 다음 날인가 다음다음 날인가 제가 있던 서울구치소로 경찰청 조사관 다섯 분이 찾아왔습니다. 찾아와서 '이제 시작하자.' 그랬습니다. '무엇을 말입니까?' 했더니 '그것 시작하자.' 해가지고 한 열흘 정도, 어떤 때는 이틀 밤도 새고 그러면서 구치소에서 조사를 받아서 결국 국가보안법 위반혐의로 추가 기소되었습니다."

왜 사건 초기에 검찰에 출두하지 않고 명동성당에 들어가 37일 만에야 출두했는가를 묻는 질문에도 답했다.

"5월 18일 대필 이야기가 처음 터지고 아예 나를 범인으로 단정해서 사지로 몰았기 때문에 이것은 도저히 국가 수사기관으로서의 태도가 못 되었습니다. 그래서 나의 진실을 믿어주는 사람들이 생

기고 그분들의 도움을 받아서 자진출두하기 전까지 성당에 머문
것입니다."

묵비권을 선언한 이유와 하루도 안 되어 철회한 사연에 대해서
도 말했다.

"검찰이 진실규명에는 뜻이 없다는 생각으로 검찰이 제 결백을
밝혀줄 것이 아니라면 사법부 판단을 받겠다고 생각해서 묵비권을
행사했습니다. 그러나 검찰이 도저히 묵비권을 쓸 수 없게 했습니
다. 전혀 자유롭지 못한 조사 분위기였으며 묵비권을 포기하고서
야 변호인 접견이 허락되었는데 항상 나를 심문한 검찰 수사관이
배석한 가운데서만 가능했습니다."

여당 의원들은 국정감사장에서도 강기훈의 유죄를 유지하기 위
해 애썼다. 민자당 의원 함석재는 물었다.

"증인은 유서대필사건은 정치적 사건이라고 이렇게 해서 조작했
다는 식으로 주장하시는데 당시 언론보도 또 수사 기록에 의하면
1991년 5월 8일 분신사건이 있은 후인 5월 9일 죽은 김기설의 가
족들이 김기설의 필적을 제시하며 유서는 김기설의 글씨가 아니라
고 주장해가지고 이 사건 수사가 본격적으로 개시되었는데, 조작
수사라는 것은 그것은 말도 안 되고 정치적 사건이라는 것도 그렇
습니다. 어떻게 생각합니까?"

좀처럼 흥분하지 않던 강기훈은 격앙되어 답했다.

"제가 유서를 대필하지 않았기 때문에, 다른 사람은 조작수사라

이야기를 못해도 저는 그렇게 얘기할 수 있습니다. 검찰이 조작했습니다. 그것이 정치적 목적과 결부되어있다는 것은 제가 아까 설명드렸기 때문에 추가로 설명드리지 않겠습니다."

"증인은 김형영 문서감정인이 감정한 감정 결과를 믿을 수 없다는 것인가요? 그 사람이 다른 사람들의 재산분쟁에 휘말려서 돈 받고 허위감정한 일이 있어서 그것 때문에 검찰에 구속되었으니까 못 믿는다는 것인가요?"

강기훈은 굳이 김형영의 다른 범죄와 이 사건을 연결시키려 하지 않았다. 어떤 한 인간의 한 가지 잘못을 기준으로 삼아 다른 행동도 잘못되었을 거라고 추론하는 것이야말로 이 사건에서 검찰이 애용했던 예단과 추측, 작위적인 삼단논법과 크게 다르지 않다고 본 때문이었다. 그는 김형영이 이 사건에서 어떤 잘못을 했는가만을 문제 삼았다.

"아까 업무일지 얘기도 말씀드렸지만 세 사람의 필적을 한 사람의 필적이라고 감정하는 그런 감정을 사법기관에서 인정했다는 것은 사법기관 스스로 묏자리를 판 것입니다. 그것은 잘못된 것입니다."

열띤 논쟁에도 불구하고 국정감사는 어떤 결론도 얻지 못하고 흐지부지 끝났다. 검찰과 법원은 자신들의 오류를 인정하지 않았고, 국회의원들이 사법권을 가진 것도 아니기 때문이었다.

강기훈 공대위의 가장 큰 목표는 재심이었다. 그러나 재심청구는 받아들여지지 않았고 사건은 다시 잊혀져갔다. 사건이 다시 언론의 관심을 받게 된 것은 7년이 지난 2000년 7월이었다. 사건 수사의 지휘책임자이던 부장검사 강신욱이 대법관으로 지명되어 국회의 인사청문회를 거치게 된 것이다.

강신욱의 청문회에는 추미애, 송영길, 천정배 등 젊은 민주당 의원들이 배치되었다. 특히 판사 출신의 여성 의원 추미애는 날카로운 논리로 강신욱을 궁지로 몰아넣어 다른 의원들이 자신의 질의 시간을 그녀에게 양도하기까지 했다.

강신욱은 부장검사였던 만큼 사건의 전모를 누구보다 잘 알 수 있는 위치였다. 수사를 지휘하는 내내 심한 폭언과 무리한 명령으로 유죄판결을 받아내는 데 성공했던 그는 김형영이 뇌물수수혐의로 경찰에 의해 구속되자 "사실이 아니면 경찰 몇 명 옷 벗을 생각하라."고 화를 내기도 한 인물이었다. 그러나 청문회장에서는 시종 유순하고도 합리적인 사람처럼 보이려 애썼다.

강신욱은 궁지에 몰릴 때마다 "대법원까지 1, 2, 3심 재판부에서 다 판결하지 않았느냐?"는 말로 자신의 책임을 회피했는데 가끔 색다른 답변으로 청문회장을 술렁이게 만들기도 했다. 송영길이 질문했을 때였다.

"SBS 〈그것이 알고 싶다〉라는 프로에 보면 홍성은은 분명하게 강기훈이 김기설의 전화번호를 써준 것도 아니고 김기설의 자살 상황을 몰랐던 것으로 진술하는데 이에 대해 어떻게 생각하십니까?"

"그 프로를 못 봤습니다만, 그때 검찰 측에도 출연 요청이 있었는데 저희들이 거기에는 응할 수가 없다고 했습니다. 그런데 홍 양이 지금 와서 그런 얘기를 하는 이유를 모르겠고요. 지금 와서 달리 얘기하는 사람도 많습니다. 어떤 신문을 보니까 강기훈이 지금 자백하고 있어요."

강기훈이 유서대필을 자백했다는 놀라운 이야기였다. 청문회장은 술렁였다. 송영길도 처음 듣는 이야기라서 확인을 못하고 넘어가자 강신욱은 천정배의 질의 시간에 스스로 다시 이를 거론했다.

"얼마 전, 며칠 전 신문입니다. 김기설이가 썼다고 그렇게 주장하던 것을 강기훈이 자기가 썼다고 인터뷰를 했거든요?"

천정배는 실소를 하며 말했다.

"그것은 말이지요, 강기훈 씨가 한겨레신문과 인터뷰를 했는데 내용은 유서를 대필한 적이 없다는 것인데 기자가 제목의 문구를 잘못 뽑는 바람에 오해의 소지가 생긴 것뿐입니다. 한겨레신문은 곧 정정보도를 했는데 안 읽어보셨습니까?"

야당 의원들은 대법관 지명의 가장 큰 장애가 유서사건인 것을 잘 아는 사람이 신문의 제목만 보고 기사는 읽어보지도 않은 채 강기훈이 자백했노라고 주장한 데 대해 힐난했다.

강신욱은 추미애의 집요하고도 날카로운 추궁에는 계속 판사들에게 책임을 떠밀었다. 추미애는 검사들이 김기설의 출신 부대에 직접 찾아가 유서와 글씨체가 똑같은 서기선 하사의 수첩 메모를 입수하고서도 항소심 마지막까지 이를 은폐한 사실을 지적했다.

"김기설 군이 아마 군에서 차트를 만드는 그런 업무도 했는지 상당히 차트용 글씨를 멋을 부리는 정자체를 써서 편지 겉봉을 봐도 그 정자체 자체가 김기설 군의 필체인지 의심이 드는 정도의 반듯반듯한 글씨이고 또 그 안의 편지 자체도 그런 정자체였어요. 그런데 이 유서 자체는 상당히 흥분된 분위기에서 사실은 급박하게 쓴 것으로 보아집니다. 흘림체입니다. 그렇다면 어떤 사람의 경우에 따라서는 그 사람이 처한 상황, 분위기 시간적 여유, 마음상태에 따라서 정자체를 구사하기도 하고 흘림체를 구사하기도 하고 때로는 필기도구도 바뀌게 되겠지요. 그럴 때에 보기에 가장 육안으로 유사해 보이는 것을 구해다 감정해보고 될수록 진실을 알기 위한 것이 필요하지 않을까, 그런데 이와 같이 얼른 보아도 유서와 유사한 것을 검찰이 장기간, 2심판결의 최종변론 종결 시까지 저절로 밝혀질 때까지 감추고 있었고 또 정자체 같은 것은 열심히 모아다 감정해보고 그랬던 것이 이제 지나고 보면…."

강신욱은 추 의원의 발언을 가로막았다.

"전혀 그렇게 생각 안 합니다. 그것은 오히려 재판부에서는 유서 필적하고 다르다고 판정을 한 것입니다."

추미애는 특유의 날카로운 음성으로 물었다.

"다른 것들은 전민련을 통해서 입수되었기 때문에 의심의 여지를 남기지만 이것 자체는 검찰이 분신 직후 김기설 군이 근무했던 군부대에 가서 직접 채취한 것이기 때문에 조작의 의심을, 가공되었다는 의심을 할 여지를 남기지 않는 그야말로 유서자 본인과 관계된 것인데 배제한 것은 잘못 아닙니까?"

"잘못이라고 생각하지 않습니다. 재판부에서도 결국 보고, 이것 가지고 다시 변론 재개할 가치는 없다고 했던 것인데 그것을 지금 제가 잘못했다고는 생각하기 어렵습니다."

추미애는 재판부에서 서기선의 수첩 메모가 나와 변론재개 요청이 있음에도 받아들이지 않은 것은 분명 판사들의 잘못이라고 지적했다. 그러나 육안으로 보아도 유서와 비슷한 이 필체를 감정하지 않은 것은 부장검사 강신욱의 잘못이 아니냐고 따졌다. 강신욱은 거듭해서 판사들에게 잘못을 떠밀었다.

"피고인 측에서 그렇게 생각할는지 모르겠습니다만 저희들은 그렇게 생각을 안 했고요, 재판부도 마찬가지로 그렇게 생각을 안 했습니다. 저는 그렇게 생각을 하지 않습니다."

강신욱은 서기선의 수첩 메모가 입수된 시기에 대해서도 엉뚱한 주장을 폈다. 다른 유력한 증거들이 나온 한참 후에 입수가 된 데다 두 줄밖에 안 되기 때문에 무시했다며 오히려 추미애를 공박했다.

"사실을 잘못 이해하고 계십니다. 군의 것은 한참 후에 입수가 된 것입니다."

강신욱의 강변에 추미애는 재차 물었다.

"강신욱 후보님은 그렇게 알고 계십니까? 한참 후에 입수된 것으로 알고 있습니까?"

"한참 후에 입수된 것입니다. 사실이 또 그렇고요."

"그러면 한참 후에 입수된 것이 아니라고 할 때는 책임을 지셔야 하겠네요?"

"그럼요!"

"아까 이 사건이 방대했기 때문에 여러 명의 검사가 참여를 했고 또 시시때때로 회의를 하셨다고 하셨는데 그렇다면 책임을 지셔야 되겠네요?"

"처음부터 입수된 것이라면 당연히 감정했지요."

"좋습니다. 이 수첩 메모지는 5월 13일 내지 14일에 입수된 것입니다. 김기설 씨는 5월 8일 아침에 자살을 했습니다. 그런데 이것은 5월 13일 남모 검사가 군에 가서 이 모 법무관과 선임하사가 있는 데서 받아 온 것입니다."

반론의 여지가 없는 사실이었다. 강신욱은 그러나 당당히 자기의 기억이 옳다는 주장을 계속했다.

"그렇게 단정하실 것은 아니고요. 제 말씀을 좀 들어주시면 감사하겠습니다. 이것이 처음에 육아일기 몇 자 가지고는 감정이 어렵습니다. 그런데 죽은 김기설의 여자 친구 안혜정이 석 장인가 두 장의 편지를 가져왔습니다. 그것으로 감정을 했고 그 이후에 아마 군에서 그것이 나왔을 것입니다. 순서가 그렇게 된 것이지, 처음부터 지금 말씀하신 대로 그것이 나왔다면 어떻게 육아일기 가지고 그것이 더 숫자가 많은데 그것을 가지고 하지 어떻게 육아일기 가지고 했겠습니까? 대전제를 지금 좀 잘못 이해하고 하시니까 그렇지요."

추미애도 이렇게 강경한 주장 앞에서는 잠시 헷갈린다.

"제가 잘못 이해하는지 아니면 사실 자체의 보고가 잘못되었는지…"

"제 기억은 틀림없고요."

강신욱의 도전적인 태도는 그러나 몇 분 가지 못했다. 추미애는 곧바로 자료를 뒤져 사실을 확인한 다음 다시 그를 몰아세웠다.

"후보께서는 아까 안혜정의 필체를 구했기 때문에, 풍부한 필체를 다 구했기 때문에, 군대 간 것은 한참 뒤고, 그리고 메모 한 장 가지고 있었기 때문에 메모가 양이 별 것 아니어서 감정을 안 할 수도 있지 않느냐고 이렇게 말씀하셨지요? 실제 재판부도 그렇게 했다고 하셨고요? 제가 다시 기록을 확인하니까 그것이 아니고 안혜정의 필적을 구한 것은 이 사건이 5월 8일에 일어났는데 5월 23일에 구한 것이고 군대에 다녀온 것은 그 전입니다. 후보께서 말씀하신 대로 한다면 논리상 맞지 않습니다. 풍부하게 검찰이 다 수집했는데 그 먼 군대까지 가서 필적을 다시 구할 필요를 안 느꼈을 것이거든요."

상황이 이렇게 되자 강신욱은 다시 모든 건 재판으로 결정 났는데 왜 여기서 왈가왈부하냐는 원론으로 돌아가 버렸다.

이후에도 강신욱은 자기 편의대로 기억을 재편성했다. 홍성은의 전민련 수첩에 쓰인 김기설의 전화번호에 대해서도 강신욱은 강기훈이 써준 것 맞다고 주장했다. 천정배의 질문에 말문이 막혔을 때였다.

"홍성은이 김기설이 적어준 글씨다 하면서 김기설의 이름과 전화번호 적은 것을 저희들한테 제출했습니다. 그런데 나중에 와서는…."

천정배가 질문을 비켜가지 못하도록 말을 막았다.

"그 수첩에 말이지요? 그것은 다른 이야기이고 이 점만 말씀해주시지요."

"그것이 다 연결되는 것입니다. 사건을 한 개 한 개 따져서 할 수는 없지 않습니까? 사실은 강기훈이 적어준 것을 우리한테 와서는 김기설이 적어주었다고 처음에 거짓말을 했습니다."

이 역시 검찰 스스로의 기록과도 다른 이야기였다. 홍성은의 첫 번째 검찰조서에는 분명히 김기설이 써준 것으로 되어있었다. 강기훈이 썼다고 바꾼 것은 두 번째의 철야조사 때였다.

"그러니까 홍성은이 두 차례 진술을 했는데 첫 번째는 김기설이 썼다고 했다가 뒤에 가서는 강기훈이 썼다고 말을 바꾼 것 아닙니까?"

천정배가 검찰 측 자료를 들이대며 따지고 들자 강신욱은 대답을 회피했다.

"그런 증거판단의 문제가 이미 사법판단을 받은 것이 아니냐, 저는 그런 생각을 가지고 있습니다."

긴 청문회 시간 내내 강신욱은 한마디도 자신이 틀렸다거나 검찰이 잘못했다는 말을 하지 않았다. 끊임없이 판사들이 한 일을 왜 자기에게 따지느냐고 회피했다. 그는 자신에 대한 청문회를 마치 원심재판부 판사들에 대한 청문회로 돌리려는 듯 행동했다. 그리하여 무사히 대법관에 임명되었다. 그리고 사건은 다시 잊혀져갔다.

2002년, MBC의 시사다큐 프로그램 〈이제는 말할 수 있다〉가 이 사건을 다뤘다. 제작진이 국내의 여러 사설 감정원에 의뢰한 필적감정은 모두 김기설의 유서와 강기훈의 글씨는 다르다는 결과를 보내왔다.

제작진은 검찰과 재판부가 일본인 오오니시 요시오가 한글을 모른다는 이유로 그의 필적감정을 배제한 것에 대해서도 의문을 갖고 역시 한글을 모르는 외국의 저명한 필적전문가에게 감정을 의뢰해보았다.

결과는 같았다. 미국인 감정사 르레나틴과 일본인 하야치 데로우는 오오니시 요시오와 같은 방법으로 필적감정을 한 후, 유서가 강기훈 필적이 아니라는 감정서를 보내왔다.

하지만 사법부가 재심을 받아들이지 않는 한, 어떤 논증도 무의미했다. 강신욱 청문회 때 잠깐 관심을 끌었던 사건은 다시 세월 속에 묻혀버렸다.

14
진실화해위원회

　시간 속에 묻혀버린 유서사건이 조금씩이나마 다시 언론을 타기
시작한 것은 청문회가 있은 지 5년이 지난 2005년 여름부터였다.
사건이 발생한 후로는 14년째였다.

　유월항쟁이 끝나고도 10년이 지난 1997년에서야 순수 민간정부
라고 할 수 있는 김대중 정부가 들어섰고 2002년 노무현 정부가 대
를 이었다. 좌파나 우파 어느 쪽도 제대로 만족시키지 못했다는 비
판 속에서도 두 민간정부는 이미 제도적으로는 성취된 민주주의를
보다 문화적으로 완성시키기 위해 다양한 시도를 했다. 과거사에
대한 반성과 정리 작업도 그중 하나였다.

　노무현 정부는 이승만 시절부터 반세기 동안 이어진 독재정권 아

래서 행해진 인권유린 사례들에 대한 재조사에 착수했다. 범죄의 당사자였던 경찰, 검찰, 국정원, 국군기무사 같은 권력기관들마다 과거사위가 발족해 민간인들로 위원회를 구성했다. 하지만 해당 기관 고위 관료들의 비협조로 별다른 성과를 내지 못하고 있었다.

유서대필사건을 맡은 기관은 2005년 5월에 발족한 경찰청 과거 사위였다. 경찰청 과거사위는 우선적인 조사대상으로 보도연맹원 학살사건, 민청학련사건, 남민전사건 등 10개를 뽑았는데, 강기훈 유서대필사건도 포함되었다.

권력기관의 과거 오류를 캐내는 일은 제대로 이뤄지지 않았다. 수사권이나 공소권을 갖고 있지 않은 과거사위는 가해자들이 소환을 거부하면 강제할 방법이 없었고 자료제출을 거부해도 어떤 조치도 할 권한이 없었다. 경찰청 과거사위서 시작한 강기훈 사건도 마찬가지였다. 이 사건에 관련된 모든 서류를 갖고 있는 곳은 검찰이었고 책임도 검찰에 있었다. 검찰은 경찰청 과거사위의 자료제출 요구를 공식적으로 거부했다. 유서사건은 경찰이 맡아 수사한 사건이 아닌데 경찰청에서 이를 조사하는 것은 맞지 않다고 반발했다. 서울중앙지검은 6월에 공개적으로 협조 거부의사를 밝혔다.

"대법원에서 유죄가 확정된 사건이기 때문에 재심 사유가 있어야만 사법적 재심판이 가능하며 법적 안정성 측면에서 재조사는 신중하게 이뤄져야 한다."

검찰의 자료제출 거부로 경찰청 과거사위는 10월이 되도록 아무런 진전을 보지 못했다. 이에 노무현 정부의 집권당이던 열린우리당 의원 문병호, 민병두, 선병렬, 우원식, 이인영 등이 나서서 '강기훈 유서대필 조작사건 진상규명 의원모임'을 결성하고 검찰에게 자료제공을 촉구했다.

"검찰이 자신들의 과거사 진상규명 활동은 하지 않으면서 다른 기관의 진상규명 활동에도 협조하지 않는 태도는 시대와 국민의 요구를 전적으로 배신하는 행위이다. 유서대필사건의 핵심인 강신욱 대법관 청문회에서 이 사건을 다루기도 했던 천정배 법무부장관이 앞장서서 검찰에 협조를 명령해야 한다."

서울고검장 안대희는 그러나 장관의 요구도 공개적으로 거부했다.

"당시 수사 기록을 보면 이 사건에 그리 큰 의혹이 없는 게 아니냐는 생각이 든다. 이 사건은 대법원에서 유죄판결을 받았으므로 법의 범위 안에서 판단할 것이다."

나아가 검찰은 경찰청 과거사위의 수사에 대해 공개적으로 폄하하며 맞섰다.

"경찰청 과거사위가 수사를 해본 경험이 있는지 의심이 간다. 검찰을 흠집 내기 위한 게 아닌가 저의가 의심스럽다."

야당은 수많은 학생들이 피를 흘려가며 민주화를 이루었더니 검찰이 나라를 지배하는 검찰공화국이 되었다고 비난했다. 과거에 권력의 시녀로 금권을 누리던 검찰이 독재권력이 사라진 자리를 대신 차지하고 무소불위의 권력을 휘두르고 있다는 비판이었다.

검찰의 방해로 충분한 조사를 하지 못한 경찰청 과거사위는 12월 16일의 중간 조사발표에서 검찰이 분신 당일부터 사건 조작에 들어갔을 가망성을 제기하는 것으로 만족해야 했다.

"김기설 씨 분신사건 당일 작성된 압수조서에 김 씨의 동료 강기훈 씨가 자살방조 피의자로 특정돼있는 점으로 보아 검찰이 애초부터 미리 결론을 내놓고 이에 맞춰 무죄 증거를 배척한 것 아니냐 하는 의심이 든다.(…) 검찰이 공개를 거부하고 있어 유서 원본에 대한 필적감정이 이뤄지지 못했으나 당시 감정이 객관적이고 공정하지 않았다는 의문이 있다. 유서의 필적은 당시 검찰 수사 발표와 달리 사망한 김기설 씨 본인의 것으로 보인다."

경찰청 과거사위는 1979년에 일어났던 '남조선민족해방전선' 사건에 대해서는 북한을 지지하는 사회주의혁명 조직이었음이 확실하다는 이유로 원심판결을 그대로 인정하고 있었다. 이는 과거사위가 어떤 편향성도 갖고 있지 않음을 보여준 것이었다.

경찰청 과거사위는 유서사건에 대해 자신들이 이러한 잠정 결론을 내린 이유로 김형영이 법정에서 "당시 감정을 의뢰한 검사에게 어떤 감정 결과를 원하느냐고 물어보았다."고 진술했다는 사실과 해당 검사가 감정 문건에 대해 설명하겠다며 직접 국과수를 방문했던 사실을 들었다. 수사 관행에 어긋나는 이러한 행위는 필적감정에서 요구되는 중립성, 객관성, 독립성을 심대하게 훼손했을 가능성이 있다는 주장이었다.

기관별 과거사위가 난항에 빠져있던 이 무렵, 청와대와 광화문 등지에서는 매일 대통령 직권으로 모든 과거사 문제를 다루는 '진실화해위원회'를 발족하라는 시위가 벌어지고 있었다. 기관별 과거사위보다 한층 강한 법적 강제성을 가진 조직을 만들어 기관별 과거사위를 통폐합하라는 요구였다. 그 결과, 노무현 정부 3년 차인 2005년 12월 1일, '진실·화해를 위한 과거사 정리위원회'가 출범했다. 대통령 직속기관으로, 한국현대사의 모든 부당한 사건을 다룰 권한이 주어졌다.

"항일독립운동, 일제강점기 이후 국력을 신장시킨 해외동포사, 광복 이후 반민주적 또는 반인권적 인권유린과 폭력 학살 의문사 사건 등을 조사하고 은폐된 진실을 밝혀 과거와의 화해를 통해 국민통합에 기여한다."

진실화해위원회는 이러한 목표에 따라 모두 11,174건을 접수 받아 조사에 착수했다. 그중에는 경찰청 과거사위로부터 인수받은 강기훈 유서대필사건도 1순위로 포함되어있었다.

이 무렵, 김형영은 또 다시 재판을 받고 있었다. 국과수에서 퇴직한 후 사설 감정사로 활동하던 그는 2005년 5월, 토지사기단으로부터 2,600만 원을 받고 허위감정서를 재판부에 제출한 혐의로 또다시 기소되어 8월의 1심재판에서 징역 2년 형을 선고받은 상태였다. 뇌물수수와 허위감정의 전과 때문에 법원의 문서감정을 수주받기 어렵자 다른 문서감정사를 대신해 감정해주고 그 감정사의 도장을 찍은 감정서를 재판부에 제출하는 식으로 먹고살았는데 거기서 또 말썽이 난 것이었다. 검찰의 가장 유력한 증인이 사건 이전부터 도합 3번이나 허위감정의 사기범으로 구속되었다는 사실은 유서사건에서의 국과수 감정에 신뢰성을 의심받게 하기에 충분했다.

원심재판에서 검찰의 또 다른 유력한 증언자는 김기설의 아버지 김정열과 홍성은이었는데 두 사람 다 원심의 증언을 번복할 준비가 되어있었다. 홍성은은 이미 첫 증언 때부터 검찰에서의 조서를 부인했을 뿐 아니라 국정조사와 텔레비전 프로그램을 통해 강기훈 구명 운동에 앞장서고 있었다. 한때 운동권에 대한 분노로 검찰에 협조했던 김정열 역시 이때쯤에는 아들의 죽음을 명예로운 것으로 받아들이고, 강기훈의 편이 되어 언제든 그에게 유리한 증언을 할 마음을 갖고 있었다.

사건에 대한 진실규명 신청서가 정식으로 제출된 것은 2006년 4월 13일이었다. 진실화해위원회는 이전의 과거사위들과 달리 독립적인 수사권을 갖고 있었다. 경찰청 과거사위에 대해 법적 권한이 없다고 버텨왔던 검찰은 진실화해위원회에 이 사건에 관한 모든 자료를 넘겨줄 수밖에 없었다.

사건을 전담한 민간인 조사관 안경호와 홍수정은 크게 두 갈래로 수사를 진행했다. 정황증거인 관련자 진술 확보와 물적증거인 필적의 재감정 작업이었다.

먼저 광범위한 증언 확보가 시작되었다. 사건 당시의 수사검사 중 3명을 직접 면담하거나 또는 서면으로 진술을 받았고 검찰 수사관 3명과 국과수 문서감정실 직원 4명에게서도 직접 진술을 받아 냈다. 또한 김기설의 가족과 홍성은, 강기훈 본인 등 57명을 면담해 공식적인 진술조서를 받았다.

모두 67명으로부터 받은 증언은 강기훈을 무죄로 추정하는 내용이 압도적이었다. 원심재판 당시 강력하게 유죄를 주장했던 검사와 판사, 국과수 직원들조차도 말을 바꾸거나 무죄일 수 있다는 정도로 후퇴했다. 수사의 핵심이던 강신욱과 신상규처럼 정치권으로 갔거나 아직 현직에 있던 판검사들은 면담을 거부했으나 진술 거부 자체도 사건이 조작되었음을 반증하는 정황증거가 될 수 있었다.

조사관 홍수정과 안경호는, 필적감정은 국과수의 1991년도 감정 결과를 부인할 수도 있는 예민한 사안이었기 때문에 치밀한 절차가 필요하다고 보았다.

우선 검토해본 것은 컴퓨터를 이용한 과학적 필적감정이었다. 감정인의 지식과 경험에 의존하여 필적을 감정하는 것보다는 과학적인 방법을 통한 필적검사를 시도하자는 것이었다. 두 수사관은 컴퓨터 감정이 가능한지 여부를 확인하려고 카이스트 등 국내외의 인공지능패턴인식 전문가들에게 자문을 받아보았다. 그러나 컴퓨터로 문자를 인식하는 기술에 대한 연구는 초보적인 단계이며 그나마 영어권에 해당되는 기술이었다. 한글에 적용하기 위해서는 검증된 새로운 프로그램을 개발하여야 하는데, 상당한 시간과 비용이 소요되어 이 사건에 활용하기에는 시기상조임이 확인되었다.

해외 감정기관에 감정을 의뢰하는 것도 검토해보았다. 원심재판 때 전민련이 일본인에게 사적으로 의뢰한 것과 달리, 진실화해위원회는 공식적으로 국정원에 해외주재국의 문서감정 실태에 대해 파악해줄 것을 요청했다.

국정원은 미국, 일본, 독일, 이스라엘의 한국대사관을 통해 각국의 실태를 조사한 다음 결과를 회신해 왔다. 선진국에는 필적감정을 전문으로 하는 국가기관 및 사설연구소들이 있으나 자국의 문자를 분석하는 곳으로서 한글에 대한 필적감정은 어렵다고 답변해 왔다는 내용이었다. 소수 활용 언어라 하더라도 기본적인 이론을 적용하여 감정을 진행할 수는 있겠으나 제3자에 대항한 권위 있는 감정 결과를 제시하기는 곤란했다. MBC 방송의 〈이제는 말할 수 있다〉가 했던 것처럼 외국인 감정사들로부터 감정을 받을 수는 있으나 원심 판사들이 일본인 감정사에게 한 것처럼 한글을 모른다는 이유로 배척해버리면 그만이라 생각되었다.

국내 감정기관으로 범위를 좁힌 수사관들은 공식적인 절차를 밟아 먼저 국가기관에 필적감정을 의뢰했다.

이 무렵 국립 감정기관은 3개소가 있었다. 국과수 문서감정실, 대검찰청 과학수사과 제1담당관실 소속 문서감정실, 국방부 조사본부 과학수사연구소 감식부 소속 문서지문과였다. 위원회는 이 세 곳 모두에 필적감정을 의뢰했다. 하지만 국방부는 2006년 9월 25일 자로 감정진행불가 회신을 했고, 대검찰청 문서감정실은 2007년 5월 9일 자로 수사 또는 재판에 계류 중인 사건에 대해서만 감정을 실시한다는 이유를 들어 거부해 왔다.

두 군데 국가기관에서 감정이 거부당하는 사이, 조사관들은 신성, 한국, 국제, 중앙, 선일, 대한, 서울감정원의 7개 사설 감정소에 재판에서 사용된 필적자료 전부와 새로운 자료 등 수십 건의 필적자료를 보내 감정을 의뢰했다. 사건 당시와 마찬가지로 정부기관의 현직 감정원들도 대개 도장업자 출신이라는 것, 사설감정소 감정원의 대다수는 정부기관에서 정년퇴직한 경륜 있는 감정사라는 점에서 기술적인 신뢰도는 다르지 않다고 보았다.

2006년 10월 27일부터 이듬해 3월까지 진행된 사설감정원 7개의 필적감정 결과는 일치했다. 김기설의 명의로 되어있는 자료인 유서, 전민련 수첩, 업무일지, 전대협 노트는 동일인의 글씨이며, 강기훈의 명의로 되어있는 자술서, 출정거부 이유서, 봉함엽서는 이와는 다른 동일인의 글씨라는 결론이었다. 김기설의 유서와 강기훈의 글씨는 다르다는 뜻이었다.

김기설이 작성한 주민등록 분실신고서 등 정자체 글씨에 대해서는 유서와의 동일 여부를 판단하기 어렵다고 감정했다. 서기선 하사가 제출한 수첩 메모의 경우는 감정원 사이에 약간의 차이가 있어서 3개의 감정원이 유서와 동일, 상이, 감정불능으로 회신해 왔다. 나머지 모든 필적자료에 대한 의견은 일치했다. 김기설 본인이 유서를 썼다는 사실을 인정한 것이다.

상황이 이렇게 되자 국과수도 진실화해위원회의 감정요청을 받아들였다. 국과수는 2007년 5월 10일에 접수한 감정의뢰물들에 대해 두 달간의 심층분석 끝에 7월 6일 자로 감정 결과를 회신해 왔다. 김형영이 불과 2, 3일 안에 회신했던 것과는 근본적으로 다른 태도였다.

결론은 사설기관들과 똑같았다. 유서는 김기설의 글씨가 맞다는 내용이었다. 꼬박 16년 만에 이뤄진 번복이었다.

이번 감정에 참여한 국과수 직원들은 진실화해위원회 조사관들에게 16년 전 자신들의 이름으로 판정 난 필적을 재감정하는 데 심한 부담감을 느꼈다고 토로했다. 그래서 다른 국가기관들처럼 감정을 거절하려고도 생각했으나 이번에 정리하고 넘어가지 않으면 문제가 끝나지를 않는다는 점에서 받아들였다고 고백했다.

1991년 당시 국과수에서 공동감정인으로 서명하였고, 2007년의 국과수 재감정에도 참여한 최섭은 이번 감정은 김형영이 혼자 했던 과거와 달리 국과수 직원 5명이 모두 감정에 참가했다고 진술했다.

"처음에는 진명수가 지정감정인으로 자료분석을 했습니다. 하지만 감정을 진행하면서, 사건 당시 공동심의자를 지정감정인으로 하면 또 다른 오해를 불러일으킬 소지가 있기 때문에 이영수와 나기현을 지정감정인으로 교체한 것으로 알고 있습니다. 그렇지만 이번 문서감정은 저를 포함한 저희 국과수 문서감정실의 감정인 전부가 참여한 감정입니다. 저와 양후열 과장, 진명수, 이영수, 나기현이 유서 원본을 포함하여 감정 자료 전체를 일일이 분석하여 감정했습니다. 감정인 각자의 의견을 최대한 반영해서 감정서를 작성하였고, 감정서 작성 이후에도 구체적으로 검토할 수 있도록 회람도 여러 차례 했습니다. 회신한 감정서에 감정인을 이영수, 나기현으로 표기만 했을 뿐이지, 내용은 국과수 문서감정실 공동감정서로 봐야 합니다."

최섭은 사건 당시 국과수에서 검찰에 회신한 감정 결과와 이번에 진실화해위원회에 회신한 감정 결과에는 분명한 차이점이 있고, 이번 자료는 김기설이 유서를 작성한 것이 틀림이 없다는 것을 보여주는 증거라고 진술했다.

"분명한 차이가 있습니다. 자료의 상태가 당시와 비교할 수 없을 만큼 좋습니다. 이번 자료는 유서의 필적과 강기훈의 필적이 분명하게 다르다는 것을 보여주었던 자료이며, 유서가 김기설에 의해서 작성된 것이 틀림없음을 보여주는 증거라고 생각합니다."

과거 김형영의 감정은 오류였다는 점도 분명히 했다. 김기설의 글씨와 강기훈의 글씨는 유사한 부분도 있지만 서로 다른 점이 훨씬 많다는 지적이었다.

"저희가 보기에 당시 유서와 강기훈의 필적자료를 보면 유사점이 있는 것은 사실이지만, 현재의 자료를 분류해봤을 때는 유서와 강기훈 필적 간의 유사점보다는 상이한 점이 더 많습니다. 이에 따라 지난 감정에 오류가 있었다고 보는 것입니다."

최섭은 강기훈과 김기설의 운필습성에 대해 설명하면서 두 사람은 서로 다른 희소성 있는 개인의 필습을 가졌기 때문에 전체적으로 희소성 있는 특징은 서로 흉내 내기가 어려운 필적이라고 말했다. 이는 최섭 개인의 의견이 아니라 문서감정실 전원을 대표한 발언이었다.

"우선 두 사람의 필적을 비교하면 숙련 상태가 비슷한 것으로 나타나며, 일반적인 속필의 경우 두 사람이 유사점이 많습니다. 일반적으로 사람들은 각자마다 여러 가지 필법을 구사할 수 있는데, 강기훈과 김기설의 필적은 서로가 특정부분의 희소성 있는 특징에서는 명확한 다른 차이점이 있고, 이번 감정서에서 기술한 바와 같으므로, 자세한 것은 감정서를 참조했으면 합니다. 결국 두 사람은 서로 다른 희소성 있는 개인의 필습을 가졌기 때문에 전체적으로 희소성 있는 특징은 서로 흉내 내기가 어려운 필적이라고 생각합니다."

사건 당시 재판정에까지 나와서 유서가 강기훈 글씨라고 주장했던 양후열은 김형영의 뒤를 이어 과장이 되어있었다. 그는 위원회에 출석해서 말했다.

"각서 및 전대협 노트 등이 제시되었기 때문입니다. 당시에도 이러한 자료가 제시되었다면 유서를 강기훈이 썼다고 판단할 수 없었을 겁니다. 금번에 위원회에서 의뢰한 감정은 저희 문서감정실 감정인 전원이 참여하여 원본 자료를 검토하고, 토의를 한 결과물입니다. 저 또한 위 감정에 참여하여 세세하게 검토를 하였음을 말씀드립니다."

조사관 안경호와 홍수정은 그의 말대로 과연 두 개의 새로운 필적 자료가 제공되어서 감정이 바뀌었던 것일까 의구심을 가졌다. 사건 당시 대책회의와 전민련은 이십여 개에 이르는 김기설 필체가 틀림없는 자료를 검찰과 재판부에 제공했지만 어느 하나도 인정받지 못했다. 이번에 새로 감정을 의뢰한 각서 및 전대협 노트의 글씨와 사건 당시 제공한 이십여 가지 필체는 누가 보더라도 같은 사람 것임을 알 수 있었다. 만일 이 두 자료가 사건 당시에 제출되었다면 역시 강기훈에 의해 위조되었다며 증거에서 배척되었을 것이었다. 새로운 두 자료는 단지 국과수 감정원들로 하여금 과거의 자신들의 오류를 인정하지 않고도 감정 결과를 바꿀 수 있는 핑계거리가 되어준 것뿐이라고, 조사관들은 생각했다. 하지만 이면의 진실이 어떻든 두 자료가 국가기관의 감정을 바꿀 수 있는 돌파구를 열어준 것은 사실이었다.

양후열이 말한 새로운 두 자료란 김기설이 쓴 채무상환 각서와 김기설이 사용했던 공책인 전대협 노트였다.

각서는 김기설이 큰누나에게 가져온 어음이 도난 신고되자 한원석에게 빌린 돈 300만 원을 1991년 2월 18일까지 갚겠다고 써준 차용증을 말했다. 한원석은 1992년 4월 9일 항소심 5회 공판에 변호인 측 증인으로 출석해 각서가 김기설이 써준 글씨가 맞으며 명동성당에 있던 서준식에게 전달했다고 증언한 적이 있었다.

당시 진실규명을 총괄한 서준식은 이 각서가 검찰의 손에 들어갈 경우, 언론에 김기설이 큰누나에게서 어음을 훔친 자라는 악선전을 할 것으로 우려해 비밀로 해두었다. 사건 당시에는 금융실명제가 없었다. 서준식은 김기설의 장례 부조금으로 들어온 돈에서 200만 원을 김기설의 가명인 한정덕이라는 이름으로 한원석에게 송금해주었다. 그리고 1심재판에서야 이 각서를 필적증거로 재판부에 직접 제출한 것이었다.

그러나 원심재판부는 한원석의 증언에 대해 믿을 수 없다며 각서를 증거로 삼기를 거부했고 따라서 필적감정을 해보지도 못했다. 국과수 감정원들은 이번 감정에 제출된 이 각서의 글씨야말로 유서와 똑같다고 판정한 것이었다.

또 다른 결정적 자료가 된 전대협 노트는 김기설의 광탄중학교 동창인 고향 친구 한송흠이 제출한 얇은 대학노트로, 녹색 겉표지에는 '1990통일염원 46년'이라고 인쇄되어있었다. 속지에는 여러 가지 필기구로 일정과 낙서, 메모 같은 것들이 적혀있었는데 같은 필체로 낙서가 된 종이쪽 한 장이 끼워져있었다.

한송흠은 사건 초기 검찰에 출두했을 때나 재판정에 변호인 측 증인으로 출석해서도 유서는 김기설의 글씨라고 증언했으나 어떤 증거도 제출하지 못해 영향을 미치지 못했었다. 이 노트와 그에 끼워진 낙서장에 대해 일체 말한 적이 없었다. 그런데 2005년 경찰청 과거사위에 출석했을 때, 그동안 한 번도 등장한 적이 없던 이 노트와 낙서장을 제출했고, 진실화해위원회로 넘어와 필적감정을 받게 된 것이었다.

한송흠은 사건 발생 14년 만에야 이 자료를 제출한 경위에 대해 밝혔다. 김기설은 죽기 한 달쯤 전인 1991년 3월 26일, 광탄의 한송흠의 집에 놀러와 하룻밤을 자고 갔다. 지방자치제가 도입되면서 처음으로 실시된 기초의회 선거일이어서 전민련도 노는 날이었다. 김기설은 낙서를 하며 대화하는 버릇이 있었다. 이날도 그는 전대협 수첩과 백지를 꺼내놓고 낙서를 해가며 밤늦게까지 이야기를 나누다가 잠이 들었다. 한송흠이 아침에 깨어나니 김기설은 벌써 가버리고 없었다. 그것이 두 친구의 마지막 만남이었다. 김기설은 이후 전국적 시위 때문에 바빠서 한송흠을 만나러 올 수가 없었다.

　한송흠은 김기설이 죽은 해 12월에 결혼해 분가했는데 그로부터 6년이나 지난 1997년, 파주 광탄리 본가에 간 길에 옛날 책들을 자기 살림집으로 옮기기 위해 정리하는 과정에서 낯선 노트 한 권을 발견했다. 글씨를 보니 김기설의 것이었다. 처음에는 이 노트가 언제 어떻게 자기 책들 사이에 끼워져있는지, 지금까지 발견되지 않고 있었는지 무척 궁금하고 신기하기도 했는데 곰곰이 생각해보니 김기설이 광탄 집에 마지막으로 놀러 온 날 아침에 서둘러 나가면서 놓고 간 것으로 판단되었다. 노트 사이에 끼워진 낙서장에 김기설의 글씨와 함께 한송흠 자신의 글씨가 써있어 당시의 일이 생각났던 것이다.

　"기설이는 무언가 중요하거나 심각한 말을 할 때면 종이에 메모를 하면서 이야기하는 버릇이 있습니다. 낙서장에 한문과 한글로 쓰인 환영식은 제 글씨인데 왜 썼는지는 전혀 기억나지 않습니다. 그날 밤 대화에서 기억나는 것은 동우전문대 관련 문제였습니다. 당시 기설이는 술을 마시다가도 생각났다는 듯이 종이를 꺼내 메모를 하기에 제가 '왜 말은 안 하고 낙서만 하느냐.' 핀잔을 주기도 했는데 그냥 씩 웃고는 다시 메모를 하던 기억이 납니다. 밤이 늦었어도 대화를 이어가다가 또 종이에다 메모를 하기에 '무슨 정리를 그렇게 많이 하느냐 그만 자자.'고 말하기도 했습니다. 그날 속초 전 문대 이야기를 장시간 했는데 정확한 기억은 안 나지만 학내분규, 폭력사태 문제에 대해 조사하고 있다고 이야기를 하였고 서준식 씨와 함께 일한다는 이야기도 했습니다. 전민련에서 활동하는 것 에 대해 대단한 자부심을 가지고 있었습니다. 기설이가 여자 친구 가 생겼다고 해서 제가 축하해준 기억도 납니다. 결혼하면 어떻게 먹여 살릴 거냐고 놀리기도 했습니다. 나중에 기설이가 죽고 영안 실에서 홍성은 씨를 만났을 때 제가 '진작 기설이와 같이 만났어야 했다.'고 인사를 건넨 일도 있습니다."

한송흠은 김기설이 죽은 후 무척 힘든 날들을 보냈다고 술회했 다. 어려서부터 형제처럼 지내던 친구가 자기에게 한마디 말도 없이 자살했다는 사실에 무척 혼란스럽고 안타까웠다.

"무엇보다도 기설이의 유서가 다른 사람에 의해서 대필되었다는 공방은 정말 어처구니없는 일이었습니다. 누구보다 기설이의 필체 에 대해 잘 알고 있었기에 언젠가는 반드시 진실이 밝혀지리라 생 각하기도 했습니다. 기설이가 사망한 날, 오전 텔레비전 뉴스에 잠 시 유서가 비춰졌는데 나는 바로 기설이가 쓴 것이라고 알아봤습니 다. 너무나도 눈에 익고 제가 잘 아는 글씨체였기 때문입니다. 자기 가 친한 사람의 글씨체 정도는 몇 명은 흔히 알고 있을 것입니다."

김기설의 글씨체를 찾는다는 이야기에 자기 집을 샅샅이 뒤져보 았으나 군대에 있을 때 김기설로부터 받은 편지는 서신검열 때문에 모두 버렸고 사회생활을 하면서는 편지 왕래보다 직접 자주 만났 기 때문에 김기설의 글씨를 가지고 있지 않았다. 김기설이 전대협 노트를 놓고 갔다는 사실은 전혀 몰랐다.

"전대협 노트는 아마도 그때 형수가 내 방을 매일 청소해주니까 내가 외출한 사이 방 청소를 하면서 방 안에 널려진 노트며 낙서 종이를 치운 것 같습니다. 내가 알았다면 바로 기설이에게 전화해 서 전해줬을 것이고 기설이가 죽은 후에라도 전민련에 갖다 주었을 겁니다. 기설이도 노트 달라는 전화를 한 적이 없었습니다."

형수가 청소를 하며 치웠다 해도 책꽂이에 꽂아두었을 텐데 샅 샅이 뒤져도 나오지 않았던 이유에 대해서도 말했다.

"기설이 장례 직후, 죽음에 배후가 있다는 기사가 대서특필되고 검찰이 수사에 나섰다는 뉴스가 나올 무렵이었습니다. 기자며 형 사들이 저희 집에 찾아와 김기설의 필적을 찾는다며 귀찮게 할까 봐 형수에게 저희 집에 있는 책들을 다른 집에 옮기게 했습니다. 아 마도 다섯 박스 정도 되는 양입니다. 그중에 노트가 끼어 들어간 것 입니다. 살벌한 시절이라 제 책에 불온서적이 있다고 문제가 될까 봐 치우게 한 것이죠. 저의 책도 대부분 사회과학서적들이었기 때 문입니다. 형수는 제 책들을 동네 친구에게 맡겼다가 두세 달 후 다 시 찾아온 것으로 기억납니다."

한송흠은 김기설의 글씨체는 물론, 그의 문체의 특성까지도 정확히 알고 있었다. 김기설은 글과 글의 연관성이 있을 때는 화살표시를 많이 사용하는 편이고 부사나 형용사를 잇달아 사용하는 특성이 있다는 것이었다. 유서에 나오는 '다르게, 슬프게, 아프게' 같은 표현이었다. 또한 동사를 명사화하는 말도 자주 썼다고 했다. 유서에 나오는 '조국의 아들이 됨을', '되고자 함이 아니라' 같은 표현들이었다. 또 전화번호 적을 때 사람들은 보통 국번과 번호 사이에 '-'를 쓰는데 김기설은 대부분 '.'을 찍는다는 것이었다. 실제로, 한송흠의 분석은 김기설의 모든 필적자료에 공통적으로 나타나고 있었다.

"전민련이나 강기훈이 김기설 사후에 전대협 노트나 낙서장을 진술인에게 전달한 것은 아닌가요?"

조사관 안경호의 질문에 한송흠은 완강히 부인했다.

"제가 그 사람들을 잘 알지도 못할 뿐더러 그럴 이유도 없다고 생각합니다. 도저히 있을 수 없는 일입니다. 저하고 강기훈은 전혀 상관이 없습니다. 기설이의 유서 때문에 억울하게 옥살이를 한 사실은 알고 있으나 그 누명을 벗겨주려고 없는 것을 만들어서 제가 제출할 하등의 이유가 없습니다. 전민련은 더욱이 모르는 단체입니다. 누가 저에게 이 노트와 낙서장을 주었겠습니까? 만약에 강기훈이 저에게 김기설의 필체를 속이기 위해 주었다면 저는 이와 같은 사실을 폭로했을 것입니다. 강기훈은 김기설의 유서를 대신 써주지 않았습니다. 유서는 김기설의 필체입니다. 김기설의 유서를 강기훈이 대신 작성했다는 말은 기설이의 명예를 훼손하는 일입니다. 자신의 유서를 자신이 쓰지도 못하고 분신자살할 정도로 어리석은 기설이가 아닙니다. 죽어서까지 자신의 유서 주인을 찾지 못하는 이러한 이상한 일에 분노를 느끼며 장담하건대 유서는 김기설이 작성한 것입니다."

조사관들은 1997년에 이 노트를 발견한 직후 이 사실을 공개하지 않은 이유에 대해서도 물었다.

"전대협 노트나 낙서장을 발견한 당시 바로 공개하지 않고 오랫동안 보관한 이유는 무엇인가요?"

"누구를 통해서 공개해야 할지 몰랐습니다. 그리고 공개를 하더라도 진실규명에 도움이 되는 계기가 마련되었을 때 공개하리라 생각했습니다. 경찰청 과거사위 조사관들이 의지를 가지고 조사하는가 여부를 판단하여 쓸모가 있을 때 주는 것이 좋겠다고 판단하여 나중에 제출한 것입니다."

한송흠은 원심재판을 전후해 본인이 겪었던 일도 말해주었다. 검찰이 김기설의 정자체만을 그의 글씨로 인정하는 결정적 증거로 제시한 것은 군대에 있을 때 고향 친구인 안혜정에게 보낸 편지였다. 김기설은 그녀에게 보내는 편지만은 유독 정자체로 공들여 써 보내는데, 사건 당시 경찰관으로 취직해있던 안혜정은 상부의 지시에 따라 이 편지들을 검찰에 제공하기로 했고, 안혜정은 한송흠과도 친했기 때문에 두 사람은 함께 검찰청에 가서 조사받게 되었다. 1992

261

년 3월 중순, 항소심 재판의 증인출석을 일주일 앞두었을 때였다.

한송흠은 검찰청에 함께 가면서 안혜정에게 유서는 김기설이 쓴 필기체가 맞다고 말했다. 안혜정은 검사의 심문에서 정자체는 김기설의 글씨가 맞지만 속필체는 그의 글씨인지 잘 모르겠다고 대답했다. 김기설의 정자체 글씨만을 알고 있던 그녀로서는 어쩔 수 없는 답변이었다. 한송흠은 그녀가 경찰관 신분이라서 필기체는 김기설의 글씨가 아니라고 몰아세우는 검찰의 압박을 거부하기도 힘들었을 것이라고 이해하고 말았다.

검찰은 한송흠에게도 많은 필적자료들을 늘어놓고 김기설의 글씨체를 모두 골라보라고 했다. 그런데 한송흠이 자신 있게 정자체와 속필체로 된 김기설의 필체들을 골라내자 검사들은 그를 몰아세우기 시작했다. 그를 따로 불러 조사실에서 조사를 하다가 안혜정과 대질을 시켜 서로 따지게 하고 상반된 진술을 하면 추궁하기도 했다.

"다섯 시간 내내 저를 일방적으로 몰아붙이는 상황이었습니다. 검사와 수사관은 안혜정 말만 전적으로 믿고 내 진술은 전혀 믿지 않는 분위기였습니다. 제가 김기설의 필체를 골라내니까 검사로 보이는 사람이 어떻게 김기설 필체로 확신하느냐, 김기설 필체가 맞느냐고 똑같은 질문을 수없이 반복해 정신을 못 차릴 정도였습니다."

검사들은 다섯 시간이나 그를 붙잡아 놓고 추궁했으나 끝까지 같은 주장을 하자 그에게는 진술조서조차 받지 않은 채 집으로 돌아가라고 내보내 버렸다.

공판정에서도 마찬가지였다. 1992년 3월 26일 항소심 2회 공판에 증인으로 나간 한송흠은 이번에는 재판장 임대화로부터 똑같은 질문공세에 시달려야 했다. 한송흠이 김기설의 글씨체는 속필체와 정자체 두 가지라고 증언하자 임대화는 이례적일 만큼 상당한 시간을 들여 그를 직접 심문했다. 질문 내용은 검찰과 똑같았다.

한송흠은 절친한 친구 사이임에도 김기설의 정확한 고등학교 학력을 모르고 있었다. 고등학교 1학년 때 중퇴한 김기설이 서울에 가서 인문계 학교를 다닌다고 말하자 그대로 믿고 이후로는 물어보지 않았다. 명문대를 다니는 친구라면 몰라도 전문대 이하의 친구들의 학력에 대해서는 자존심을 건드리지 않기 위해 서로 묻지 않는게 크게 이상한 일도 아니었다.

재판장 임대화는 그러나 이를 문제 삼았다. 어릴 때 친구라면서 어떻게 모를 수가 있는가, 김기설과 친하다는 것이 거짓말 아니냐는 식이었다.

임대화는 김기설이 홍성은에게 주었던 수필식의 낙서에 대해, 애인도 아닌 안혜정에게는 정자체를 쓰면서 장차 결혼상대자로 생각한 홍성은에게 흘림체 글씨를 쓰는 게 말이 되냐는 식으로 한송흠을 다그쳤다.

한송흠으로서는 김기설을 대신해 말할 길이 없는 질문이었다. 자신의 발언의 신뢰성을 떨어뜨리기 위해 재판장이 직접 나서서 공박하는 것을 보며, 한송흠은 이 재판이 결코 진실을 규명하기 위함이 아니라, 운동권을 죽이기 위한 정치적 재판이라고 생각하지 않을 수 없었다.

분신 당일, 유서 글씨체에 대해 김기설의 누나들과 나눈 대화에 대해서도 재판장은 검찰의 시선으로 한송흠을 추궁했다.

"김기설의 아버지나 누나들이 '유서의 글씨가 기설이의 글씨가 맞느냐?'고 물어본다면 무언가 거기에 의혹이 있으니까 그런 이야기가 나왔다고 보는 것이 일반적인데, 당시 증인이 '기설이의 글씨다.'라고 했을 때 이를 유족들이 승복했나요?"

"막내 매형은 믿지 못하는 표정이었고, 막내 누나와 둘째 누나는 제가 같다고 하니까 '같을 것이다.'라고 이야기했습니다."

"그러면 증인이 '같다'고 자신 있게 얘기한 것인가요?"

"예."

"증인은 어떤 근거로 그렇게 보았는지 구체적으로 이야기할 수 있는가요?"

"보통 사람들은 자기와 친한 사람 몇 명의 글씨는 다 알고 있다고 생각합니다."

"그러한 것을 구체적으로 설명해줄 수는 있는가요?"

"물리적인 증거는 없으나, 아는 사람 글씨는 한눈에 알 수 있으며 기설이 글씨의 특징은 흘려 쓰는 글씨를 멋있게 쓴다고 이야기한 적도 있는데, 그냥 첫눈에 알아볼 수 있었습니다."

한송흠은 과학이 아닌 가슴으로 필적감정을 했다는 김형영에게
는 어떤 반문도 하지 않고 넘어간 판사 임대화가 누구보다도 김기
설을 잘 아는 자신에게는 과학적인 근거를 내놓으라고 추궁하는 모
습에 분노와 혐오감을 참기 힘들었다.

한송흠은 진실화해위원회의 증언 마지막에 김기설이 왜 죽기 전
에 자기에게 전화를 하지 않았을까에 대해 술회했다.

"기설이가 죽기 전에 저에게 전화조차 하지 않은 것은 저와 통화
를 하면서 저의 목소리를 들으면 자신이 계획한 일이나 자신의 신
념이 흔들릴까 봐 하지 않았다고 생각합니다."

한송흠이 제출한 전대협 노트는 과거의 필적감정을 뒤집는 결정
적 근거가 되어주었는데 이것이 아니어도 진실화해위원회의 수사
는 모든 측면에서 강기훈의 무죄를 향하고 있었다.

사건 수사의 첫 계기가 되었던 김기설의 가족들도 진실화해위원
회 조사관들과의 면담에서 당시 자신들이 감정이 격해있어 강기훈
이 유서대필범이 되도록 내버려둔 것을 후회하고 미안해하는 녹취
록을 남겼다. 김기설의 아버지 김정열은 집으로 찾아간 조사관 안
경호와 홍수정에게 말했다.

"지금 생각하면 강기훈에게 미안합니다. 그때 아무것도 모르고
강기훈에게 불리한 이야기만 했어요. 유서는 아들이 쓴 게 확실합
니다. 그런데 강기훈이 기설이 동료이다 보니 검찰에게 잘못 걸려서

억울하게 옥살이한 것이지요. 강기훈이 옥살이한 것은 내가 유서 글씨가 우리 기설이 것이 아니라고 말해서 그리된 것이나 다름없습니다. 너무나 미안합니다."

가족들은 유서가 김기설의 것이 아니라고 말했을 뿐 강기훈이 대필했다거나 강기훈의 글씨가 유서와 같다고 말한 적은 없었다. 하지만 결과는 같았다.

강기훈 자신은 김기설의 가족들에 대한 어떤 원망의 감정도 갖고 있지 않았다. 오히려 그들도 희생자라고 생각했다. 늘 밝고 쾌활한 데다 유별나게 사람을 좋아해 누구에게나 친근하게 굴던, 절친하지는 않았어도 편한 동료였던 김기설이 자기 유서도 쓸 줄 모르는 무식한 노동자라는 식으로 세상에 알려짐으로써 가장 큰 피해를 입은 것은 죽은 김기설 자신과 가족이라고 생각했다.

진실화해위원회에 출석해서도 1991년의 필적감정에 대해서 여전히 옳았다고 주장하는 이는 김형영 혼자뿐이었다. 그는 끝까지 자신의 잘못을 인정하지 않았다. "사람이 하는 일이니 실수가 있을 수 있다."고 회피해 가거나 "1심재판과 항소심, 대법원까지 모든 판사들이 나의 감정을 믿고 이에 따라 재판했다."는 점만 강조했다.

사건 당시의 수사검사들 역시 답변 자체를 회피하거나 서면을 통해 자기들은 잘못한 것이 없으며 판사들도 동의했다는 사실만 강조했다. 다만 국과수에 필적감정을 의뢰하는 역할을 담당했던 검사 윤석만은 변호사 개업을 한 상태라 자신의 사무실에서 짧은 면담을 허용했다. 그는 간접적인 화법으로 당시의 상황을 고백했다.

"사건 초기 검찰이 연거푸 필적감정을 의뢰했던 이유는 국과수 김형영의 감정 결과를 검찰 스스로도 믿기 어려웠기 때문이었습니다."

김형영과 검사들 이외의 어떤 증언과 증거에서도 강기훈의 유죄 혐의를 발견할 수 없던 진실화해위원회는 조사 19개월 만인 2007년 11월 13일, '유서대필사건'을 종료하면서 국가로 하여금 강기훈과 그의 가족들에게 사과하고 재심재판으로 누명을 벗겨줄 것을 권고했다.

"이 사건은 명지대 강경대 학생 치사사건을 계기로 노태우 정권에 항의하는 잇따른 분신과 그에 따른 분신 배후세력에 대한 막연한 의구심이 제기되고 있던 중 김기설이 1991월 5월 8일 분신사망하자, 검찰이 김기설의 주변인물을 대상으로 유서대필자를 수사하여 강기훈을 지목, 국과수 필적감정 결과를 근거로 기소하였고, 결국 법원이 유서대필을 인정하여 유죄판결을 한 것으로서 사건 당시뿐만 아니라 그 이후에도 계속적으로 의혹이 제기되어온 중대한 사건이라 할 수 있다.

진실화해위원회에서 당시 국과수가 감정한 문건들에 대하여 3개 사설감정기관에 각각 의뢰한 필적감정에 의하면 종전 국과수 필적감정과는 정반대로 유서와 강기훈의 필적은 상이하다는 일치된 결과가 나왔다.

또한 당시 감정을 하지 아니한 강기훈의 필적들과 유서를 국과수 및 7개 사설감정원에 각각 감정을 의뢰한 결과, 강기훈의 필적은 유서와 '상이하다'는 일치된 감정 결과가 나왔다.

또한 진실화해위원회는 새로이 발견된 김기설의 필적으로 인정되는 전대협 노트 및 낙서장에 대하여 국과수 및 7개 사설감정원에 각각 감정을 의뢰한 결과, 김기설의 필적과 유서는 '동일하다'는 일치된 감정 결과가 나왔다.

이번 국과수 감정 결과는 국과수 문서감정실 감정인 5명 모두가 실질적으로 참여하여 객관적으로 진행되었고, 7개 사설감정원에서 각각 행한 감정 결과와도 일치된 것이어서 신뢰할 수 있는 것이다. 따라서 진실화해위원회의 감정 결과에 의하면 강기훈의 필적과 유서의 필적이 다르므로 강기훈이 김기설의 유서를 작성한 것으로 볼 수 없다.

또한 진실화해위원회의 감정 결과에 의하면 김기설의 필적과 유서의 필적이 동일하며, 경험칙상 타인의 유서를 대필한다는 것은 극히 이례적인 일임에 비추어 김기설이 자신의 유서를 작성하였다고 볼 수 있다.

검찰과 법원의 경우 그 감정 결과가 신빙할 수 있는지 여부 및 증거를 제대로 판단하여 기소하고 판결을 할 의무가 있고, 증거재판주의 원칙상 유죄판결의 경우 합리적인 의심을 벗어난 정도의 엄격한 증명을 요구하며, 의심스러울 때에는 피고인에게 유리하게 무죄를 선고하여야 한다.

그런데 검찰은 강기훈이 혐의를 강력히 부인한 상태에서 국과수의 필적감정 결과 및 정황에 의거 기소를 하였고, 법원 또한 국과수 감정인이 행한 필적감정 결과 및 정황에 의거 유죄판결을 한 것이다.

결국 범죄사실을 입증할 책임이 검사에게 있는 이 사건에 있어서, 필적감정 및 정황에 의거 기소하고, 유죄판결을 한 것은 합리적 의심이 없을 정도로 증명을 요구하는 증거재판주의의 원칙에 위반한 것이다.

기소 및 재판의 기초가 된 필적감정이 번복되었으므로, 검찰과 법원은 공익의 대표자 및 인권보장의 최후의 보루로서 피해자가 피해 및 명예를 회복할 수 있도록 노력할 필요가 있다.

국과수 감정인은 공동심의를 제대로 하지 않았음에도 공동심의를 한 것으로 감정서에 기재하고 법정에서 증언을 하였고, 객관적 사실과 다른 자의적 감정 결과를 회신하여 강기훈으로 하여금 유죄판결을 받게 하는 결과를 낳았다. 하지만, 이번에 진실화해위원회가 의뢰한 새로운 필적자료에 대해 현 국과수가 나서 감정을 행하고 과거의 과오를 인정한 것은 진실규명과 화해를 위해 평가할 만한 일이다."

이에 따라 진실화해위원회는 정부에 다음과 같이 권고했다.

"이 사건에 대해 진실이 규명되었으므로 기본법 제4장에 따라 국가가 행할 조치에 관하여 다음과 같이 권고한다. 국가는 확정판결에 대하여 피해자와 그 가족의 피해와 명예를 회복시키기 위해 형사소송법이 정한 바에 따라 재심 등 상응한 조치를 취하는 것이 필요하다. 국가는 종전 국과수의 필적감정, 기소 및 유죄판결에 대하여 피해자와 그 가족에게 사과하고 화해를 이루는 적절한 조치를 취하는 것이 필요하다."

국가기관 중 최초로 유서대필 부분에 대한 강기훈의 무죄를 결정한 것이다. 그나마 민주정부가 아니라면 얻기 어려운 판결이었다.

강기훈에게는 또 다른 시작이었다. 진실화해위원회는 사법권을 갖고 있지 않았다. 단지 재심을 청구할 근거 중 하나를 얻은 것뿐이었다. 새로운 증거들을 가지고 재심재판을 청구해 승인을 얻은 다음, 재심을 거치고 대법원까지 가서 승소해야만 끝날 일이었다.

15
재심

진실화해위원회의 권고가 나오고 2개월 후인 2008년 1월 31일, 강기훈은 서울중앙지법에 재심청구서를 제출했다. 그런데 강기훈의 최종심은 서울고등법원에서 났기 때문에 서울고등법원으로 이송되어 그곳에서 재판 재개 여부를 판단하게 되었다. 재심이 결정된다면 1심은 생략하고 바로 고등법원으로 갈 수 있게 된다. 재심여부를 판단할 법원은 서울고등법원 형사10부로 정해졌다. 재판장은 이강원이었다.

이석태 등 6명의 변호인단은 재심청구서에서 국가보안법 부분은 제외했다. 법원이 자살방조와 국가보안법 위반혐의를 적용했으나 이 가운데 자살방조혐의는 잘못된 증거와 증언에 기초한 것으로 밝혀졌기 때문에 재심이 필요하다고만 밝혔다. 국가보안법 부분을 제외함으로써 징역 3년 중 1년은 인정하고, 2년에 대해서만 재심을 청구한 셈이었다. 혁노맹에 가입한 적도 없는 강기훈은 국가보안법 부분도 억울하게 생각했으나 함께 묶일 경우 또 다시 불필요한 논쟁을 거쳐야 하는 부담으로 이를 받아들였다.

검찰은 재심청구에 반대해 즉각 '재심 불가 이유서'를 보냈다. 146쪽에 이르는 이유서는 17년 전과 다름없는 내용들로 이뤄져있었다.

"전대협 노트와 낙서장 등 새로운 증거들은 강기훈이나 제3자가 대신 작성했을 것이다. 한송흠의 증언은 원심재판에서 재판부로부터 배척되었다."

또 다시 증거물이 강기훈에 의해 조작되었다는 주장이었다. 재판부는 그러나 강기훈이 분신사건 이후 전대협 노트를 조작했을 가망성은 매우 희박하며 한송흠은 강기훈과 만난 적 없고 아무 이해관계도 없으므로 거짓 진술을 할 동기가 없다고 보았다.

검찰은 또한 김형영의 필적감정이 옳다고 거듭 주장했다. 현직 국과수 감정원 다섯 명을 포함해 8개 감정원 20여 명이 낸 결론을 배척하고, 수차례나 허위감정을 하여 감옥에 드나들고 있던 김형영 한 사람의 감정이 옳다는 주장이었다.

"1991년 당시 문서감정의 최고 권위자였던 김형영 씨의 감정을 허위라고 주장하는 것은 근거가 없다."

이에 대해서도 재판부는 2007년의 감정 결과가 1991년도 필적 감정의 한계와 오류를 치유, 극복하고 있다고 보았다. 김형영 외에 다른 공동감정인은 직접 감정에 참여한 바 없는데도, 김형영은 감정인 4명이 현미경으로 관찰했다며 중대한 사실에 관해 허위로 증언했다는 점에도 주목했다. 김형영이 거듭된 허위 필적감정으로 감옥에 드나들었다는 것, 원심재판정과 진실화해위원회의 조사에서도 줄곧 허위증언을 하고 있다는 것도 참고했다.

검찰은 유서는 김기설이 쓴 게 맞다고 말을 바꾼 가족들에 대해서도 "김기설의 가족들이 강기훈에게 호의적인 발언을 하는 것은 민주화운동 보상금을 받기 위한 것"이라고 폄하했지만 재판부는 이 시각 역시 받아들이지 않았다.

서울고등법원 형사10부는 이러한 종합적 판단을 토대로 2009년 9월 16일 자로 재심결정을 내렸다. 청구일로부터 18개월 만이었다. 재판장 이강원이 공개적으로 발표한 결정문은 사실상 강기훈의 무죄를 암시하고 있었다.

"1991년 국립과학수사연구소 감정 결과에 근거해 업무일지, 전민련 수첩, 메모지를 강 씨가 작성한 것으로 본 판결은 새로 발견된 전대협 노트와 낙서장 등 새로운 증거들과 모순돼 그대로 유지할 수 없다. 새로운 증거들은 형사소송법에서 말하는 무죄를 인정할 명백한 증거에 해당한다. 분신한 김기설 씨의 유서가 김 씨의 필적과 일치한다는 국립과학수사연구소와 감정기관의 감정 결과가 나왔다. 유죄의 확정 판결을 더 이상 유지할 수 없는 고도의 개연성이 인정된다."

변호인들은 이강원 재판부가 유서사건에 관련된 사법부 관료들 중 최초로 정치적 판단이 아닌, 법률적 판단을 하였다며 환영했다.

당사자인 강기훈은 몹시도 운 나빴던 한 젊은이가 중년의 나이가 되어 오명을 씻을 기회를 얻었다며 담담해했다. 이때 나이 46세로, 사건 발생 17년 만이었다. 그는 한겨레신문과의 전화 인터뷰에서 감동에 겨워하기보다는 당연히 이뤄졌어야 하는 일이라고 말하면서도 한숨을 내쉬었다.

"참, 시간이 빨리도 가네요!"

강기훈은 기자에게 3년 2개월 만에 출소한 후 민주화운동을 그만두고 애인이던 이영미와 결혼해 평범하게 살기 위해 애써왔다고 술회했다. 취업이 되지 않아 막노동판을 전전하기도 하고, 어렵게 취직을 했다가도 유서대필범이라는 사실이 알려지면서 동료들과의 원활한 관계를 맺지 못해 그만두기를 거듭하던 그는 이 무렵에는 정보통신 계열 직장에 다니고 있었다.

"저에게 붙은 '꼬리표' 때문에 취업이 어려웠던 것만 빼면 지금은 평범한 직장인으로 남들과 똑같은 고민을 하며 삽니다."

다만 긴 세월이 흘렀어도 검사들에 대한 분노는 잊지 못했다.

"수사검사들은 단 한 번도 사과나 유감 표명을 하지 않았습니다. 끝까지 잘못이 없다고 하니 제 감정이 어떻겠어요? 그분들이 검사장이 되고, 검찰총장 후보로 이름이 오르내리고, 대법관까지 하는 것을 보면 지금도 어딘가에서 나 같은 사람을 또 때려잡고 있는 게 아닌가 싶어 심하게 우울합니다. 법원이 재심을 받아들였으니 좋은 결론이 날 것으로 기대합니다. 하지만 재심에서 무죄판결이 난다 해도 저와 제 주변 사람들이 감당해야 했던 상처가 치유될까요? 이제는 별로 기억하고 싶지 않은 일이네요."

이강원이 주도한 서울고법 형사10부 판사들의 결정은 법조계에도 상당한 충격을 던졌다. 검찰은 재심이 결정되자 공사석을 막론하고 격렬한 거부감을 드러내면서 곧바로 대법원에 항고를 제기했다.

대법원은 마냥 시간을 끌기 시작했다. 원심의 대법원 판결이 불과 3개월 만에 이뤄진 것과 대조적이었다. 2년이 지나고 3년이 다 되도록 판결은 나지 않았다. 긴 기다림이 계속되는 사이, 강기훈의 어머니 권태평과 아버지는 차례로 사망했다. 두 사람 다 간암이었다. 그리고 강기훈도 간암에 걸렸다.

2012년 4월에 간암을 발견한 강기훈은 5월에 간 한쪽의 절반을 잘라내는 대수술을 했지만 합병증으로 위정맥류가 나타나 각혈과 내출혈로 삶과 죽음 사이를 오가고 있었다. 강기훈은 죽음에 대한 두려움보다는 진실이 규명되는 것을 보지 못할 수 있다는 점을 걱정했다. 대법원의 재심결정이 늦어지는 데 대해, 강기훈은 7월에 한겨레신문과의 인터뷰에서 말했다.

"갈 길이 먼데, 제가 그 시간까지 갈 수 있을는지 모르겠네요. 사법부가 재심의 기회를 기약 없이 봉쇄하고 있습니다. 공직자라면 공직자로서의 역할을 다해야 할 것인데, 주어진 권한을 남용해 이렇게 시간을 끄는 것은 곤란합니다. 어떻게 보면 내 몸 상태가 이 지경에 이르는 상황을 바라는 게 아닐까 의심스러울 정도입니다. 사법부도 사건 조작에 책임이 있는 일종의 공범이기 때문이 아니냐는 생각도 듭니다. 사법부가 자기 잘못을 되돌릴 기회라고 적극적으로 생각해야 하는 게 아닌가요? 이미 고등법원에서 재심 사유에 해당한다고 결정했는데도 대법원이 아무런 이유 없이 시간을 끄는 것은 옳지 않습니다. 재심을 열라고 하는 것이니, 본안에 대한 판단은 재심에서 해도 되는 것 아닙니까? 대법원이 쥐고 있을 이유가 없어요. 나쁜 행동입니다. 나중에 비판받지 말고 얼른 결정을 내려줬으면 합니다. 저에게는 시간이 없습니다."

체력이 떨어져 걷기나 말하기도 힘들어하면서도, 그는 자신의 무죄판결을 넘어 사건 조작의 진실을 밝혀야 한다고 주장했다.
"이번 일은 나의 신원 문제뿐 아니라, 사건을 만들어내고 지휘한 사람들까지 조사해야 합니다. 시효 때문에 처벌은 하지 못해도 누가 그렇게 사건을 조작했는지는 역사 앞에 밝혀내야 합니다. 하지만 그러기에는 갈 길이 멉니다. 지금은 어떻게든 잘못된 판결을 바로잡는 것까지만이라도 됐으면 좋겠어요. 그것도 시간이 만만찮게 걸릴 텐데, 내가 그 시간까지 갈 수 있을는지조차 모르겠습니다."

강기훈이 암에 걸렸다는 소식이 알려지면서, 대법원의 빠른 결정을 촉구하는 모임이 만들어졌다. 함세웅, 이창복, 김상근, 이부영 등 2백여 명의 민주운동가들이 2012년 8월 28일 중구 향린교회에서 '강기훈의 쾌유와 재심 개시 촉구를 위한 모임' 발족식을 가졌다. 집행위원장은 김기설이 유서에서 자신의 사후 모든 것을 맡기라고 했던 김선택이 맡았다. 김선택은 사건 당시에는 수배 중이라 유언을 들어줄 수 없었지만, 대신 강기훈의 오명을 벗김으로서 김기설의 명예도 회복시킬 책임을 맡게 되었다며 어려운 책임을 떠맡았다.

강기훈을 위한 모임이 정계와 법조계에 탄원서와 압박을 넣자, 대법원은 마침내 두 달 후인 2012년 10월 19일, 검찰의 항고를 기각하고 재심결정을 내렸다. 항고가 시작되고 꼬박 37개월 만이었다. 무죄판정도 아닌, 단지 재심을 해보라는 권유를 위해 그 오랜 시간이 필요했는가 불만을 표하면서도, 강기훈 모임은 대법원의 결정을 환영했다.

주심 대법관은 양창수였다. 재판부는 결정문에서 원심의 증인으로 나온 김형영과 양후열이 허위 증언을 했기 때문에 재심 사유가 된다고 밝혔다. 그러나 전대협 노트 등 새로운 필적증거가 김형영의 문서감정보다 객관적으로 뚜렷하게 우월한 지위에 있다고 볼 수 없다는 것도 명시해 검찰이 다시 승소할 여지도 남겼다. 무죄 추정을 보다 정확히 밝힌 서울고법의 결정문에 비하면 모호하고 기회주의적인 판결이라고 비판하면서도, 강기훈 모임은 활발하게 재판준비에 들어갔다.

대법원의 결정에 따라 사건은 재심을 결정했던 서울고등지방법원 형사10부로 돌아가게 됐다. 판사들의 정기 이동으로 이번 재판의 재판장은 권기훈이, 배석판사는 이주영과 김형석이 맡았다. 검찰은 변철형, 박정희, 이영창, 민기홍을 담당검사로 지정했다. 변호인 측도 일부 세대가 교체되어 이석태, 송상교, 윤천우, 백승헌, 서선영, 이주언이 나섰다.

2012년 12월 20일 오후에 열린 첫 재판에 강기훈은 간이 나빠 검게 변한 수척한 얼굴에 검은색 양복을 입고 출정했다. 1991년 명동성당에서 농성할 때의 준수한 청년의 모습과는 너무 다르게 변해있었다. 변호인이 차례로 재심 이유를 밝힌 뒤, 강기훈은 모두 진술서를 읽어 내려갔다. 터져 나오는 울음을 참느라 목이 메어 간간이 끊어지는 낭독을 듣는 방청객 여기저기서 훌쩍이는 소리가 났다.

"잘못된 판결은 바로잡아야 합니다. 자살방조라는 혐의로 유죄

확정 판결을 받고 20년이 지났습니다. 꽤 많은 시간이 지났습니다. 그런데 여전히 '자살방조'라는 단어마저 생소하게 느껴집니다. 유서를 대신 작성해서 자살을 하려는 자에게 '도움을 주었다'는 것인데 그런 일은 없었습니다. 1991년 당시를 회상할 때마다 느끼는 일이지만 검찰, 언론매체를 시작으로 해서 제게 파렴치범이라는 누명을 씌우고 끝내 유죄확정 판결을 내린 법원까지 도무지 이해가 가지 않습니다. 한마디로 '제정신을 놓지 않고서야 어떻게' 그런 일들을 벌였던 것인지요? 헤아릴 수 없는 고통과 분노 속에 감옥에서 보낸 3년과 그 후 지금까지 제가 일관되게 말해왔던 것은 단 한 가지입니다. 잘못된 판결은 바로잡아야 한다는 것입니다."

강기훈은 지금 와서 읽어봐도 당시 검찰의 공소장과 법원의 판결문은 거대한 거짓과 모략, 허구, 비상식에 바탕을 둔 괴물처럼 보인다고 언성을 높이며, 한때는 검찰에 대한 복수심에 불타기도 했다고 고백했다.

"한때는 검찰에 대한 복수심에 불타기도 했지요. 추상적 의미의 검찰이 아니라 저를 기소하고 유죄의 굴레를 씌운 사람들에 대한 복수를 상상하는 것이 제가 할 수 있는 유일의 생존방법이었습니다. 그러다가 모든 걸 잊고 싶어졌습니다. 그저 살다가 보면 아주 재수 없는 일들이 있는데 난 좀 더 운이 없어서 억울한 일을 당했을 뿐이라고 생각하면서요. 그러나 아주 잠깐은 가능할 수도 있었겠지만, 그게 되지를 않았습니다. 공권력의 외피를 쓰고 많은 사람들의 인생을 망가뜨리고 거짓을 진실이라 주장하는 상황을 생각하면 너무 화가 나서 잠들 수 없었습니다. 불면증으로 5년 정도를 고생했던 것 같습니다."

후회되는 것은 원심법정에서 이성적으로 보이려던 자신의 온건한 반응이었다고도 말했다. 검찰 수사과정에서도 스스로의 논리의 함정에 빠졌던 것처럼, 침착하고 논리적인 그는 원심재판정에서 재판관들과 싸우기보다는 논리적으로 설파하려 애썼다. 정치범의 재판정에서는 피고인들이 판검사에게 신발이나 안경을 던지고 욕설을 퍼붓는 일도 흔했는데 강기훈은 끝까지 조용하게 자신의 생각만을 말했다. 판검사에게 진실을 이성적으로 호소하면 들어주리라는 믿음이었다.

어머니 권태평도 그랬다. 재판정에서 소동을 일으켜 울고불고하면 골수운동권이라는 선입견을 줄 수 있다는 걱정으로 조용히 앉아 듣기만 했다. 울화를 터뜨린 것은 오히려 방청객들이었다. 구속자들의 어머니들로 이뤄진 민가협 회원들은 자기 일처럼 나서서 판검사들에게 욕을 퍼붓고 항의하다 끌려나가기 일쑤였는데, 강기훈과 권태평이 온순히 앉아있는 것을 보고 울분에 차서 욕을 하기까지 했다. 강기훈은 그때 일을 돌이키며 후회했다.

"불신이 너무나 깊습니다. 원심법정에서 '이 거짓된 판결, 저는 도저히 인정 못 합니다!'고 왜 외치지 못했을까를 아직까지 후회하고 있을 정도입니다. 제자리로 돌려놓는 모습을 보여주십시오."

후회한다면서도 여전히 그는 검찰과 재판부의 이성에 호소하고 있었다. 그러나 검찰은 승소에만 집중하고 있었다. 검사들은 새로운 증거로 등장한 전대협 노트를 어떻게 무효화시킬 것인가에만 골몰했다. 2013년 11월 7일 검사 변철형 명의로 서울고등법원에 제출된 의견서인 '한송흠 진술의 신빙성'이라는 제목 아래 딸린 길고 긴 소제목은 이를 압축하고 있었다.

'김기설이 1991년 3월경에 한송흠 집에 놓고 간 전대협 노트 등을 한송흠이 1997년경에야 발견할 확률은 로또 1등 당첨에 준할 확률'

스무 쪽이나 되는 이 의견서에서 검사 변철형은 한송흠이 6년이나 지나서 전대협 노트를 발견할 확률은 복권에 당첨될 확률만큼이나 낮다는 이유를 나열했다.

"첫째, 김기설이 잠을 자기 전에 술상을 치우거나 이불을 깔면서 전대협 노트를 가방에 넣지 않고 잠을 잤어야 하고 둘째, 아침에 세면을 하고 나가면서 전대협 노트를 챙기지 않고 가방만 들고 가야 하고 셋째, 한송흠도 아침에 일어나 세면을 하고 자기 방에 돌아와서도 노트를 발견하지 못했어야 하고 넷째, 평상시 한송흠이 이불을 개고 청소를 하는데 그날따라 유독 한송흠의 형수가 이불을 개주고 청소를 해야 하고 다섯째, 청소를 해준 형수가 피고인이 발견하지 못하게 책장 어느 한쪽 등에 전대협 노트를 꽂아두었어야 하고 여섯째, 한송흠은 이후 3개월간 이 방에 살면서 취업공부를 하면서도 한 번도 전대협 노트를 발견하지 못했어야 하고 일곱째, 김기설 분신 후 필적자료를 찾았는데 이를 발견하지 못했어야 하고 여덟째, 1991년 말경 한송흠이 결혼해 분가하면서 일부 책만 가져가는데 당시 책을 선별하면서도 전대협 노트를 발견하지 못했어야 하며 그러다가 1997년 본가에 있던 책들 중 가지고 갈 책을 선별하던 중 우연히 발견해야 하는데, 이 모든 조건이 맞아떨어지는 것은 로또 1등의 확률인 800만분의 1밖에 안 된다."

변철형은 나아가 전대협 노트에 관련되어 벌어진 일들 자체를 의심하는 음모론을 펼쳐 보였다.

"김기설이 전민련에서 바쁠 텐데 운동권도 아닌 파주의 한송흠 집까지 와서 한가하게 술을 마실 시간이 있었겠는가? 형수 문선영은 한송흠보다 네 살 어린 1969년생인데 당시 22살에 불과했던 새댁이 자기보다 나이 많은 시동생 총각의 방에 들어가 청소를 해준

다는 것이 이해가 되는가? 한송흠이 기자들이나 수사관이 찾아올 것에 대비해 책을 치워달라고 부탁하자 사회과학서적 등 5박스 정도에 포장하여 지인에게 보관시켰다고 하는데, 한송흠이 운동권도 아니라면서 무슨 사회과학서적이 그리 많은가? 또한 수사선상에 오른 중요 참고인이 아닌데 수사관의 그의 집에 갈 일도 없는데 왜 숨겼는가? 형수는 차도 없는데 5박스 정도의 무거운 책들을 직접 들어 옮기고 다시 옮겨 올 때도 문선영이 다시금 옮기고 책을 문이 알아서 책장에 꼽게 했다는 것도 말이 안 된다. 결혼해 분가하면 소장한 책들을 살펴보아 쓸모없는 것들을 버리고 필요한 것을 가져가는 게 상식 아닌가? 근데 선별 때 노트를 발견하지 못한 것도 말이 안 되고 또 상대적으로 쓸모없는 책을 본가에 그냥 둔 것도 이상하다. 발견 시 책들이 월간잡지 말 등에 끼어있었다는 것도 이상하다. 운동권도 아닌 한송흠이 운동권 잡지인 '월간 말'을 책장 두 칸을 차지할 정도로 구독했다는 것도 이해할 수 없다. 이는 전대협 노트가 대학노트 크기여서 다른 책들에 비해 눈에 잘 띄는 점을 감안한 조작한 허위진술이다."

음모론의 결론은 강기훈이 전대협 노트를 조작해 한송흠에게 주었고 한송흠이 이를 뒤늦게 발견한 것처럼 위장했다는 것이었다.

변호인들은 도대체 운동권은 저녁에 찾아가 술을 마실 개인적인 친구도 없다고 생각하는 건지, 나이가 어리지만 어른 노릇을 하는 형수가 얼마나 흔한지, 이삿짐 용역이 없이도 한 가족의 짐을 식구끼리 나르던 시절에 살아보지도 않았는지, 본격적인 운동권이 아니라도 사회과학서적들이며 진보잡지를 읽는 대학생이 1980년대에 얼마나 흔했는지, 심지어 대학노트가 얼마나 얇은지조차 모르는 검사는 당대 사람이 아닌가 보다며 실소했다.

재판 첫날부터 검찰은 한송흠의 전대협 노트 등 새로운 필적증거를 채택해서는 안 되며 대법원의 재심 개시 결정 이유가 원심재판에서의 김형영과 양후열의 허위증언이므로 이 위증이 강기훈의 유죄를 뒤집을 수 있는가 여부에 대해서만 심리해야 한다고 주장했다. 국과수 문서감정실 직원 4명이 추가로 감정한 게 아니라 김형영 혼자 감정했다는 것이 과연 필적감정 결과를 뒤집을 만한 사유가 되느냐는 것이었다.

검찰은 이 주장을 내세우기 전에, 김형영이 혼자 감정하지 않았음을 입증하기 위해 당시의 국과수 직원들을 사전에 소환, 조사까지 해놓았다.

국과수는 국립과학수사연구원으로 승격되었고 문서감정실은 디지털분석과 소속 문서연구실로 바뀌어있었다. 디지털분석과 과장으로 승진한 양후열은 검찰에 불려 가자 2007년 진실화해위원회에서 의뢰한 필적감정을 받아들인 것은 자신의 뜻이 아니었다고 부인했다. 현 국과수원 원장이자, 당시 법의학부장이던 서중석이 몇 차례나 강력하게 명령을 했기 때문에 어쩔 수 없이 감정했다는 변명이었다. 서중석의 명령에 반발한 자신이 국과수원장을 찾아가 세 번이나 면담해 거절해야 한다고 주장했으나 끝내 재감정이 결정되 었고, 그 배경에는 진실화해위원회 조사관 안경호와 서중석의 친분 이 작용했다는 식의 언질까지 했다.

양후열의 말이 아주 틀린 것은 아니었다. 조사관 안경호와 홍수 정은 유서대필뿐 아니라 다른 사건도 여러 건 맡고 있어 수시로 국 과수에 드나들다 보니 서중석이나 다른 감정원들과 친해진 게 사 실이었다. 유서대필사건의 진상을 밝히는 데는 국과수의 재감정이 필수라고 본 두 사람이 친분과 양심에의 호소로 국과수 직원들을 설득한 것도 사실이었다. 법의학부장이던 서중석이 두 사람의 진심 에 감동해 재감정을 하라고 강력히 지시한 것도 맞았다.

하지만 대통령 직속기관인 진실화해위원회가 하부기관인 국과 수에 필적감정을 의뢰하는 것은 합법적인 절차였고 국과수는 이 요구에 따를 의무가 있었다. 더구나 양후열이 직속상관인 서중석의 명령을 거부하고 항명했다면 국가공무원으로서 심각한 귀책사유 를 범한 셈이었다. 검사들은 그러나 2007년의 감정이 억지로 이뤄 졌다는 데 초점을 맞춰 해고사유가 될 수도 있는 그의 진술을 활용 했다.

양후열은 또한 2007년의 필적감정을 맡은 것은 견습 수준의 신 입직원 두 사람이었으며 자기는 도장만 찍었을 뿐이라며 책임을 회 피했다. 이는 최섭, 진명수 등 다른 네 명의 진술과는 상반되고, 그 자신이 2007년 진실화해위원회에서 했던 진술과도 달랐다. 진실화해위원회의 조사는 자유롭고 편한 분위기에서 이뤄졌고 누구라도 조사를 거부하면 강제할 방법이 없었다. 그 자리에서 양후열은 자신을 포함한 다섯 명이 모두 새로운 필적감정에 참여했다고 증언했는데 검찰에 불려 가자 이를 부인한 것이다.

변호인 측은 김기설의 전민련 수첩 절단면을 등장시켜 원심사건의 결정적인 역할을 했던, 믿을 수 없는 증인인 양후열의 이중적인 진술에 매달려 김형영이 혼자 감정을 했느냐 아니면 모두 같이 했느냐에 의미를 두는 것은 시간낭비라고 보았다. 문제의 핵심은 필적감정을 누가 했느냐가 아니라, 유서의 필적이 강기훈의 것인가, 아닌가였다.

따라서 변호인들은 대법원이 강기훈의 유서대필 사실 자체에 대해서는 판단을 유보한 만큼, 유서를 대필했는가에 대한 심리도 같이 진행되어야 한다고 주장했다. 대법원이 진실화해위원회의 필적감정 결과를 새로운 증거로 인정했으므로 재판에서 이를 다뤄야 한다는 것이었다.

검찰의 집요한 요청에도 불구하고, 재판장 권기훈과 배석판사 이주영, 김형석은 변호인 측의 손을 들어주었다. 강기훈은 지독하게 운이 나빴던 자신에게 하나씩 운이 돌아오고 있음을 느꼈다. 이제 변호인단에게는 강기훈의 글씨와 김기설의 글씨가 다르다는 것을 입증할 마지막 기회가 주어졌다.

16
변호인들

　법무법인 덕수, 유한, 한결 등에서 무료 변론을 맡아 나온 민변 소속 9명의 변호사들은 장장 23년이나 끌어온 사건을 마무리 짓기 위해 지혜와 역량을 모았다.

　우선 변호인단은 지금까지 치러진 17개 필적감정의 성과들을 모아서 누구라도 알기 쉽도록 단순명쾌한 대조표를 작성하기로 했다. 주안점을 둔 부분은 희소성과 항상성이었다. 희소성이란 '고정화된 필적 개성이 타인의 것과 크게 동떨어진 성질'로서, 곧 다른 사람이 흉내 내기 어려운 개인의 독특한 운필습관이 반영된 글자를 말했다. 항상성이란 '희소성 있는 습성이 반복하여 나타나는 성질'을 말했다. 곧 남들과 다른 독특한 습관이 계속해서 나타나는 자음과 모음들을 찾아냄으로써 누구의 글씨인가를 알 수 있게 하자는 원리였다.

이는 문제적 증인인 양후열을 포함한 6명의 필적감정사가 공동 저자로 되어있는 2002년도 논문「필적 및 서명인식 자동화에 관한 타당성 연구」에 의거한 것이기도 했다.

"두 개의 문서에 희소성이 있는 특징이 존재할 경우에는 이러한 개성이 강한 특징이 문서상에 반복하여 나타난 것인지 여부와 항상성이 있는 특징인지를 분석해야 한다. 특징 분석 결과 문제의 필적에 가중치를 부여할 수 있는 희소성이 매우 높고, 또한 항상성이 있는 독특한 특징이 대조자료 중에서도 공통으로 존재할 경우 동일필적으로 판단한다."

김형영이 서로 같은 글자를 찾아 판정해버리는 '상사점의 항상성'으로 편의적인 감정을 해버렸다면 원리원칙대로 '희소성의 항상성'을 분석한 것이다. 또한 김형영이 십여 개 표본만 추출했다면, 변호인단은 모든 글자에서 표본을 뽑아내는 '전수조사'를 택했다. 그 결과를 알기 쉽게 도표로 만들어 보여주기로 했다.

변호인들이 만든 '프리젠테이션 자료'라는 제목의 도표는 130쪽이나 되었다. 검찰은 즉각, 이 도표를 법정에서 발표하지 못하게 해달라는 의견서를 제출했다. 전대협 노트 등의 새로운 자료가 김기설의 글씨라는 근거가 없으며 진실화해위원회에서 7개 사설기관에 의뢰한 필적감정을 증거로 인정할 수 없다는 등의 이유였다.

재판장 권기훈은 그러나 검찰의 요구를 기각하고 법정 발표를 허락했다. 프리젠테이션 자료에는 새로운 필적뿐 아니라 원심에서 채택했던 필적들이 모두 들어가 있기 때문이었다. 검찰이 문제시한 한송흠 제출 전대협 노트 등은 단지 재심재판을 청구할 법적인 근거가 되어주었을 뿐, 필적감정 자체는 강기훈과 김기설의 모든 필적을 상대로 한 것이었다. 권기훈 재판장은 유서대필 여부를 재판에 포함시킨 데 이어 두 번째로 강기훈의 손을 들어줌으로써 이 사건의 방향을 완전히 바꿔주는 역할을 했다.

2013년 3월 14일에 속개된 재판에서 변호인 백승헌은 컴퓨터와 빔을 이용한 파워포인트로 도표를 한 장 한 장 넘기며 필적감정의 결과를 설명해나갔다. 도표는 희소성이 항상적으로 나타나는 글자 십여 개를 선정하고, 이것들이 김기설 명의의 글씨와 강기훈 명의의 글씨에 각각 어떻게 나타나는가를 한눈에 볼 수 있도록 정리해 놓았다.

첫 번째 사례로 꼽힌 글씨는 'ㅎ'이었다. 김기설의 유서는 'ㅎ'의 꼭짓점을 오른쪽에서 왼쪽으로 쓰는 좌하방과 왼쪽에서 오른쪽으로 쓰는 우하방이 혼재되어있었다. 빠르게 한 번에 쓸 때는 좌하방으로, 두 번으로 나눠서 쓸 때는 우하방으로 쓴 것이다. 반면 강기훈은 모든 문건에서 우하방으로만 'ㅎ'을 썼다. 김기설이 힘차고 빠른 필기체를 가진 데 반해 강기훈은 모든 자음을 한 번에 흘려 쓰는 일이 거의 없이 나눠서 쓰는, 꼼꼼한 필체를 가지고 있었다. 우하방으로 쓰면서 한 번에 'ㅎ'을 쓰기는 불가능하기 때문에 모든 'ㅎ'을 우하방으로 두 번에 나누어 쓸 수밖에 없던 것이다.

이를 전수조사한 결과는 두 사람의 필습을 확실히 드러내 보였다. 두 장의 유서에 나오는 'ㅎ'은 모두 39개인데 그중 우하방은 10개, 좌하방은 29개로 김기설이 대부분의 'ㅎ'을 좌하방으로 한 획에 써버린다는 게 확인되었다. 반면, 강기훈의 글씨라고 검찰도 인정한 항소이유서, 자술서, 진술서 두 종, 화학노트, 봉함엽서, 카드 등에서 추출된 'ㅎ'은 무려 441개나 되는데 그중 단 한 개도 좌하방이 없었다. 강기훈은 빨리 쓰든 천천히 쓰든 모든 'ㅎ'을 우하방으로 두 번에 나누어 또박또박 쓴 것이다. 차분한 성격만큼이나 모범생다운 글씨체였다.

두 번째 글자는 'ㅆ'이었다. 여기서도 두 사람의 필습은 뚜렷이 나타났다. 약자를 잘 쓰는 김기설은 'ㅆ'의 첫번째 'ㅅ'의 두 번째 획, 곧 받침획을 쓰지 않는 습관이 있었다. 따라서 'ㅆ'의 본래 획수는 4회여야 하는데 3회 만에 썼다. 간간이 마치 'ㅅ' 두 개를 쓴 듯한 글자가 발견되기도 하지만 자세히 보면 두 번째 ㅅ의 받침획을 너무 길게 쓴 것에 불과했다. 반면, 강기훈은 빨리 쓴 글씨든 천천히 쓴 글씨든 반드시 'ㅅ' 자 두 개를 겹쳐 쓰기 때문에 획수도 언제나 4회가 나왔다. 이는 강기훈의 모든 자료에 공통되었다.

이를 전수조사해보니 1991년 수사 당시 감정대조자료로 쓰였던 자료 중 유서, 홍성은에게 주었던 낙서 식의 수필, 전민련 수첩에 나온 44개의 'ㅆ'이 모두 3획이었다. 심지어는 검찰이 김기설의 글씨로 확정해온 정자체 글씨체인 안혜정에게 보낸 편지와 육아서적의 서명에 들어있던 20개의 'ㅆ'까지도 3획으로 이뤄져있었다. 나아가 한송흠이 나중에 제출한 전대협 노트와 낙서장의 'ㅆ'도 모두 김기설의 특징인 3획으로 나왔다.

반면 검찰 자신이 강기훈의 것으로 확증한 진술서 등 7개 자료에 나오는 285개의 'ㅆ'은 단 한 개도 예외가 없이 4획이었다. 제출된 수사 자료에만도 726번이나 반복되는 'ㅎ'과 'ㅆ'을 단 한 개의 변화도 없이 모조리 본래 획수대로 쓰는 뚜렷한 습관을 가진 강기훈이 유서나 전민련 수첩 등을 조작하기 위해 돌연 필습을 바꾸어 그토록 능숙하게 글씨를 변조하는 것은 가능하지 않다고 변호인 백승헌은 지적했다.

세 번째 글자는 'ㅍ'이었다. 이 글씨 역시 김기설은 1획과 2획을 빠르게 연결시켜 한 번에 썼다. 본래 4획으로 써야 하는 글씨를 3획으로 쓰는 것이다. 반면, 강기훈은 1획과 2획을 반드시 분리시킴으로써 4획으로 썼다.

이를 전수조사해보니 유서 등 김기설의 자료에 나오는 29개가 똑같이 3획의 약자로 쓰인 반면, 검찰 스스로 강기훈의 것이라고 제시한 항소이유서 등 나머지 자료에 나오는 187개는 단 한 개의 예외도 없이 모두 4획으로 쓰여있었다.

네 번째 특징적인 글자는 'ㄹ'이었다. 이 역시 김기설은 한 번에 써버리는데 강기훈은 반드시 세 번으로 나누어 고지식하게 쓴다.

다섯 번째 특징은 받침으로 쓴 'ㄴ'에 나타났다. 김기설은 빨리 쓰는 습관 때문에 'ㄴ'을 아주 작게, 둥근 그릇 형태로 쓰는 반면, 강기훈은 본래의 각도가 살아나도록 크게 쓴다.

그밖에도 ㅊ, ㄷ, ㅕ, ㅐ, ㅟ, ㅏ 등 여러 글자에서 김기설과 강기훈의 필습은 확연히 달랐다. 더구나 이 차이들은 상당한 시차를 가진 20세 전후의 글씨나 분신사건 무렵의 글씨나 완벽하리만큼 공통적으로 나타났다.

변호인 백승헌은 이 부분들만도 90쪽이 넘는 도표를 통해 상세히 보여준 후, 나머지 도표에서는 검찰이 유일하게 신뢰해온 김형영의 필적감정이 얼마나 엉터리인가를 증명해 보였다.

김형영은 두 사람이 명백한 필습 차이를 보여주는 ㅆ, ㅍ, ㅎ 을 의도적으로 무시한 채 '아버지' 중의 '버'자, '어머니' 중의 '머' 자처럼 일부 유사한 글씨들만 골라 유서와 강기훈의 진술서가 같은 사람 글씨라고 판정했다. 또한 유서의 '준식', '선택'처럼 모음의 세로변이 받침과 가까운 글씨 중 받침을 침범하는 몇 개 사례를 꼽아 김기설의 유서와 강기훈의 글씨가 같은 사람 글씨라고 판정했다.

그러나 전수조사를 해보면 모음 세로변이 받침을 침범한 경우가 유서는 6번으로 16%, 강기훈의 진술서는 8번 8%에 불과했다. 유서의 나머지 31번과 강기훈 진술서의 나머지 91번, 곧 84%와 92%는 받침이 침범되지 않은 경우였다.

즉 김기설이든 강기훈이든 대다수 모음의 세로변이 받침까지 내려오지 않는데 침범한 몇 개만을 뽑아서 같은 사람 글씨라고 판정한 것이다. 만일 유서와 진술서 공히 대다수의 글자에서 모음 세로변이 침범했다면 이는 다른 사람들과 확실히 구별되는 희소성의 항상성으로 볼 수 있어 강기훈이 유서를 썼다는 근거가 될 수 있지만, 어쩌다가 생긴 우연한 형태 몇 개를 가지고 같은 사람 글씨라고 판정한 것은 김형영의 고의성 다분한 오류라고, 백승헌은 지적했다.

변호인단의 치밀하고 과학적인 분석력이 총동원된 프리젠테이션 자료는 재판관들의 심증을 굳히기에 충분했다.

이에 검찰은 마지막 반격을 시도했다. 또 한 번 국과수에 필적감정을 의뢰하되, 김기설의 정자체 글씨들과 한송흠이 제출한 전대협 노트를 비교하게 한 것이었다. 검찰은 정자체인 책표지, 주민등록증 분실신고서, 이력서, 안혜정에게 보낸 편지와 속필체인 전대협 노트를 비교할 것을 요구했다. 김기설의 정자체와 속필체를 두고 다른 사람 글씨라고 판정했던 최초의 감정으로 되돌아가자는 의미였다.

변호인 측은 정자체와 속필체를 단순 비교하는 것은 사건을 원심 그대로 돌리려는 것이라며 반발했다. 그러나 이번 전수검사에서 나타났듯이, 정자체로 쓰든 속필체로 쓰든 특정인의 필체에는 고유한 습성이 있다는 것을 알게 된 변호인들은 모험을 걸어보기로 했다. 재판부도 최종적인 결정을 위해서는 불가피한 절차라 보고 검찰의 요구를 수락했다.

2013년 11월, 국과수는 법원의 요청에 의해 두 필체를 놓고 감정에 들어갔다. 결과는 뜻밖이었다. "두 글씨체가 동일한 필적일 가능성을 배제할 수 없다."고 회신한 것이다. 감정회신서에서 말하는 감정대상물 1항은 김기설의 정자체 글씨들이고 2항은 유서였다.

"감정대상물 1항은 대부분이 정서체로 기재되어있고, 2항은 흘림체의 필적이어서 서로 기재조건이 부합되지 않아 대부분의 자획에서 차이점이 관찰되지만, 1항의 필적은 일부 반흘림체 필적이 존재하므로 이들 필적과 2항의 필적 내에서 각각 일관성 있게 관찰되는 특징들을 기준으로 서로 비교 분석한 바, 아라비아 숫자 '8', '9'의 구성형태, '학', '책', '각' 등의 종성 ㄱ을 다른 자획보다 작게 기재하는 습성, '파', '풀'의 초성 ㅍ과 '만', '막', '민'의 초성 ㅁ, '있'의 종성 ㅆ의 구성형태 및 '는'의 초 중 종성 간 상대 위치와 각도 및 구성형태 등에서 유사점이 관찰됨."

감정원들은 각자의 확신 정도에 따라 '추정됨', '가능성이 있음', '가능성을 배제할 수 없음' 등으로 판단하여 같은 사람 글씨라고 확정 지은 사람은 없었으나 서로 다른 글씨라고 판단한 사람은 하나도 없었다. 정자체와 필기체의 비교라는 특이한 상황으로 보면 사실상 동일인의 글씨로 인정했다는 의미였다. 필적감정은 동일필적, 논단불가, 상이필적의 세 가지로 구분되었는데 감정원 누구도 논단불가나 상이필적이라고 하지 않음으로써 표현 강도의 차이가 있을 뿐 동일필적이라고 판정한 것이다.

명확히 같은 사람 글씨라고 명시하지 않은 이유는 기본적으로 두 필적을 동일필적으로 인정하되, 전체적으로는 필적 기재 조건이 다른 부분이 많기 때문에 확신정도는 가장 낮게 잡은 것뿐이었다. 이는 국과수가 단정적 결론을 피하고 신중한 감정 결과를 제출하였음을 보여주려는 것뿐으로, 두 필적의 동일성을 인정한 것은 틀림없었다.

이에 추가해 국과수는 김기설의 글씨에 ㅍ, ㅁ, ㅆ 등 7개의 희소성 있는 필적이 항상적으로 되풀이되고 있음을 지적했다. 이는 변호인들의 프리젠테이션 결과를 공식적으로 인정한 것이기도 했다.

국과수의 태도는 전향적이었다. 국과수는 자신들이 실수했을 여지를 막기 위해 700명이나 고용해 필적 테스트까지 실시했다. 김기설의 필적자료에서 뽑은 '폭력은', '8901', '밀접한', '각국은', '41-6208', '좌표는', '목적은'의 7개 단어를 700명에게 평소 필기 습관대로 자연스럽게 10회씩 쓰게 한 다음, 김기설의 글씨에 나타난 7개의 특징이 다른 사람들에게서도 반복적으로 나타나는지 확인해본 것이다. 이 실험의 결과물에 대한 필적감정은 국과수 디지털분석과 문서연구실 감정인 5명이 전원 참여했다. 한 사람의 시필을 다섯 명이 함께 감정해본 것이다.

필적 테스트 결과는 경이로웠다. 700명이나 되는 피실험자 중 7개의 필습이 모두 유사하게 나타난 사람은 단 한 명도 없었다. 수십 회 이상씩 반복되는 7개의 습관을 가진 사람은 오로지 김기설 한 사람뿐이었던 것이다. 국과수는 이번 필적감정의 중요성을 의식해 '감정 결과의 오류 가능성을 완전히 배제할 수는 없다.'는 단서조항을 달기는 했으나 그 실질적인 내용은 김기설의 오래된 정자체와 전대협 노트의 글씨는 같은 사람이 썼으며, 나아가 전대협 노트와 똑같은 글씨체인 유서도 김기설이 썼다고 결론지은 것이다.

국과수의 필적감정은 변호인단을 감동시켰다. 변호인단은 변론요지서를 통해 이제 비로소 국과수가 국가기관의 공명성을 찾게 되었다며, 내외의 압박에도 불구하고 이를 실천한 모든 감정원들에게 깊은 감사를 표했다.

"국립과학수사연구소의 이름을 빌린 잘못된 감정에 의해 오명을 쓴 피고인이 바로 그 국립과학수사연구소, 지금의 국립과학수사연구원 자신의, 이번에는 제대로 된 감정 결과에 의하여 누명을 벗는 계기를 마련하게 된 사실은, 우리가 어떠한 상황에 놓이더라도 결코 포기해서는 안 될 우리의 최후의 의지처가 다름 아닌 바로 우리 사회의, 우리들 자신의 건전한 상식과 양심임을 웅변해줍니다."

국과수의 필적감정 결과는 2014년 1월 17일 재판에서 공개되었다. 진실화해위원회의 조사 결과를 인정했던 재판부는 이 감정도 받아들였다.

이날, 강기훈은 최후변론을 통해 처음 검찰청에 끌려가 조사를 받을 때의 감정과 대전교도소에 수감 중 대법원의 유죄 확정 판결문을 받고 읽다가 내팽개친 일을 떠올리며 당시의 악몽이 20여 년간 거의 하루도 빼놓지 않고 되풀이되고 있다고 말했다. 취업해서 일하는 업무시간 중에도, 대화하는 도중에도, 밥을 먹는 중에도, 꿈속에서도 무한히 반복되어왔다고 말했다. 그는 지금까지 수백 번은 더 말했을 진실을 다시 밝힌다.

"다시 한 번 말씀드리지만 저는 유서를 대필한 적도 없고 꿈에라도 동료의 죽음을 부추기거나 자살을 도운 적 없습니다."

또 정신적으로 힘들어하는 자신에게 정신과 의사는 욕이라도 하라고 했다면서 원심재판의 검사와 판사들의 이름을 나열하며 분노를 쏟아냈다.

"당시 서울지검 소속이었던 강신욱, 신상규, 송명석, 안종택, 남기춘, 임철, 곽상도, 윤석만, 박경순 검사나, 노원욱, 임대화, 부구욱, 박만호 판사 같은 구체적 대상에게 욕을 해야 할지, 대한민국을 향해해야 할지 모르겠습니다. 유서대필사건이 법을 다루는 사람이 편견을 가지면 얼마나 불행한 일들이 벌어지는지 생각하게 하는 참고자료가 되길 바랍니다."

변호인단은 '진실의 승리를 위해서'라는 제목의 변론요지서를 통해 말했다.

"우리는 이 사건 기소로 인해 한창 때의 피고인이 강제로 접게 된 꿈과 희망, 그렇게 해서 상실한 젊음과 그가 감내해온 고통에 대해 이루 말할 수 없는 통한과 억제할 수 없는 분노를 느낍니다. 아직 이 법정에서 우리는 피고인에 대한 무죄를 선고받지 못했습니다. 그럼에도 불구하고 지금 이 순간, 저 쉼 없이 불의에 대한 저항의 행군을 계속해온 이들의 염원이 모여 다시 시작한 이 재판을 마무리하는 순간, 우리 모두를 두껍게 에워쌌던 근거 없는 의심의 장막과 권력의 불순한 검은 그림자가 마침내 한 점의 그늘도 남기지 않고 거두어지고 물러난 이 순간, 적어도 우리는 그간의 오랜 고통 속에서 초인적으로 인내하며 진실을 지켜온 피고인에 대한 뜨거운 경의와 공감, 그리고 참된 연대와 지지의 표시로 우리 각자의 마음 속에서 우러나오는 양심의 훈장을 피고인에게 수여할 수 있을 것입니다. 그리고 다 같이 피고인의 어깨를 감싸 안으며, 우리도 이렇게 외칠 수 있을 것입니다. 진실 만세!"

17
잔치, 끝나다

변호인들이 진실 만세를 외친 이틀 후, 원심 수사검사 중 한 명이던 곽상도는 박근혜 정부의 청와대 민정수석비서관으로 발탁되었다. 곽상도는 2007년 진실화해위원회의 발표가 나자 "문제가 있었다면 당시 왜 이의를 제기하지 않았느냐. 지금 와서 유서대필이 아니라는 것은 난센스 아니냐?"고 반발한 인물이었다. 그의 출세에 대해 강기훈은 자신의 페이스북을 통해 말했다.

"1991년 6월 서울지방검찰청 11층 특별조사실에서 잠 안 재우기를 담당하셨던 검사 양반, 이렇게 나타나셨다."

곽상도뿐 아니었다. 당시 법무부장관이던 김기춘은 박근혜 정부의 최고 핵심인 청와대 비서실장이 되었다. 수사검사 남기춘은 서울서부지검장을 지낸 후 2012년 박근혜의 새누리당 정치쇄신특별위원회 클린검증제도소위 위원장으로 활동했다. 폭력적인 언행으로 유명했던 부장검사 강신욱은 홍성은의 기자회견과 야당 의원들의 맹공에도 대법관이 되어 화려한 경력을 마무리했다. 항소심 재판장으로 검사 이상으로 확신을 갖고 증인들을 심문했던 임대화는 특허법원장을 지냈다. 대법원 대법관이던 윤영철은 헌법재판소장을 역임했다. 직접 수사를 맡아 집요하게 유죄를 이끌어냈던 수훈자인 신상규는 광주고등법원장을 거쳐 2013년 7월부터 대검찰청의 사건평정위원회 위원장을 맡고 있다. 사건평정위원회는 무죄 확정 사건 가운데 검사의 잘못이 있는지 조사하는 위원회였다.

2014년 2월 13일, 서울고등법원 형사10부는 유서대필 부분에 대한 강기훈의 무죄를 선고했다. 재판장 권기훈과 배석판사 이주형, 김형석 세 사람은 판결문에서 국과수의 마지막 필적감정을 옳다고 채택한 경위에 대해 밝히고 유서를 김기설 본인이 작성했다고 믿게 된 이유들을 나열했다.

"김기설이 안혜정에게 보낸 편지에 기재된 내용, 문장력, 표현력 등을 고려하면 김기설이 공소사실에 적시된 바와 같이 이 사건 유서에 기재된 내용 정도를 작성할 문장력이나 표현력 등이 없었다거나 부족한 것으로 보이지 아니한다.

분신자살을 하면서 유서를 남기는 경우 자신의 손으로 직접 유서를 쓰는 것이 통상적일 것인 바, 설령 김기설이 피고인의 문장력이나 표현력을 빌릴 생각으로 피고인에게 부탁하여 유서를 받았다 하더라도, 그 내용을 직접 다시 자신의 글씨로 쓰지 못할 사정이 있었다고도 보이지 아니한다.

이 사건 유서는 부모에 대한 존칭을 전혀 사용하고 있지 않은 반면, 피고인 강기훈이 자신의 부모에게 보낸 봉함엽서에는 부모에 대한 존칭을 사용하고 마지막에 '소자 올림'이라고 기재하고 있는 점을 고려하면, 만약 피고인이 이 사건 유서를 대필하였다면 부모에 대한 존칭을 사용하고 그 마지막에 '소자' '올림' 등을 기재하였을 것으로 보인다."

판사들은 임근재, 이지혜, 홍성은 등의 진술에서 나타나는 김기설의 분신자살 전후의 행적, 피고인과 김기설의 필적에 대한 감정 결과, 이 사건 유서의 내용 등을 모두 종합해보면, 이 사건 유서는 피고인이 아니라 김기설이 직접 작성한 것일 가능성도 배제할 수 없다고 판단된다고 했다. 가능성도 배제할 수 없다고 모호하게 표현한 것은 김기설이 유서를 쓰는 장면을 직접 목격한 증인은 없다는 법률적 수사일 뿐, 누군가 대신 써주었다는 뜻은 아니었다.

판사들은 나아가 형사재판에서 공소가 제기된 범죄사실에 대한 입증 책임은 검사에게 있는 것이고 유죄의 인정은 법관으로 하여금 합리적인 의심을 할 여지가 없을 정도의 확신을 가지게 하는 증명력을 가진 엄격한 증거에 의하여야 한다는 점을 강조했다. 검사의 입증이 위와 같은 확신을 가지게 하는 정도에 충분히 이르지 못한 경우에는 비록 피고인의 주장이나 변명이 모순되거나 석연치 않은 면이 있는 등 유죄의 의심이 간다고 하더라도 피고인의 이익을 우선으로 판단하여야 한다는 것이 법의 정신이며 누차 대법원의 판례로 확인되었음을 밝히며, 이에 따라 이 사건에서 검사들이나 원심 판사들이 내린 판결은 명백히 법의 정신에 어긋난다고 지적했다.

"위 법리에 비추어볼 때 국과수 감정인 김형영이 작성한 감정서 중 이 사건 유서의 필적과 피고인의 필적이 동일하다는 부분과 이 사건 유서의 필적과 김기설의 필적이 상이하다는 부분은 신빙성이 없어 이를 그대로 믿기 어렵고, 검사가 제출한 나머지 증거만으로는 피고인이 김기설에게 이 사건 유서를 대필하여주어 김기설의 자살을 방조하였다는 공소사실이 합리적인 의심이 없이 진실한 것이라는 확신을 가지게 할 정도로 입증되었다고 보기에는 부족하다. 결국 이 부분 공소사실은 범죄의 증명이 없는 경우에 해당하므로 형사소송법 제325조 후단에 따라 피고인에게 무죄를 선고하여야 할 것인 바, 이와 달리 유죄를 선고한 원심판결에는 사실을 오인하여 판결에 영향을 미친 위법이 있다. 피고인의 사실 오인 주장은 이유 있다."

다만, 판사들은 강기훈의 국가보안법위반 부분에 대해서는 유죄를 유지했다. 애초에 강기훈과 변호인들도 국가보안법 부분의 재심을 요구한 것이 아니었기 때문에 이를 수긍했다.

"국가보안법 위반 범행을 저지른 점에 비추어 피고인에게 징역형의 실형선고는 법률상 불가피하다. 다만 피고인에 대하여 자살방조의 점에 관하여는 무죄를 선고하는 점과 그밖에 이 사건 별론에 나타난 여러 양형의 조건을 종합적으로 고려하여 주문과 같은 1년 징역형을 선고한다."

공소사실 중 자살방조죄에 해당하는 2년 형은 면제하고 국가보안법만을 인정해 징역 1년 및 자격정지 1년에 처한 것이다.

진실의 종이 울리는 30분 동안, 강기훈은 한 번도 옆을 돌아보지 않은 채 약간 고개를 숙인 긴장된 표정으로 앞만 바라보고 있었다. 검은 양복을 입은 그의 얼굴은 오랜 투병생활로 핏기라곤 없이 창백했다. 항암치료에 지쳐 서있기도 힘든 모습이었다.

"장시간에 걸친 재심 심리에 참여해준 사건관계인 여러분께 감사를 드립니다."

재판장이 인사말을 마치자 법정 안에 가득 차있던 방청객과 기자들 사이에서 박수가 터져 나왔다. 여기저기서 서로 끌어안거나 눈물을 닦으며 웃었다. 이석태 변호사가 강기훈을 힘껏 끌어안고 손을 잡아주었다. 그러나 강기훈은 정신 나간 사람처럼 무표정했다.

"강 선배 누명 벗었어!"

"이겼어요! 진실이 승리했어요!"

곳곳에서 휴대전화에 대고 외치는 소리가 들려왔으나 강기훈은 눈물도 흘리지 않고, 웃지도 않고 굳은 표정으로 법정을 나섰다.

"얼굴 좀 펴라. 이겼잖아?"

취재진을 의식한 친구들의 격려에도 마찬가지였다. 법원 복도에서 즉석으로 기자회견이 열렸다. 강기훈은 함세웅 신부가 "아들의 무죄를 위해 애쓰신 어머니가 몇 해 전 세상을 뜨셨다."고 말할 때서야 비로소 눈물을 반짝였다. 그는 플래시를 터뜨려대는 취재진들에게 떨리는 음성으로 짤막하게 말했다.

"옆에서 지켜보는 분들이 더 고통스러웠을 것입니다. 그것을 잊지 않겠습니다."

아내 이영미의 부축을 받은 강기훈은 휘청이는 몸을 이끌고 법정을 나서서 늦겨울 한파가 불어대는 거리로 사라졌다. 축하의 만찬 같은 것은 없었다. 주인공을 잃은 사람들도 삼삼오오 짝을 지어 흩어졌다.

사람들은 몰랐다. 집에 돌아간 강기훈은 비로소 울기 시작했다는 것을. 숨이 가빠서 더 이상 울 수 없을 때까지, 그는 오랫동안 흐느껴 울었다. 이영미는 달래지 않고 내버려두었다. 텔레비전 화면 아래로는 '유서대필사건 무죄판결, 검찰 대법원에 항고'라는 자막이 흐르고 있었다. 여기까지 오는 데 23년, 그리고 또 얼마나 더 기

304

다려야 대법원의 최종판결이 날까, 강기훈은 눈물을 삼키며 창 밖으로 시선을 돌렸다. 박무가 낀 날이었다. 차가운 안개가 깔린 2월의 하늘에 커다란 햇무리가 떠올라 있었다.

대법원 판결은 이날로부터 14개월 후인 2015년 5월 14일에 났다. 재판장 김창석 대법관과 주심 이상훈, 조희대 대법관은 별다른 논평 없이 검찰의 항고를 기각함으로서 강기훈의 손을 들어주었다. 이로써 거짓말 잔치는 끝났다. 한 조용하고 선량한 청년이 상상도 못했던 잔치에 억지로 끌려 나와 주인공이 된 지 꼬박 24년 만이었다.

• '거짓말 잔치' 출연진 프로필

• 총감독

김기춘 1991년 강기훈 유서대필 조작사건 당시 법무부장관.

• 감독

정구영 1991년 강기훈 유서대필 조작사건 당시 검찰총장. 청와대에서 관계 기관 대책회의를 끝내고 "분신자살 사건에 조직적인 배후세력이 개입하고 있는지의 여부를 철저히 조사할 것. 분신의 경위에 의혹이 있을 뿐 아니라 타살가능성마저 있다."며 철저히 조사하라고 지시.

• 조감독

전재기 1991년 강기훈 유서대필 조작사건 당시 서울지방검찰청장. 검찰총 장의 지시를 받아 사건을 강력부에 배당, 부장검사 강신욱 책임 아래 다섯 명의 검사로 전담수사반을 편성. 보통 공안부에 맡기는 정치적 사건을 마약 사범과 조직폭력배를 다루는 강력부에 넘긴 것은 이례적이라는 기자들의 질문에 검찰은 이 사건이 정치사건이 아닌 살인사건이기 때문이라 답변. 김 기설의 유서와 강기훈의 필적을 감정한 후 강기훈을 유서대필 진범으로 확 신하며 부장검사회의에서 "이 사회에는 천사와 악마가 공존하고 있다. 검 찰은 국가 최고권력 집행기관의 자격으로 이런 악마를 응징하는 데 전력을 다해야 한다. 전 검찰 직원들이 강기훈을 유서대필 진범으로 확신한 상태에서 동요 없이 수사에 임하라."고 훈시.

• 총연출

강신욱 1991년 강기훈 유서대필 조작사건 당시 서울지방검찰청 강력부 부장검사. 강기훈의 시필을 보고 대필 여부에 의문을 제기한 박경순 검사의 보고를 무시하고 강기훈을 유서대필범으로 몰아감. 2000년 7월 대법관으로 임명됨. 2007년 박근혜의 법률지원단장 역임.

• 연출 및 각본

신상규 1991년 강기훈 유서대필 조작사건 당시 서울지방검찰청 강력부 수석검사. 세브란스병원 영안실에서 시신 검안과 부검을 감독하는 한편, 김기설의 아버지 김정열과 김기설의 자취방 친구 임근재 등에 대한 진술조서를 받음. 김기설의 여자 친구 홍성은을 압박 회유하여 강기훈이 유서를 대필했다는 진술을 받아냄. 강기훈이 구속된 후 전담하여 신문을 함. 강기훈의 1, 2심 재판에 직접 공판검사로 참여.

• 조연출

남기춘 1991년 강기훈 유서대필 조작사건 당시 서울지방검찰청 강력부 검사. 김기설 친필 글씨의 주민등록 재발급신청서를 확보했고, 김기설이 복무했던 육군 포병여단을 방문하여 김기설의 메모지를 확보했으나 이를 무시하고 유서가 강기훈의 필적이라고 몰아감. 서울서부지검장을 거쳐 2012년 박근혜의 새누리당 정치쇄신특별위원회 클린검증제도소위 위원장으로 활동.

박경순 1991년 강기훈 유서대필 조작사건 당시 서울지방검찰청 강력부 검사. 김기설의 타살 가능성 및 불순세력과의 연계에 의한 계획적 타살 여부수사. 강기훈에게 수십 장의 시필을 쓰게 한 결과 약간의 의문을 가져 강신욱 부장검사에게 보고했으나 묵살 당함.

송명석 1991년 강기훈 유서대필 조작사건 당시 서울지방검찰청 강력부 검사. 김기설의 타살 가능성 및 불순세력과의 연계에 의한 계획적 타살 여부수사. 세브란스병원 영안실에서 시신 검안과 부검을 감독하는 한편, 김기설의 아버지 김정열과 자취방 친구 임근재 등에 대한 진술조서 받음. 김기설의 여자 친구 홍성은으로부터 전민련 수첩이 위조되었다는 진술을 받아냄. 강기훈의 1, 2심 재판에 직접 공판검사로 참여.

곽상도 1991년 강기훈 유서대필 조작사건 당시 서울지방검찰청 강력부 검사. 김기설의 타살 가능성 및 불순세력과의 연계에 의한 계획적 타살 여부를 수사. 2012년 재심재판 이틀 후 박근혜 정부의 청와대 민정수석비서관으로 발탁.

윤석만 1991년 강기훈 유서대필 조작사건 당시 서울지방검찰청 강력부 검사. 김기설의 타살 가능성 및 불순세력과의 연계에 의한 계획적 타살 여부수사. 국립과학수사연구소를 직접 오가며 필적감정 업무를 담당함. 강기훈의 2심 공판검사 참여.

안종택, 조균석―강기훈 유서대필 조작사건의 1심 공판검사 참여.

임철 강기훈 유서대필 조작사건의 1, 2심 공판검사 참여.

변철형 서울고등검찰청 검사. 강기훈의 재심 본안 항소심 담당 검사로 한송흠이 제출한 대학노트의 위조론 제기.

• 주요 등장인물

김형영 1991년 5월 김기설 분신사건 당시 국립과학수사연구소 문서감정실 실장. 수치나 통계가 아니라 '가슴'으로 감정한다는 필적감정 전문가. 김기설의 유서 필적 감정을 담당함. 첫 감정서에서 "전민련이 제출한 글씨와 유서의 필체가 같다는 것, 가족과 동사무소에서 제출한 글씨는 유서와 비교대상이 아니라"고 결론. 두 번째 감정서에서는 "수사 기록 중 진술서 필적과 김기설의 친구로부터 제출 받은 필적 및 김기설 명의의 유서 필적은 모두 동일한 필적으로 사료됨."이라고 감정. 세 번째 감정에서 강기훈의 자술서 및 화학노트의 필체가 유서의 필체가 같다고 감정. 감정인 4인이 공동 감정했다고 허위증언. 다른 사건에서 뇌물을 받고 필적감정을 해준 혐의로 1992년 항소심 당시 구속되었음.

양후열 1991년 5월 김기설 분신사건 당시 국립과학수사연구소 문서감정실 감정인. 송명석 검사에게 수첩이 위조되었을 가능성을 제시함. 진실화해위원회조사에서는 각서 및 전대협 노트 등 두 개의 새로운 필적자료 제시로 유서를 김기설이 썼다고 증언했으나, 2012년 재심에서는 진실화해위원회에서 의뢰한 필적감정을 받아들인 것은 자신의 뜻이 아니었다고 말을 바꿈.

진명수 1991년 5월 김기설 분신사건 당시 국립과학수사연구소 문서감정실 감정인. 김기설의 유서 필적 감정을 맨 처음 배당받았으나 '자료 빈약으로 감정 불가' 판정함.

최섭 1991년 5월 김기설 분신사건 당시 국립과학수사연구소 문서감정실 감정인. 2007년 재감정에도 참여하여 유서가 김기설의 필적이라 결론을 내림.

이현승 서울지방법원 판사. 검찰이 증거로 보전신청한 김기설의 유서 필적이 강기훈의 필적과 같다는 김기설의 여자 친구 홍성은의 진술서의 증거보전신청을 받아줌.

노원욱 서울지방법원 판사. 1991년 8월 강기훈 유서대필 조작사건의 1심 재판장으로 검찰의 공소를 인정하여 강기훈에게 징역 3년, 자격정지 1년 6개월을 선고함.

정일성, 이영대 서울지방법원 판사. 강기훈 유서대필 조작사건의 1심 배석판사.

임대화 서울고등법원 부장판사. 1992년 4월 강기훈 유서대필 조작사건의 2심 재판장으로 항소를 기각하여 강기훈에게 원심대로 징역 3년, 자격정지 1년 6개월을 선고함. 이후 특허법원장을 지냄.

윤석종, 부구욱 서울고등법원 판사. 강기훈 유서대필 조작사건의 2심 배석판사.

박만호 대법관. 강기훈 유서대필 조작사건 상고심 주심. 강기훈의 상고를 기각하여 징역 3년 형 확정함. 이후 공직자윤리위원회 위원장 역임.

윤영철 대법관. 1992년 7월 강기훈의 상고를 기각하여 징역 3년 형 확정함. 이후 헌법재판소장 역임.

김상원, 박우동 대법관. 강기훈의 상고를 기각하여 징역 3년 형 확정함.

안대희 서울고등검찰청장. 2005년 경찰청 과거사정리위원회가 요구한 강기훈 유서대필조작사건 관련 수사자료 제출을 공개적으로 거부함.

윤여덕 김기설 분신사건 당시 서강대 총무처장. 검찰조사에서 "이번 변사사건은 우연한 자살행위가 아니라 사전에 일사불란한 계획을 수립하여 여러 사람이 합동하여 저지른 엄청난 것으로 판단된다."고 진술, 분신사건이 유서대필사건으로 비화됨.

박홍 김기설 분신사건 당시 서강대 총장. 사건 당일 총무처장 윤여덕의 분신을 도운 배후세력이 있다는 말을 듣고 기자회견에서 운동권이 조직적으로 분신을 사주하고 있다고 언명하여 분신사건이 유서대필사건으로 비화되는 데 큰 역할을 함.

김기설 1991년 5월 8일 노태우 정권의 공안통치를 규탄하여 서강대학교에서 분신자살함.

강기훈 각본도 모른 채 강제 출연한 소극(笑劇) '거짓말 잔치'의 주인공.